W9-CYV-395

AMÉRICA DEL SUR

GRAMÁTICA ESENCIAL

GRAMÁTICA ESENCIAL

Repaso y práctica

Jorge Nelson Rojas
University of Nevada, Reno

Richard A. Curry
Eastern Washington University

Houghton Mifflin Company   Boston   Toronto
Geneva, Illinois   Palo Alto   Princeton, New Jersey

Sponsoring Editor: Susan Mraz
Senior Development Editor: Sandra Guadano
Project Editor: Helen Bronk
Senior Production/Design Coordinator: Sarah Ambrose
Senior Manufacturing Coordinator: Marie Barnes
Marketing Manager: George Kane

CREDITS

Cover design: Harold Burch, Harold Burch Design, New York City

Illustrations: Timothy Jones

Photographs: Page 4: Ulrike Welsch; **p. 12:** Spencer Grant/The Picture Cube; **p. 21:** José Antonio Velázquez, *Landscape of San Antonio de Oriente*, 1971; Collection of the Art Museum of The Americas, OAS, Washington, D.C.; **p. 25:** Ulrike Welsch; **p. 52:** Ulrike Welsch; **p. 63:** Peter Menzel/Stock Boston; **p. 66:** Peter Menzel/Stock Boston; **p. 80:** © 1994 Fernando Botero/Vaga, N.Y., *The Presidential Family*, 1967, oil on canvas, 6' 8 1/8" × 6' 5 1/4"; The Museum of Modern Art, New York. Gift of Warren B. Benedek; **p. 87:** Ulrike Welsch; **p. 95:** Héctor Poleo, *La familia andina*, 1944, oil on canvas; Collection of the Art Museum of The Americas, OAS, Washington, D.C.; **p. 115:** Rob Crandal/The Image Works; **p. 120:** Peter Menzel/Stock Boston; **p. 133:** Owen Franken/Stock Boston; **p. 136:** Peter Menzel/Stock Boston; **p. 144:** Bartolomé Esteban Murillo, *Niños comiendo melón*, 1650; Giraudon/Art Resource; **p. 153:** Peter Menzel/Stock Boston; **p. 157:** Ulrike Welsch; **p. 175:** Ulrike Welsch; **p. 186:** Peter Menzel/Stock Boston; **p. 189:** Peter Menzel/Stock Boston; **p. 200:** AP/Wide World Photos; **p. 204:** Peter Menzel/Stock Boston; **p. 221:** Francisco Goya, *La nevada*, 1786; Scala/Art Resource; **p. 224:** Ulrike Welsch; **p. 227:** Ira Kirschenbaum/Stock Boston; **p. 235:** Peter Menzel/Stock Boston; **p. 253:** Remedios Varos, *Mimetism*, 1960, oil on masonite; photo by Ángel Hurtado: Archives of the Audio-Visual Unit of the Art Museum of the Americas, OAS, Washington, D.C.; **p. 255:** Peter Menzel/Stock Boston; **p. 273:** Ulrike Welsch; **p. 280:** Charles Love; **p. 287:** Michael Dwyer/Stock Boston; **p. 302:** Peter Menzel/Stock Boston; **p. 304:** Ulrike Welsch; **p. 313:** Peter Menzel/Stock Boston; **p. 317:** Mangino/The Image Works; **p. 324:** Mangino/The Image Works; **p. 331:** Rufino Tamayo, *Women Reaching for the Moon*, 1946, oil on canvas, 91.5 × 66 cm; The Cleveland Museum of Art, gift of the Hanna Fund, 47.69.

Printed in the U.S.A.

Student Text ISBN: 0-395-67406-9
Examination Copy ISBN: 0-395-71733-7
Text & Answer Key ISBN: 0-395-71640-3
Library of Congress Catalog Card Number: 94-76546

23456789-DH-98 97 96

Contents

CAPÍTULO 3

CAPÍTULO 4

CAPÍTULO 5

CAPÍTULO 6

CAPÍTULO 7

CAPÍTULO 8

CAPÍTULO 9

CAPÍTULO ◈10◈

REFERENCE SECTION

Summary Charts

Preface

Gramática esencial: Repaso y práctica is a review grammar for third-, fourth-, or fifth-semester students of Spanish. It is designed for use in courses that focus primarily on intermediate-level grammar study, explicitly include this objective, or provide the student with formal or informal review along the way.

It is expected that the text will be used in one-semester grammar review courses or in two-semester courses as a primary text, a supplement, or a reference, in conjunction with other materials such as readers, videotapes, or other texts which emphasize culture, conversation, or composition.

Features

- Direct and clear coverage of important points of Spanish grammar, avoiding exceptionally advanced topics, but expanding beyond the level normally encountered in a first-year text

- Frequent summary charts with examples of key topics for easy reference and review

- Illustrations, including *refranes* and *adivinanzas* from the Hispanic cultural legacy, to illustrate grammatical points

- A lexical section in each chapter to explain and practice troublesome words

- Exercises designed for in-class as well as out-of-class use include personalized and contextualized practice, and many pair and small group activities

- Numerous activities based upon real-world situations familiar to a majority of young adults so that their communications can be personally contextualized

- Flexible organization allows use in whole or in part, sequentially or non-sequentially

- A glossary of grammar terms used in the book, with examples

- A separate *Answer Key* to text exercises

Organization

Gramática esencial is divided into ten chapters, each of which contains the following elements:

1. *Grammar sections.* Each chapter contains four to five topics, explained clearly and directly. Explanations summarize, reformulate, and expand on key grammar topics presented in first-year courses. Language structure is presented in English with abundant Spanish examples to facilitate individual study outside of class. See, for example, Chapter 3, pages 78 and 86.

2. *Summary charts.* For selected topics, a summary—often in the form of a chart with examples of usage—follows grammatical explanations. Students will find these tables a useful corollary to the grammatical explanations and examples; they also serve as an effective ready reference for review. See Chapter 3, pages 81 and 96.

3. *Illustrations.* As a further learning resource, illustrations of Hispanic proverbs and riddles are tied to some of the structural features presented in the text to exemplify concepts or structures, reveal insights into Hispanic culture, and provide variety and a change of pace. Photographs of a variety of cultural sites and art also contribute to this objective. See Chapter 3, pages 80, 87, and 107.

4. *Lexical study.* The final topic in each chapter is a lexical point which often presents a semantic stumbling block for native English speakers. Distinctions are drawn, examples are presented, and practice is provided. In this manner, the language-learning experience reaches beyond simply working with verb tenses and other aspects of grammatical structure. See Chapter 2, page 73, and Chapter 3, page 109.

5. *Exercises.* Exercises range from the controlled to the communicative and a large number are personalized or contextualized to situations familiar to the majority of young adults. They are written for maximum flexibility. For example, students may be asked to work mostly outside of class (especially in conjunction with the optional *Answer Key*). Class members might bring their questions or difficulties to the instructor's attention either during class time or in outside consultation, or they could prepare some or most of the exercises outside of class for in-class work. Exercises are written primarily with an oral focus in mind, but they are readily adaptable for writing. Similarly, exercises that call for work in pairs or small groups can often be performed individually without difficulty. In this case, a single student might prepare responses for an interview situation or question-answer activities. All of the exercises are designed to function effectively in classes which use the book sequentially, nonsequentially, or in which the students employ the materials independently as a reference in conjunction with other cultural or topical materials. See Chapter 3, Exercises B, C, and G

(page 82) on **ser** and **estar;** Exercises D, G, and H (page 96) on comparatives and superlatives.

Gramática esencial also includes varied reference material in the appendices and a separate *Answer Key*. The appendices consist of a glossary of grammatical terminology with examples; a concise review of personal pronouns; charts of regular, irregular, and stem- and orthographic-changing verbs; a Spanish-English vocabulary which includes all intermediate-level words used in the text—words considered "core" first-year vocabulary in most texts of elementary Spanish have been omitted; and an index of grammatical topics.

At the instructor's discretion, the *Answer Key* to the text exercises is available to students. This resource may be a significant aid to those students who primarily use these materials for out-of-class review and reference.

Acknowledgments

The authors wish to express their sincere appreciation to Sandra Guadano, Helen Bronk, and all others who worked on this project. We also extend our gratitude to Isabel Campoy, formerly of Houghton Mifflin Company.

The authors and publisher gratefully acknowledge the comments and recommendations of the following people:

Catherine L. Angell, Austin Community College
Donna Deans Binkowski, Kansas State University
Lucile C. Charlebois, The University of South Carolina
Joseph R. Farrell, California State Polytechnic University
Manuel García-Castellón, University of New Orleans
Francisca González Arias, Massachusetts Corporation for Educational
    Telecommunications
Jeannette Harker, Florida Atlantic University, Boca Raton
Víctor Eduardo Krebs, Indiana University at Kokomo
Carlos Mellizo-Cuadrado, University of Wyoming
Loknath Persaud, Pasadena City College
Abdón Sánchez, College of Mount St. Joseph
Nicasio Urbina, Tulane University

Finally, we wish to acknowledge the special contribution of Ana María Galvin of the University of Massachusetts at Amherst, whose extensive and insightful review of the entire manuscript has greatly enriched this book.

GRAMÁTICA ESENCIAL

CAPÍTULO 1

I. The present indicative

A. Regular verbs

1. Regular verbs do not show any changes in the stem. The following is the conjugation of regular **-ar**, **-er**, and **-ir** verbs.

	-*ar* verbs	**-*er* verbs**	**-*ir* verbs**
	trabaj*ar*	**com*er***	**viv*ir***
yo	trabaj**o**	com**o**	viv**o**
tú	trabaj**as**	com**es**	viv**es**
él, ella; Ud.	trabaj**a**	com**e**	viv**e**
nosotros/as	trabaj**amos**	com**emos**	viv**imos**
vosotros/as	trabaj**áis**	com**éis**	viv**ís**
ellos, ellas; Uds.	trabaj**an**	com**en**	viv**en**

2. The **nosotros** and **vosotros** forms are stressed on the ending; all other forms are stressed on the stem.

3. A verb is generally used without the subject pronoun, except to indicate emphasis or contrast.

Trabajo mucho.	*I work a lot.*
Yo trabajo mucho.	*I work a lot.* **(emphasis)**
Yo trabajo y tú juegas.	*I work and you play.* **(contrast)**

Remember that there are no Spanish equivalents for the English subject pronouns *it* and *they: It is a book; they are books.* = **Es un libro; son libros.**

4. Here are some common verbs that are regular in the present indicative.

-ar **verbs**	*-er* **verbs**	*-ir* **verbs**
ayudar	aprender	abrir
buscar	beber	asistir
caminar	comer	decidir
comprar	comprender	escribir

llegar	creer	insistir
mirar	leer	permitir
necesitar	responder	recibir
trabajar	temer	subir
viajar	vender	vivir

5. Verbs that are conjugated with an extra pronoun referring to the subject are called reflexive verbs. Except for the extra pronoun, reflexive verbs are conjugated just like the rest of the verbs. (See "Reflexive, reciprocal, and impersonal constructions" in *Chapter 6, Section III* for a more complete treatment of reflexive verbs.)

levantarse	ofenderse	aburrirse
me levanto	**me** ofendo	**me** aburro
te levantas	**te** ofendes	**te** aburres
se levanta	**se** ofende	**se** aburre
nos levantamos	**nos** ofendemos	**nos** aburrimos
os levantáis	**os** ofendéis	**os** aburrís
se levantan	**se** ofenden	**se** aburren

EJERCICIOS

A. Describa Ud. lo que hacen las siguientes personas durante su día libre.

MODELO: _____ (mirar) la televisión durante la mayor parte del día. (Silvia)
Silvia mira la televisión durante la mayor parte del día.

1. _____ (comprar) la comida y otras necesidades de la familia. (yo, Cristina y su esposo, nosotros, tú, Marco)
2. _____ (leer) los periódicos de toda la semana. (Tomás, yo, Ramiro y su hermano, tú, nosotras)

3. _____ (subir) al tercer piso para pasar un buen rato con los abuelos. (yo, los Ramírez, tú, María Elena, vosotros)
4. _____ (necesitar) mis notas de clase. (tú y yo, muchos estudiantes, tú, mi mejor amigo, vosotras)
5. _____ (vender) una bicicleta a un buen precio. (yo, mi primo, mis vecinos, Sara y yo, tú)
6. _____ (escribir) la tarea y también algunas cartas. (nosotros, yo, las dos hermanas, tú, vosotras)

B. Pregúntele a un/a compañero/a de clase algo de su vida en la universidad. Luego informe a los demás compañeros.

MODELO: ¿trabajar durante las horas libres o estudiar la mayor parte del tiempo?
E1: *Juanita, ¿trabajas durante las horas libres o estudias la mayor parte del tiempo?*
E2: *Estudio la mayor parte del tiempo.*
E1: *Juanita dice que estudia la mayor parte del tiempo.*

Universidad Central de Venezuela, Caracas, Venezuela. ¿De qué conversan los estudiantes que ves en la foto? ¿Qué crees que estudian?

1. ¿vivir en una residencia de estudiantes o en un apartamento?
2. ¿participar en algún club o en algún deporte?
3. ¿asistir a las reuniones del gobierno estudiantil?
4. ¿sacar buenas notas en todas las clases o solamente en algunas?
5. ¿necesitar usar las computadoras para tus clases?
6. ¿temer las clases avanzadas?
7. ¿mirar las telenovelas con otros estudiantes?

C. Mucha gente hace lo mismo todos los días. Indique qué hace Ud. normalmente después de hacer lo que se menciona a continuación. Use los verbos que aparecen en la lista u otros de su elección.

abrir	consultar	pasearse	trabajar
bajar	conversar	recibir	ver
beber	escribir	saludar	viajar
buscar	leer	telefonear	visitar
comer	levantarse	terminar	
comprar	llevar	tomar	

MODELO: Después de levantarme, …
Después de levantarme, bajo al comedor y tomo una taza de café.

1. Después de saludar a mis hermanos, …
2. Después de desayunar con la familia, …
3. Después de salir de casa por la mañana, …
4. Después de entrar en la sala de clase, …
5. Después de terminar con todas las clases, …
6. Después de llegar al trabajo, …
7. Después de entrar en el supermercado, …
8. Después de hacer las compras, …
9. Después de volver a casa, …
10. Después de terminar mis tareas de clase, …

▶ B. Spelling changes

Some verbs require a spelling adjustment to reflect pronunciation.

Verbs affected	Spelling change	Model verb		Other verbs	
-ger, -gir	**g → j** before **o**	dirigir		coger	corregir*
		dirijo	dirigimos	proteger	elegir*
		diriges	dirigís	recoger	exigir
		dirige	dirigen		
-guir	**gu → g** before **o**	distinguir		conseguir	proseguir
		distingo	distinguimos	extinguir	seguir
		distingues	distinguís		
		distingue	distinguen		
-cer, -cir preceded by a consonant	**c → z** before **o**	convencer		ejercer	esparcir
		convenzo	convencemos	vencer	
		convences	convencéis		
		convence	convencen		
-uir	**i → y** before **o, e**	influir		atribuir	distribuir
		influyo	influimos	concluir	excluir
		influyes	influís	construir	incluir
		influye	influyen	contribuir	obstruir
				destruir	sustituir
-iar, -uar	**i → í** **u → ú** all forms except **nosotros, vosotros**	enviar		ampliar	acentuar
		envío	enviamos	confiar	efectuar
		envías	enviáis	enfriar	graduar(se)
		envía	envían	guiar	situar

*The verbs **corregir** and **elegir** are also stem-changing verbs. (See table in *C*.)

C. Stem-changing verbs

1. When the stress falls on the last vowel of the stem, some **-ar**, **-er**, and **-ir** verbs have a change in the stem from **e** to **ie** or **o** to **ue**, and some **-ir** verbs have a change in the stem from **e** to **i**. In the present indicative this change affects all persons *except the first and second persons plural*, which are the only ones not stressed on the last vowel of the stem.

Stem change	Model verb		Other verbs	
e → ie	**pensar**		cerrar	defender
	pienso	pensamos	comenzar	encender
	piensas	pensáis	confesar	entender
	piensa	piensan	despertar(se)	perder
			empezar	querer
			encerrar	divertir(se)
			gobernar	mentir
			recomendar	preferir
			sentar(se)	sentir
o → ue	**volver**		almorzar	devolver
	vuelvo	volvemos	contar	llover
	vuelves	volvéis	costar	mover
	vuelve	vuelven	encontrar	poder
			mostrar	resolver
			probar	soler
			recordar	dormir
			sonar	morir
			soñar	
e → i	**pedir**		conseguir	reír*
	pido	pedimos	corregir	repetir
(**-ir** verbs	pides	pedís	despedir(se)	seguir
only)	pide	piden	elegir	sonreír*
			medir	vestir(se)

*__Reír__ and **sonreír** both conjugate according to the following pattern: río, ríes, ríe, reímos, reís, ríen.

2. The verbs **adquirir** (*to acquire*), **jugar** (*to play*), and **oler** (*to smell*) follow a stem-change pattern, changing **i** to **ie**, **u** to **ue**, and **o** to **hue**, respectively.

adquirir (*i → ie*)		jugar (*u → ue*)		oler (*o → hue*)	
adqu**ie**ro	adquirimos	j**ue**go	jugamos	**hue**lo	olemos
adqu**ie**res	adquirís	j**ue**gas	jugáis	**hue**les	oléis
adqu**ie**re	adqu**ie**ren	j**ue**ga	j**ue**gan	**hue**le	**hue**len

Throughout this text, stem changes are indicated in parentheses after the infinitive; for example, **pensar (ie)**, **volver (ue)**, **preferir (ie)**, **dormir (ue)**, and **pedir (i)**.

EJERCICIOS

D. Diga qué hacen o qué quieren hacer las personas indicadas entre paréntesis para entretenerse durante su tiempo libre.

MODELO: _____ (querer) aprender a bailar salsa. (yo)
Yo quiero aprender a bailar salsa.

1. _____ (soñar) con hacer una excursión de esquí pronto. (Elena y Ricardo, tú, yo, Toni y yo)
2. _____ (pensar) aprender a tocar un instrumento musical. (los Iturbe, vosotros, Antonio, yo, tú)
3. _____ (jugar) al golf todas las semanas. (Martín y Anita, tú, Miguel y yo, yo)
4. _____ (soler) visitar galerías de arte los jueves. (yo, mi mamá, Susana y Gloria, Paco y yo, tú)
5. _____ (dirigir) el comité que estudia los programas recreativos. (Pablo, tú, yo, las hermanas Ruiz)
6. _____ (contribuir) al proyecto para limpiar el río de la ciudad. (yo, todos los estudiantes, tú, mi familia y yo, vosotras)

E. Hágale las siguientes preguntas a un/a compañero/a de clase y luego, reaccione a cada respuesta.

MODELO: E1: Cuando estás en un restaurante elegante, ¿pides primero una bebida o la comida?
E2: *Normalmente pido la comida.*
E1: *Yo no; yo siempre pido una bebida y luego la comida.*

1. Después de clase, ¿prefieres dar un paseo o descansar?
2. ¿Almuerzas en casa, en un restaurante o en la universidad?
3. ¿Quieres ver una película, una obra teatral o escuchar discos?
4. Cuando tienes un día libre, ¿sueles descansar o prefieres practicar un deporte?
5. En la clase de español, ¿distingues fácilmente todos los sonidos de la lengua?
6. ¿Encuentras fácil o difícil el español?
7. ¿Entiendes perfectamente todas las reglas del juego de damas?
8. ¿Te gradúas este año o el próximo?
9. Cuando tiene su fiesta de cumpleaños tu hermano/a, ¿le envías un regalo o solamente una tarjeta?
10. ¿A quién influyes más, a tus hermanos o a tus amigos?

F. Todo le sale mal esta semana y Ud. se lamenta de lo que le pasa. Exprese sus sentimientos usando expresiones como **qué lata (fastidio)**, **qué pena (lástima)**, **cuánto lo lamento (siento)** y **qué mala suerte**.

MODELO: Claudia / no volver conmigo hoy
¡Cuánto lo siento! Claudia no vuelve conmigo hoy.

1. (yo) / no encontrar tiempo para salir con Uds. esta noche
2. mi novio/a / no resolver sus problemas con su padre
3. mi hermana / ya no confiar en su mejor amiga
4. (yo) / no poder jugar al tenis contigo mañana
5. mis compañeros de clase / perderse el estreno de la película
6. Rodolfo / no guiar a mi hermano menor en su selección de clases
7. la compañía teatral / no repetir esa obra otro día
8. llover demasiado, de modo que no vamos de excursión
9. (tú) / no vestirte con disfraz esta noche
10. mis amistades / nunca entender mis chistes

D. Verbs with irregular forms

Irregular first person singular form

Verb	Conjugation	Other verbs
caber	**quepo**, cabes, cabe, cabemos, cabéis, caben	
dar	**doy**, das, da, damos, dais, dan	
hacer	**hago**, haces, hace, hacemos, hacéis, hacen	deshacer, rehacer, satisfacer
poner	**pongo**, pones, pone, ponemos, ponéis, ponen	componer, imponer, oponer, proponer, reponer, suponer

Verb	Conjugation	Other verbs
saber	**sé**, sabes, sabe, sabemos, sabéis, saben	
salir	**salgo**, sales, sale, salimos, salís, salen	
traer	**traigo**, traes, trae, traemos, traéis, traen	atraer, caer(se), distraer(se)
valer	**valgo**, vales, vale, valemos, valéis, valen	
ver	**veo**, ves, ve, vemos, veis, ven	
-cer or **-cir** preceded by vowel	**Model:** *ofrecer* **ofrezco** ofrecemos ofreces ofrecéis ofrece ofrecen	agradecer, aparecer, complacer, conocer, crecer, desconocer, establecer, parecer, obedecer, permanecer, pertenecer, reconocer, conducir, deducir, introducir, producir, reducir, traducir

Verbs with several irregular forms

Verb	Conjugation		Other verbs
decir	**digo**	decimos	contradecir, predecir
	dices	decís	
	dice	**dicen**	
estar	**estoy**	estamos	
	estás	estáis	
	está	**están**	
ir	**voy**	**vamos**	
	vas	**vais**	
	va	**van**	
oír	**oigo**	**oímos**	
	oyes	oís	
	oye	**oyen**	

Verb	Conjugation		Other verbs
ser	**soy**	**somos**	
	eres	**sois**	
	es	**son**	
tener	**tengo**	tenemos	contener, detener, entretener(se), mantener, obtener
	tienes	tenéis	
	tiene	**tienen**	
venir	**vengo**	venimos	convenir, intervenir, prevenir
	vienes	venís	
	viene	**vienen**	

EJERC**I**C**I**O S

G. Eduardo es una persona egoísta. Su amiga Elisa trata de hablarle sobre
varios amigos mutuos, pero Eduardo siempre termina hablando de sí
mismo. Un/a estudiante lee el comentario de Elisa y otro/a, haciendo el
papel de Eduardo, reacciona a esos comentarios, según el modelo.

MODELO: Elisa: En mi opinión, Anita merece unas vacaciones.
               Eduardo: *Es cierto, pero yo también merezco unas*
                          vacaciones.

1. Enrique conoce muchos países hispanos.
2. Clara y Marta siempre confían en sus amigos.
3. Jorge trae muchos recuerdos bonitos de sus viajes.
4. Guillermo sale todos los fines de semana.
5. Juanita sabe mucho de los países andinos.
6. Enriqueta pertenece a varias organizaciones para viajeros.
7. Entiendo que Susana y Olga traducen muy bien del inglés al
   español.
8. Maxi va a un sitio distinto todos los años.

Plaza de los Mariachis, Guadalajara, Jalisco, México. ¿Está contenta la pareja con la serenata de los mariachis?

H. Diga lo que suele hacer cuando está de visita en las siguientes ciudades.

MODELO: ciudad de México / dar una vuelta por el Zócalo
Cuando estoy en la ciudad de México, siempre doy una vuelta por el Zócalo.

1. San Francisco / ver el puente Golden Gate
2. Santiago de Chile / tener tiempo para visitar el cerro Santa Lucía
3. Lima, Perú / hacer compras en el Barrio Miraflores
4. Granada, España / ir a la Alhambra
5. Panamá / salir a dar un paseo cerca del Canal
6. Guadalajara, México / enviar una postal de la Plaza de los Mariachis
7. San Diego / conducir mi coche al famoso Jardín Zoológico
8. la región andina / hacer una visita a las ruinas de Machu Picchu
9. Buenos Aires / entretenerme caminando por la calle Florida
10. Alaska / llevar un impermeable y unos guantes gruesos

I. Diga lo que hacen las distintas personas que ve en la escena siguiente.

MODELO: Los niños juegan con sus botes en la fuente.

E. Uses

1. The present indicative refers to actions or states that are valid at the time of speaking. This includes actions in progress, habitual actions, and timeless actions. Note that for actions in progress English uses the present progressive tense (with -*ing* form), as in the second and third examples.

Los economistas **dicen** que el estado de la economía **es** deplorable.	*The economists say that the state of the economy is deplorable.*
—¿Qué **lees**? —**Leo** el periódico.	*What **are you reading**?* ***I'm reading** the newspaper.*
Asisto a clases de lunes a viernes y **trabajo** los fines de semana.	*I attend classes Monday through Friday and work on weekends.*
Según muchos, el universo no **tiene** límites.	*According to many, the universe does not have boundaries.*

2. The present indicative can also be used to refer to an event scheduled to take place in the near future. In English the present progressive, *will* + infinitive, or a construction with *going* + infinitive is preferred in this context.

El mes próximo **salgo** para México.	*Next month I'm leaving for Mexico.*
Asisto a una feria industrial.	*I'm attending an industrial fair.*

3. The construction *present indicative* + **desde** (**hace**) + *time expression* is used to refer to an action that began in the past and is still going on in the present. In English, either the present perfect progressive or the present perfect is used. (See *Chapter 2, Section II* for more on **hace** with time expressions.)

Vivimos en esta ciudad **desde** 1980 y **estamos** en esta casa **desde hace** cinco años.	*We have been living in this city since 1980 and have been in this house for five years.*

4. The present indicative is used to make past events seem more vivid and immediate, especially when narrating historical events. This use is referred to as the "historical present."

El sábado pasado caminaba por el centro cuando casi **choco** con un joven que me **mira** malhumorado y luego **sonríe** y **exclama**: "Tanto tiempo sin verte, primo Ramiro. ¡Qué agradable sorpresa!"	*Last Saturday, I was walking downtown when I almost collide with a young man who looks at me angrily and then smiles and says: "Long time without seeing you, cousin Ramiro. What a pleasant surprise!"*
El Brasil **es** descubierto a comienzos del siglo dieciséis y los primeros colonos portugueses **llegan** en 1532.	*Brazil is discovered at the beginning of the sixteenth century, and the first Portuguese settlers arrive in 1532.*

Summary of the uses of the present indicative

Statements that are valid at the time of speaking	La educación **es** importante. **Asisto** a la universidad. **Estudio** para periodista. En este momento, **leo** mi libro de español.
Planned actions in the near future	El próximo mes **salgo** para España.
Ongoing events begun in the past	**Espero** el autobús **desde hace** quince minutos.
Vivid narration of past events	Estaba en mi cuarto cuando de pronto **entran** unos hombres desconocidos. Me **preguntan** mi nombre.

EJERCICIOS

J. Ud. le cuenta a un/a amigo/a una experiencia reciente camino del aeropuerto. Complete la siguiente historia, usando el presente de indicativo "histórico".

1. (Ser) _____ las seis y media de la mañana. Yo (estar) _____ en un taxi que me (llevar) _____ al aeropuerto. El conductor (ir) _____ muy despacio porque detrás (venir) _____ un coche de policía.

2. Yo (estar) _____ nervioso/a porque (tener) _____ que estar en el aeropuerto antes de las siete y media. El taxista (conocer) _____ bien la carretera, pero yo (desconocer) _____ la distancia al aeropuerto. Finalmente le (decir) _____ al taxista que (creer) _____ que (ir) _____ a perder el avión. Él me asegura que (saber) _____ exactamente lo que (hacer) _____ y me (sonreír) _____ por el espejo retrovisor.

3. De repente [yo] (oír) _____ la sirena de la policía. Eso me (convencer) _____ de que voy a llegar demasiado tarde. Los agentes nos (hablar) _____ unos minutos que me (parecer) _____ una eternidad.

4. En fin, ¿(saber) _____ tú lo que (querer) _____ ellos? Pues, (desear) _____ saber si el taxi (tener) _____ problemas mecánicos; nos (decir) _____ que nosotros (manejar) _____ demasiado despacio. ¡Qué ironía!, ¿verdad?

K. Complete estas oraciones, expresando que la acción indicada entre paréntesis se cumplirá (*will take place*) en el futuro.

MODELO: (salir) Esta semana estoy en Los Ángeles, pero el lunes ...
*Esta semana estoy en Los Ángeles, pero el lunes **salgo para Nueva York**.*

1. (recibir) Hoy Alberto no tiene dinero, pero el viernes ...
2. (cambiar) Ahora en agosto hace mucho calor, pero ya en octubre ...
3. (enviar) Ahora voy a la tienda a comprar una tarjeta, y esta tarde se la ... a mi hermano Juan.
4. (corregir) El profesor dice: "No voy a recoger la tarea en este momento, pero de seguro la ... esta tarde".
5. (despertar) Es sábado; los niños pueden dormir un poco más. Yo los ... más tarde.
6. (bañarse, vestirse) Juanito está en el centro ahora, pero al llegar a casa ... y ... para salir con nosotros esta noche.

L. Un/a estudiante menciona un aspecto de la vida en la universidad. Luego otro/a estudiante expresa su reacción, sirviéndose de las expresiones que siguen u otras similares.

¡Esto me parece fatal (curioso)!	¡No me digas!
¡Qué bueno (interesante)!	¡Vaya, qué lío!
¡No faltaba más!	¡Fantástico!
¡Qué horror (lástima)!	¡Excelente!

MODELO: El precio de la comida ...
E1: *El precio de la comida sube mucho.*
E2: *¡Qué horror!*

1. Los consejeros académicos ...
2. El número de estudiantes ...
3. La cantidad de tareas escritas ...
4. Los libros de la biblioteca ...
5. El éxito del equipo de fútbol ...
6. La participación en el gobierno estudiantil ...
7. Los profesores de lenguas extranjeras ...
8. La limpieza de la ciudad universitaria ...
9. Las clases de ciencias naturales y de matemáticas ...
10. Este semestre mis notas ...

M. Invente una historia basándose en los dibujos que aparecen a continuación. Use las palabras y expresiones sugeridas u otras de su elección. Comience su historia así: Todas las mañanas mi amiga Rita ...

despertarse	salir de casa	volver a casa
levantarse	correr / trotar	ducharse / lavarse
pronto	hacer ejercicio	cepillarse los dientes

II. Nouns

A. Gender

All nouns in Spanish are either masculine or feminine. When referring to human beings, Spanish nouns follow the biological distinction: nouns referring to male human beings are masculine and those referring to females are feminine. In all other cases, gender assignment is arbitrary; however, some endings are associated with either the masculine or feminine gender.

Masculine and feminine forms of nouns referring to people

1. Most nouns referring to people end in **-o** in the masculine and **-a** in the feminine.

el abuelo	la abuela
el muchacho	la muchacha
el novio	la novia
el primo	la prima
el vecino	la vecina

Note that the noun **persona** is always feminine and applies to both male and female: **Roberto es una persona creativa. Josefina es una persona responsable.**

2. Some nouns referring to people end in a consonant in the masculine and in **-a** in the feminine.

el autor	la autora
el escritor	la escritora
el patrón	la patrona
el peatón	la peatona
el profesor	la profesora

Note that the accent is dropped in **patrona** and **peatona**.

3. Some nouns that refer to people are identical in the masculine and feminine forms. Gender is indicated by the form of the article that precedes the

noun, by other modifiers, or by context. Nouns ending in **-a** (including the common suffix **-ista**), most nouns ending in **-ente** or **-ante**, and a few others belong in this category.

el artista	la artista
el camarada	la camarada
el cliente	la cliente
el demócrata	la demócrata
el estudiante	la estudiante
el intérprete	la intérprete
el novelista	la novelista
el testigo	la testigo
el visitante	la visitante

4. Some nouns have special masculine and feminine forms, as do their English counterparts.

el actor	la actriz
el barón	la baronesa
el caballero	la dama
el héroe	la heroína
el padre	la madre
el príncipe	la princesa

Noun endings

1. Some feminine noun endings:

-a	-d	-ión		-ez
la entrevista	la amistad	la condición	la inflación	la honradez
la familia	la ciudad	la conexión	la instrucción	la madurez
la música	la gratitud	la confusión	la ocasión	la rapidez
la noticia	la libertad	la congestión	la opinión	la vejez
la política	la pared	la cuestión	la reflexión	
la tienda	la salud	la expresión	la región	

a. Although the vast majority of the nouns ending in **-a** are feminine, there are some common exceptions: **el día, el mapa, el sofá, el tranvía.**

b. Exceptions also include some nouns of Greek origin ending in **-ma: el clima, el drama, el idioma, el programa, el problema, el tema.**

c. Some exceptions to feminine nouns ending in **-d** are **el ataúd, el césped.**

d. Common exceptions to feminine nouns ending in **-ión** are **el avión, el camión.**

2. Some masculine noun endings:

-o	-l	-r	-e
el banco	el animal	el calor	el accidente
el camino	el hospital	el cáncer	el cheque
el edificio	el papel	el hogar	el mensaje
el gobierno	el sol	el olor	el nombre
el progreso	el túnel	el valor	el viaje

a. Some exceptions to masculine nouns ending in **-o** are **la mano, la foto (fotografía),** and **la moto (motocicleta).**

b. Common exceptions to masculine nouns ending in **-l** are **la catedral, la piel, la sal, la señal.**

c. Common exceptions to masculine nouns ending in **-r** are **la flor, la labor.**

3. Although most nouns ending in -e are masculine, there are some frequently used exceptions:

la calle	la gente	la nieve
la carne	el hambre (f.)	la noche
la clase	la llave	la parte
la costumbre	la mente	la sangre
la especie	la muchedumbre	la suerte
la frase	la muerte	la tarde

REFRÁN

De la mano a la boca se pierde la sopa.

Noun endings of either gender

There is no general rule for determining the gender of nouns with endings other than those mentioned above. The gender of these nouns must be memorized.

el bien	la sien	el análisis	la síntesis
el maíz	la raíz	el corazón	la razón

Nouns with two genders and two meanings

The feminine or masculine article indicates the gender and distinguishes the meaning of some nouns. Compare the meaning and gender of the following pairs of nouns.

capital (money)	el capital	la capital	capital (city)
cut	el corte	la corte	court
priest	el cura	la cura	cure
guide	el guía	la guía	guidebook; female guide
example; male model	el modelo	la modelo	female model
order, tidiness	el orden	la orden	order, command
Pope	el Papa	la papa	potato
policeman	el policía	la policía	police force; policewoman

Gender in other categories of nouns

1. The names of oceans, rivers, and mountains are masculine. The word **sierra** (*mountain range*) is feminine.

El Pacífico es más profundo que **el Atlántico**.	*The Pacific Ocean is deeper than the Atlantic.*
¿Qué río es más largo, **el Orinoco** o **el Nilo**?	*Which river is longer, the Orinoco or the Nile?*
Quieren escalar **el Aconcagua** y luego **el Everest**.	*They want to climb Mount Aconcagua and then Mount Everest.*

2. Months and days of the week are masculine.

El sábado es mi día favorito.	*Saturday is my favorite day.*
Abril es lluvioso.	*April is (a) rainy (month).*

3. The letters of the alphabet are feminine.

La *a* es la primer**a** letra del alfabeto y **la** *i griega* es la penúltima.	*A is the first letter in the alphabet and y is the next to the last.*

4. Numbers used as nouns are masculine.

Los norteamericanos confunden a veces **el** uno español con **el** siete de ellos.	*Americans sometimes take Spanish (number) one for their (number) seven.*

5. The infinitive of a verb used as a noun is masculine.

El viajar es siempre placenter**o**.	*Traveling is always pleasant.*
Me molesta su continu**o** **quejarse**.	*His continuous complaining bothers me.*

Panorama de San Antonio de Oriente, Honduras, de José Antonio Velázquez (1903–1983).
¿Puedes mencionar algunos de los detalles que ves en el cuadro?

EJERCICIOS

A. Indique el género (*gender*) de cada sustantivo (*noun*), dando el artículo
definido correcto. Si los dos géneros son posibles, dé los dos artículos.

MODELO 1:   novia   *la novia*

MODELO 2:   periodista   *el periodista / la periodista*

1. vecino	6. día	11. sangre	16. miércoles
2. muchacha	7. clase	12. mano	17. carne
3. cliente	8. orden	13. cheque	18. corte
4. estación	9. viaje	14. nieve	19. raíz
5. clima	10. suerte	15. policía	20. accidente

B. ¿Qué palabras de la siguiente lista pueden referirse a su amigo Tomás? ¿A Margarita? ¿A los dos?

MODELO 1:   mensajera   *A Margarita, sí; a Tomás, no.*

MODELO 2:   taxista   *A los dos.*

1. escritora	5. guía	9. testigo
2. especialista	6. heroína	10. autor
3. primo	7. político	11. actriz
4. habitante	8. dependiente	12. intérprete

C. En las siguientes oraciones, para indicar el género del sustantivo en negrita (*boldface*), llene el espacio en blanco con el artículo definido apropiado.

MODELO: Voy a _____ **tienda** los jueves.
          Voy a la tienda los jueves.

1. ¿A qué hora crees que terminas con _____ **entrevista**?
2. No entiendo qué quiere _____ **multitud** que protesta frente a la Administración ahora.
3. Javier está en _____ **hospital**.
4. Creo que _____ **decisión** de Fabián es excelente.
5. Cada día _____ **problemas** de mi hijo son mayores.
6. Este verano, por primera vez, voy a ver _____ **Atlántico**.
7. _____ **costumbre** que más me gusta es la tertulia.
8. _____ **orden** que hay en el cuarto de ese muchachito es increíble.

D. Maxi y Laura hablan de varios conocidos. Con un/a compañero/a, cree un diálogo, según el modelo.

MODELO: Guillermo / actor / su prima
          Maxi: *Guillermo es actor, ¿verdad?*
          Laura: *Sí, y su prima es actriz también.*

1. Marisa / profesora / tío
2. Roberto / camarero / hermana
3. Carlos / escritor / novia
4. Isabel / pianista / esposo
5. Ricardo / modelo / prima
6. Adela / agente de policía / yerno
7. Carmen / doctora / padre
8. Marta / periodista / mejor amigo
9. Raúl / poeta / nuera
10. Ana / demócrata / compañera de cuarto

B. Plural of nouns

1. Nouns add either **-s** or **-es** to form the plural according to the following generalizations.

Add *-s*		Add *-es*	
if a noun ends in an unstressed vowel		**if a noun ends in a consonant**	
aparato	aparatos	actor	actor**es**
candidata	candidatas	opinión	opinion**es**
cliente	clientes	origen	orígen**es**
compañero	compañeros	país	país**es**
oficina	oficinas	rey	rey**es**
if a noun ends in stressed é, ó		**if a noun ends in stressed á, í, ú**	
café	café**s**	bajá *(pasha)*	bajá**es**
canapé	canapé**s**	rubí	rubí**es**
dominó	dominó**s**	tabú	tabú**es**
		Exceptions:	
		mamá, papá	mamá**s**, papá**s**
		sofá	sofá**s**
		menú	menú**s**

2. Nouns ending in an unstressed vowel + **s** remain unchanged in the plural.

el análisis	los análisis
la crisis	las crisis
la dosis	las dosis
el lunes	los lunes

Spelling changes

Some nouns undergo a spelling change in the plural.
1. A singular noun ending in **-z** changes **z** to **c** before adding **-es**.
2. A singular noun ending in **-n** and stressed on the next-to-last syllable adds a written accent in the plural to maintain the stress on that syllable.
3. A singular noun ending in **-n** or **-s** and stressed on the final syllable drops the written accent in the plural. The largest group is that of nouns ending in **-ión**.

z → c	Add accent	Drop accent
luz → luces	examen → exámenes	autobús → autobuses
voz → voces	joven → jóvenes	compás → compases
lápiz → lápices	origen → orígenes	patrón → patrones
actriz → actrices	volumen → volúmenes	opinión → opiniones

EJERCICIOS

E. Hágale las siguientes preguntas a un/a compañero/a. Su compañero/a le contesta, haciéndole notar, según el modelo, que la cantidad es mayor.

MODELO: Usted: Carlos necesita **un litro** de vino, ¿verdad?
                    Juanita: *Estás equivocado/a; necesita tres litros.*

1. La compañía de tu papá tiene **un cliente** nuevo, ¿verdad?
2. El gerente de la estación de radio "SUAVE" necesita **un locutor** nuevo, ¿no?
3. Tu familia quiere visitar **una ciudad** de la región del sur, ¿cierto?
4. Tú necesitas **un sofá** más cómodo para tu casa, ¿verdad?
5. El director de la película busca **una actriz** bastante alta, ¿cierto?
6. Para viajar de aquí a San Antonio, se toma sólo **un autobús**, ¿no es así?
7. Tienes **un examen** mañana, ¿verdad?
8. Hay sólo **una luz** en esta sala, ¿verdad que sí?

F. Hable de aspectos de la vida urbana que no le gustan, según el modelo.

MODELO: autobús / contaminar el aire
                    ¡Los autobuses contaminan el aire!

1. peatón / no hacer caso a los semáforos
2. lugar de estacionamiento / no ser muy numerosos
3. entrada al cine / ser muy caras
4. parque / estar llenos de basura
5. tren del metro / pasar siempre llenos de gente
6. taxista / manejar como locos
7. café / estar demasiado ocupados
8. joven / no bajar el volumen de su radio

Escena en el centro de Madrid, España. ¿Qué hacen las personas que ves en la fotografía?

 **Articles**

A. Definite articles

Forms

1. The definite article agrees with the noun it modifies in both gender (masculine or feminine) and number (singular or plural).

	Singular	**Plural**
Masculine	**el** director	**los** directores
	el pueblo	**los** pueblos
Feminine	**la** directora	**las** directoras
	la ciudad	**las** ciudades

2. The preposition **a** + the definite article **el** is contracted to **al**; the preposition **de** + the definite article **el** is contracted to **del**. If the article **el** is part of a proper noun, such as a name, it is not contracted. **A** and **de** + **la**, **los**, **las** are not contracted.

Esta tarde voy **al** banco y luego **a la** tienda.	*This afternoon, I'm going to the bank and then to the store.*
Los representantes **del** gobierno hablan mañana; van a discutir el estado **de la** economía.	*The representatives of the government are speaking tomorrow; they are going to discuss the state of the economy.*
Acabo de regresar **de El** Salvador.	*I have just returned from El Salvador.*
Estudian la condición **de los** caminos y **de las** carreteras.	*They study the condition of the roads and highways.*

3. When the definite article immediately precedes a *singular* feminine noun beginning with a *stressed* **a-** or **ha-**, the **el** form of the article, not **la**, is used. In the plural, the **las** form is used; adjectives always follow the normal rules of agreement.

Ella estudia **el** habla **pintoresca** de nuestra región.	*She studies the colorful speech of our region.*
El agua de este lago es **fría**.	*The water of this lake is cold.*
Las aguas de estas fuentes son **frías**.	*The waters from these fountains are cold.*
Tengo **mucha** hambre.	*I'm very hungry.*

Feminine proper nouns beginning with a stressed **a-** or **ha-** and the names of the letters **a** and **h** use the article **la**, not **el**:

La Corte Internacional de Justicia está en **La** Haya.	*The International Court of Justice is in The Hague.*
La *hache* no se pronuncia en español.	H *is not pronounced in Spanish.*

Uses

General sense

In Spanish, the definite article is used with nouns in a general sense. In English, the article is not used this way.

La violencia no va a solucionar nuestros problemas.	*Violence won't solve our problems.*
Los políticos luchan contra **la** injusticia social.	*Politicians fight against social injustice.*

No me interesan **las** novelas
policíacas; prefiero **las** novelas
históricas.

*Detective novels do not interest
me; I prefer historical novels.*

Possessive sense

1. The definite article, and not a possessive adjective, is generally used in
Spanish to refer to parts of the body and articles of clothing when the possessor is clearly understood.

A la niña le duele **la** garganta.
Él se ha torcido **el** tobillo.
Si quieres, puedes quitarte **la**
corbata.

The girl's throat hurts.
He has twisted his ankle.
*If you want, you may take off
your tie.*

2. A possessive adjective is used to avoid ambiguity or to place emphasis on
the part of the body or the article of clothing.

Ponte **la** chaqueta. Pero no te
pongas **mi** chaqueta como la
última vez.

*Put on **your** jacket. But don't put
on **my** jacket like the last time.*

Sus ojos brillaban en la
oscuridad.(*emphasis*)
Le brillaban **los** ojos en la
oscuridad.(*normal*)

His eyes were shining in the dark.

Days of the week and units of time

1. The singular definite article **el** is used with the days of the week to express
on. The plural definite article **los** expresses the equivalent of *every.*

Esta semana tenemos un
examen **el** martes, **el** jueves
y **el** viernes. ¡Qué horror!
Los bancos están cerrados **los**
sábados.

*This week we have an exam on
Tuesday, Thursday, and
Friday. How awful!*
*Banks are closed on Saturdays.
(= every Saturday)*

2. No article, however, is used with a day of the week after the verb **ser** or in
the phrase **de ... a ...** with time expressions.

Hoy es miércoles.
Trabajo **de** lunes **a** jueves y
descanso **de** viernes **a**
domingo.

Today is Wednesday.
*I work from Monday to Thursday
and rest from Friday to
Sunday.*

3. The definite article is required in Spanish to express *next* or *last* + a unit of
time.

La entrevista es **la próxima**
semana.

The interview is next week.

¿Viajas a Ecuador **el** mes **próximo**?	*Are you traveling to Ecuador next month?*
Asistí a un congreso **el** año **pasado**.	*I attended a conference last year.*

Languages

1. In contrast to English, names of languages usually require the definite article in Spanish.

El chino es la lengua con más hablantes en el mundo.	*Chinese is the language with the most speakers in the world.*
Soy cantante y de todas las lenguas europeas prefiero **el** italiano.	*I'm a singer, and of all European languages I prefer Italian.*

2. The definite article is not used after the verb **hablar** when followed by the name of a language. The article is optional after verbs such as **aprender**, **enseñar**, **entender**, **escribir**, **estudiar**, **leer**, and **saber** + the name of a language. Note that no article is used in English.

Hablas español muy bien.	*You speak Spanish very well.*
—Estudias **(el)** ruso?	*Do you study Russian?*
—No, aprendo **(el)** japonés.	*No, I'm learning Japanese.*
Usted escribe **(el)** árabe, ¿verdad?	*You write Arabic, don't you?*

3. The definite article is not used after the preposition **en** + the name of a language. The article is also omitted after the preposition **de** + a language in phrases that categorize a noun.

Esos libros están escritos **en griego** y **en español**.	*Those books are written in Greek and Spanish.*
Mi profesora **de francés** dicta también clases **de alemán**.	*My French teacher also gives German classes.*

Proper nouns

1. The definite article is used with a courtesy title + a surname when speaking *about* someone. No article is used when speaking directly *to* someone and before titles such as **don** and **doña**.

—**Señor** Parra, ¿cuándo podemos reunirnos con su socio, **el señor** Hernández?	*Mr. Parra, when can we meet with your partner, Mr. Hernández?*
Necesito ver a **don** Enrique y a **doña** Lucía.	*I need to see Don Enrique and Doña Lucía.*

2. Most names of cities and countries are used without the definite article in both Spanish and English. The article must be used, however, when it is part of the name, as in **Los Ángeles, La Habana, El Cairo, Las Antillas, El Salvador, La República Dominicana**.

The use of the article is optional with the following countries:

(la) Argentina	(la) China	(la) India	(el) Perú
(el) Brasil	(el) Ecuador	(el) Japón	(el) Uruguay
(el) Canadá	(los) Estados Unidos	(el) Paraguay	

Vamos a pasar por España y por Francia, pero vamos a quedarnos casi todo el tiempo en Suiza: una semana en Zurich y otra en Ginebra.	*We'll go through Spain and France, but we'll stay in Switzerland most of the time: a week in Zurich and another in Geneva.*
—¿Visitas **(el)** Perú el verano próximo?	*Are you visiting Peru next summer?*
—No, voy a **(la)** Argentina.	*No, I'm going to Argentina.*

3. The definite article is used with nouns referring to rivers, mountain ranges, and lakes. This is also true in English, except for lakes and mountains.

El Nilo, **el** Amazonas y **el** Mississippi son los ríos más largos del mundo.	*The Nile, the Amazon, and the Mississippi are the longest rivers in the world.*
El Aconcagua es el monte más alto de América del Sur.	*Aconcagua is the tallest mountain in South America.*
El lago Titicaca está casi a 4.000 metros sobre el nivel del mar.	*Lake Titicaca is over 12,000 feet above sea level.*

4. In Spanish, but not in English, the definite article is required with the names of cities, countries, and people when modified by a descriptive adjective or phrase.

La gente que visita San Juan prefiere **el viejo** San Juan.	*People who visit San Juan prefer old San Juan.*
El pobre Benito se perdió en las callejuelas del **París medieval**.	*Poor Benito got lost in the narrow streets of medieval Paris.*

A, de, en + *place names*

The definite article is generally used after the prepositions **a**, **de**, and **en** before a place noun. Exceptions include **a/de/en casa** and **a/de/en clase**. The definite article is generally not used in English.

Los niños no van **a la** escuela los sábados.	*The children don't go to school on Saturdays.*
Regreso **de la** iglesia al mediodía.	*I come back from church at noon.*
El criminal está **en la** cárcel.	*The criminal is in jail.*
Humberto no está **en casa**; fue **al** mercado.	*Humberto is not home; he went to the market.*

Summary of the main uses of the definite article

Use the definite article

With nouns used in a general sense
➜ *Dicen que **el** vino es saludable.*

To talk about a part of the body or an article of clothing when the possessor is clearly understood
➜ *Me duele **la** cabeza.*

With names of languages
➜ ***El** español es muy útil.*
May be omitted after **aprender**, **enseñar**, **entender**, **escribir**, **estudiar**, **leer,** and **saber**
➜ *No entiendo **(el)** francés*

Before days of the week to express *on, every*
➜ *El examen es **el** martes.*
➜ *Siempre hay exámenes **los** martes.*

With most courtesy titles and surnames when speaking *about* someone
➜ *Deseo hablar con **el** señor Paz.*

With modified names of cities and countries
➜ *Me encanta **el** Quito **colonial**.*

With names of rivers, lakes, mountains
➜ ***El** Amazonas es un río largo.*
➜ ***El** lago Michigan es grande.*

Omit the definite article

With languages after **hablar**, after **en**, and after **de** in phrases that categorize a noun
➜ *Hablamos inglés.*
➜ *Responda en español, por favor.*
➜ *Busco mi libro de alemán.*

With days of the week after **ser**
➜ *Hoy es miércoles.*
With the phrase **de ... a ...** to refer to time
➜ *Trabajo de lunes a jueves.*

With courtesy titles and surnames when speaking *to* someone
➜ *—Buenos días, señor Paz.*

With unmodified names of most cities and countries
➜ *Quito es la capital de Ecuador.*

EJERCICIOS

A. Diga en qué país están los siguientes lugares. Consulte los mapas que aparecen en las contratapas del libro.

MODELO: río Amazonas
El río Amazonas está en Brasil.

1. monte Aconcagua
2. Sierra de Guadarrama
3. Guayaquil
4. río Ebro
5. Managua

6. San Juan
7. Maracaibo
8. ruinas de Machu Picchu
9. desierto de Atacama
10. península de Yucatán

B. En grupos de tres estudiantes (uno lee el modelo), hablen de los siguientes temas, según el modelo.

MODELO: El coche es de la **señora**. (el gobernador, las hermanas Ruiz)
E1: *No es cierto. El coche es del gobernador.*
E2: *Tampoco es cierto. El coche es de las hermanas Ruiz.*

1. Los paquetes son de **los dos abogados**. (el mecánico, la vecina)
2. María quiere ir a **la librería**. (el museo, los grandes almacenes)
3. El doctor Bocaz quiere usar algunos materiales de **la biblioteca**. (el departamento, los archivos universitarios)
4. Después de leer la novela, voy a prestársela a **la profesora**. (el señor Alonso, los demás estudiantes de la clase)
5. Pamela llega pronto; quiere hablar de **la clase de álgebra**. (las vacaciones de primavera, el artículo que escribe)
6. Puedo hablar con Jorge esta noche; él también viene a **la fiesta**. (el recital, las discusiones)

C. Complete las frases con la forma apropiada del artículo definido (singular o plural) cuando sea necesario. Preste atención a las contracciones **al** y **del**.

1. Hoy es _____ lunes y _____ transporte público siempre tiene problemas _____ lunes; por eso llegué tarde a _____ trabajo. Me quité _____ abrigo y estaba a punto de abrir _____ correo cuando _____ jefe me saludó así: "Buenos días, _____ señora Moreno. ¿Por qué llega Ud. tan tarde? _____ comité ejecutivo la espera en _____ oficina de _____ Presidente".
2. Mi cuñada es intérprete en _____ cortes municipales de Miami. Trabaja _____ martes, _____ miércoles y _____ jueves de _____

ocho a _____ dos. Habla _____ español y _____ francés y entiende _____ italiano y _____ griego. Naturalmente, en su trabajo, la mayor parte del tiempo usa _____ español.

3. Este trimestre tengo clases todos _____ días de _____ semana, de _____ lunes a _____ viernes. Y, desgraciadamente, no puedo descansar _____ fines de semana porque tengo que trabajar. Cuando pienso en _____ horario que sigo, de repente me duele _____ cabeza. Bueno, ya tengo que marcharme; tengo una cita con _____ doctora Aguilar. Necesito discutir con ella un estudio que preparo sobre _____ desempleo que hay en algunos sectores de este país. ¡Me encantan _____ ciencias sociales!

D. Un/a amigo/a lo/la invita a participar en una actividad. Basándose en el horario que sigue, explíquele por qué no puede aceptar la invitación.

	lunes	martes	miércoles	jueves	viernes	sábado	domingo
4p.m.				Clase de arte			Cuidar a mi hermanita
5p.m.			Ayudar en la tienda de papá			Guarda en el hospital	
6p.m.	Clase de gimnasia	Clase de biología					
7p.m.							

MODELO: concierto de jazz, lunes
E1: *El concierto de jazz es el lunes. ¿Quieres ir?*
E2: *No puedo. Tengo una clase de gimnasia los lunes.*

1. exhibición de fotos, sábado
2. manifestación antinuclear, jueves a las cuatro de la tarde
3. partido de fútbol, domingo
4. estreno del nuevo drama, martes
5. viaje al campo, miércoles

E. En grupos de tres, háganse las siguientes preguntas. Den respuestas distintas.

MODELO: E1: *¿Adónde piensan ir Uds. este fin de semana?*
E2: *Pienso ir al teatro municipal.*
E3: *Y yo pienso ir a la biblioteca nueva.*

1. ¿Qué países quieren visitar?
2. ¿De dónde son Uds.?
3. Generalmente, ¿cuándo tienen tiempo libre para salir?
4. ¿Qué lengua hablan tus padres?
5. ¿Quién es tu profesor favorito?

F. Algunos afirman que las generalizaciones son peligrosas. Viva Ud. "peligrosamente" y responda a la pregunta de otro/a estudiante con una generalización sobre los siguientes temas.

MODELO: novelas históricas
> E1: *¿Qué opinión tienes sobre (Qué te parecen) las novelas históricas?*
> E2: *Las novelas históricas nos enseñan muchas verdades.*

1. coches deportivos
2. laboratorios de esta universidad
3. programas recreativos para los estudiantes
4. música popular de hoy
5. centros comerciales de esta ciudad
6. precios en la librería de la universidad
7. películas de violencia
8. motocicletas

 ## B. Indefinite articles

Forms

1. The indefinite article agrees in both gender and number with the noun it modifies. It is never contracted.

	Singular	**Plural**
Masculine	**un** profesor	**unos** profesores
	un colegio	**unos** colegios
Feminine	**una** profesora	**unas** profesoras
	una escuela	**unas** escuelas

2. When the indefinite article immediately precedes a *singular* feminine noun beginning with a stressed **a-** or **ha-**, the **un** form of the article is used. (See p. 26 at the beginning of this section for a similar rule with definite articles.)

Vivimos en **un** áre**a** muy poblad**a**.	*We live in a very populated area.*
Quiero comprar **un** arpa.	*I want to buy a harp.*
El tenor está cantando **un aria**; está cantando **una hermosa** aria.	*The tenor is singing an aria; he is singing a beautiful aria.*

Uses

In general, the indefinite article is used much less frequently in Spanish than in English.

1. The indefinite article is generally not used in Spanish after the verbs **buscar**, **encontrar**, **tener**, **llevar** (*to wear*), and **haber**, and after the prepositions **sin** and **con**.

No tenemos teléfono en casa. Estamos sin teléfono desde hace una semana.	*We don't have a phone at home. We have been without a phone for a week.*
¿Todavía buscan camarero en este restaurante? Me interesa el puesto porque no tengo empleo ahora.	*Are they still looking for a waiter in this restaurant? I'm interested in the position because I don't have a job now.*
Ese joven es extraño: siempre lleva sombrero y anda con bastón.	*That young man is odd: he always wears a hat and walks with a cane.*

2. The indefinite article is usually not used after **ser** when followed by a noun or a noun phrase expressing nationality, profession, or religious or political affiliation.

Mi tía Sofía es griega. Es arquitecta. Es socialista.	*Aunt Sofía is a Greek. She's an architect. She's a socialist.*
Mi padre es republicano y mi madre es demócrata.	*My father is a Republican and my mother is a Democrat.*

The indefinite article *is* used, however, when the noun is modified and expresses subjective information or an impression or opinion about someone.

Mi tía Sofía es **una** arquitecta **famosa**. Es **una** socialista **muy activa**.	*Aunt Sofía is a famous architect. She is a very active socialist.*

3. The indefinite article is not used with the following adjectives and numbers in Spanish.

a (one) hundred	cien(to)	mil	a (one) thousand
a certain	cierto	otro	*another*
half a	medio	tal	*such a*

Necesito pedirte **otro** favor. ¿Puedes verme en **media** hora? Tenemos que hablar de **cierto** proyecto.	*I need to ask you another favor. Can you see me in half an hour? We have to talk about a certain project.*
¿Gabriel Núñez? No, no conozco a **tal** persona.	*Gabriel Núñez? No, I don't know such a person.*

4. In contrast to English usage, the indefinite article is not used in Spanish after **qué** (*what*) in exclamations.

¡Qué injusticia, qué gran injusticia han cometido!	*What an injustice, what a great injustice they have committed!*
¡Qué conferencia más interesante!	*What an interesting lecture!*

5. The plural indefinite article forms **unos** and **unas** may be used before a plural noun to express *some* or *several*. Use of the article is optional, as is *some* in English.

Vamos a importar **(unas)** máquinas para automatizar la producción.	*We're going to import (some) machines to automate production.*
Tengo **(unos)** paquetes para ti.	*I have (some) packages for you.*

6. The plural forms **unos** and **unas** are also used to express *about* (*approximately, more or less*) before a numerical expression.

Vivo a **unas cinco** millas de la universidad.	*I live about five miles from the university.*
Gano **unos doscientos** dólares a la semana.	*I earn about two hundred dollars a week.*

Summary of the uses of the indefinite article

Use the indefinite article

With a modified noun that refers to someone's profession, nationality, or ideological affiliation in a subjective way
→ *Ella es **una** abogada muy competente.*

To express *some* or *several* before a plural noun (optional)
→ *He recibido **unos** paquetes hoy.*

To express *approximately* before a number
→ *Necesito **unos** quinientos dólares.*

Omit the indefinite article

With a noun or noun phrase that refers to someone's profession, nationality, or ideological affiliation
→ *Soy mexicana. Soy abogada.*

After verbs like **buscar**, **encontrar**, **tener**, **llevar** (*to wear*), **haber**
→ *No tengo trabajo. Busco empleo. No quiero estar sin salario.*

With **cierto**, **cien(to)**, **medio**, **otro**, **mil**, **tal**
→ *Tengo otra clase dentro de media hora.*

After **qué** in exclamations
→ *¡Qué examen más difícil!*

EJERCICIOS

G. Complete las conversaciones que siguen con la forma apropiada del artículo indefinido cuando sea necesario.

1. —¿Qué traes ahí, Marisol? ¿＿＿＿＿ suéter?
   —Sí, es ＿＿＿＿ suéter de algodón. Me lo compré cuando fui a ＿＿＿＿ tienda de lujo del centro.
   —¡Nunca encuentro ＿＿＿＿ suéteres tan bonitos! ¿Me lo dejas ver ＿＿＿＿ momento, por favor?

2. —¿Qué te pasa? ¿Por qué te sonríes?
   —Recordaba lo que me pasó ayer con ＿＿＿＿ amigo. Fuimos al estadio a ver ＿＿＿＿ partido de fútbol y, al traernos él ＿＿＿＿ refresco, ＿＿＿＿ dulces y ＿＿＿＿ otras cosas, perdió el equilibrio y lo dejó caer todo encima de ＿＿＿＿ pobre señor que estaba delante de él. ¡Fue ＿＿＿＿ desastre!
   —Sí, ¡qué ＿＿＿＿ desastre!

3. —Pero, Marta, ¡qué ＿＿＿＿ regalo tan elegante! Tú sabes que no tenías que comprarme ＿＿＿＿ cosa tan cara.
   —Bueno, ya lo sé, pero tú entiendes; se hace todo por ＿＿＿＿ amiga tan buena como tú. Además, para mi cumpleaños, me regalaste ＿＿＿＿ bufanda divina.
   —Pero, ¡mira! Me regalas ＿＿＿＿ blusa sin ＿＿＿＿ botones y ＿＿＿＿ otra que tiene ＿＿＿＿ cierto parecido a la de Cristi.
   —Ah, hablando de estas cosas, casi se me olvidó preguntarte: ¿vas a llevar ＿＿＿＿ zapatos de tacones altos o bajos esta noche?

4. —Oye, Juan José, ¿qué buscas allí?
   —Busco ＿＿＿＿ pilas para mi radio portátil. Es que hace ya casi ＿＿＿＿ semana que trabajo sin ＿＿＿＿ música.
   —Hombre, ¡qué ＿＿＿＿ tragedia!

5. —Toni, ＿＿＿＿ pregunta, por favor: ¿qué tipo de trabajo tiene tu madre?
   —Ella es ＿＿＿＿ banquera. Tiene ＿＿＿＿ agencia de seguros en la Avenida Campoamor.
   —Pues, entonces, tu madre debe ser ＿＿＿＿ mujer muy ocupada.

H. Ud. piensa incluir el siguiente párrafo en una carta a una amiga colombiana con quien mantiene correspondencia. Revise el párrafo, usando la forma apropiada del artículo indefinido cuando sea necesario.

Hoy mis amigos y yo preparamos _____ otra excursión al campo. Pensamos salir muy temprano mañana y quedarnos allí por _____ dos o tres días. Probablemente me va a costar más de _____ cien pesos, pero ¡qué se va a hacer! Como soy _____ estudiante muy diligente (¡ja, ja, ja!), probablemente llevaré muchos libros. ¡Qué _____ buena oportunidad para estudiar!, ¿verdad? En serio, parece que esta tarde voy a pasar _____ horas buscando _____ zapatos apropiados para usar en el campo. ¡Qué _____ problema! ¿Tienes tú la costumbre de salir con _____ amigas? Si es así, cuéntame _____ de tus experiencias más divertidas, ¿quieres?

I. En parejas, decidan si se debe o no usar el artículo indefinido para completar estos diálogos.

MODELO: —Plácido Domingo es _____ cantante.
 —*Plácido Domingo es cantante.*
 —Tienes razón; es _____ cantante magnífico.
 —*Tienes razón; es un cantante magnífico.*

1. —No puedo darte este libro sobre España porque no tengo _____ otro.
 —¡Qué _____ chico! Siempre buscas _____ excusas.
2. —Sé que Alberto salió sin _____ paraguas.
 —¡Pobrecito, está lloviendo!
 —No te preocupes: llevaba _____ impermeable.
3. —¡Uf, qué _____ horario tengo hoy!
 —Pues, yo también, tengo _____ otra clase muy pronto.
4. —Hay por lo menos _____ cien estudiantes en esta sala para ver la película.
 —¡Estás muy equivocado! Seguro que hay _____ mil personas.
5. —¿A qué partido político pertenece tu abuelo? ¿Es _____ republicano?
 —Mi abuelo es _____ demócrata; te digo que es _____ demócrata ferviente.

J. Trabajen en grupos de cuatro. Usted y unos amigos han ido a cenar a un restaurante. Una persona tiene mucha hambre, otra muy poca, otra sigue un régimen vegetariano y otra no puede comer productos lácteos. Usando el menú que aparece a continuación, cada uno pide lo que va a comer.

MODELO: *Quiero una ensalada mixta, calamares fritos y para beber, un vaso de vino blanco. Ah, y de postre, un helado de chocolate.*

El Rosal

▼ ▼

Entremeses° y Ensaladas

Jamón con melón
Ceviche
Cóctel de camarones°
Ensalada mixta
Guacamole

Sopas

Gazpacho
Sopa de cebolla
Consomé
Caldo° de pollo
Crema de hongos°

Hors d' œuvre

shrimp
Broth
mushroom

Carnes

Ternera° asada
Bistec a la parrilla°
Filete a la parrilla
Pierna de cordero°
Chuletas de cerdo°

Pescados y Mariscos°

Paella a la valenciana
Filete de bacalao°
Trucha al horno°
Calamares° fritos

Shellfish
Veal
grilled / cod
Baked trout
lamb / Squid
pork chops

Aves

Pollo frito°
Pollo a la parrilla
Pato° al horno

fried

Duck

Postres

Flan
Tarta° de frutas
Helados
Fruta fresca

Bebidas

Agua mineral
Café
Té
Vino
Cerveza
Jugos de fruta

Cake

▲ ▲

IV. *Tomar, llevar(se)*, and other equivalents of to take

A. *Tomar, llevar(se)*

In Spanish, the English verb *to take* is expressed mainly by **tomar** and **llevar(se)**.

1. **Tomar** expresses *to take* in the sense of *to get a hold of* (both literally and figuratively) and *to take a means of transportation*. It also commonly expresses the equivalent of *to drink* and *to eat*.

Toma el video; es para ti.	*Take the video; it's for you.*
Siempre lo **toman** por madrileño.	*They always take him for a Madrilenian.*
¿**Toman** tus ideas en serio?	*Do they take your ideas seriously?*
¿**Tomas** el metro los lunes?	*Do you take the subway on Mondays?*
¿Qué quieren **tomar**? ¿Café?	*What do you want to drink? Coffee?*
¿**Tomamos** el desayuno antes?	*Shall we eat breakfast beforehand?*

2. **Llevar** expresses *to take* in the sense of *to carry* or *take* someone or something from one place to another.

¿**Llevaste** la ropa a la tintorería?	*Did you take the clothing to the cleaner's?*
Nos **llevan** al aeropuerto a la una.	*They are taking us to the airport at one o'clock.*

3. **Llevarse** adds intensity to the idea expressed and translates *to take away* or *to carry away.* It may also convey the notion of making a purchase or stealing something.

Tony **se llevó** mis cuadernos y ahora no puedo estudiar.	*Tony took away (left with) my notebooks, and now I can't study.*
Me llevo la bufanda azul, señorita.	*I'll take (buy) the blue scarf, Miss.*
¡Aquel hombre **se llevó** una pistola sin pagar!	*That man took a pistol without paying!*

B. Other verbs that express to take

Many different Spanish verbs indicate actions stated in English by *to take* + a preposition or by set phrases, such as *to take a trip* or *to take place*. The following are some of the most common verbs and phrases that express *to take*.

sacar	*to take out*	Saca esos papeles de la bolsa, por favor.
quitar	*to take away*	Deben quitar los juguetes de allí.
subir	*to take up*	¿Quieres subirle la bebida a tu padre?
bajar	*to take down*	María le baja el papel para regalos a su madre.
hacer un viaje	*to take a trip*	Ellos hacen un viaje a Costa Rica todos los inviernos.
tardar (en)	*to take a long time*	¿Vas a tardar mucho allí?
dar un paseo	*to take a walk*	¿Quieres dar un paseo más tarde?
sacar fotos	*to take photographs*	Saca una foto de ese monumento.
tener lugar	*to take place*	La comida va a tener lugar en la residencia de estudiantes.

EJERCICIOS

A. Conteste las preguntas que le hace su compañero/a y luego cambien de papel.

MODELO: E1: Cuando hace calor, ¿tomas un refresco o un jugo de fruta?

E2: *Normalmente tomo una limonada con hielo.*

1. ¿Qué vas a tomar después de clase, café o té?
2. ¿Me puedes llevar al trabajo esta noche?
3. ¿Cuánto tardas en llegar al trabajo desde tu casa?
4. ¿Te gusta sacar fotos? ¿De qué?
5. Cuando vas al médico, ¿tomas el metro o el autobús?

6. ¿Llevas suficiente dinero para prestarme cinco dólares?
7. ¿Haces algún viaje todos los años? ¿Adónde?
8. Cuando estás enfermo/a, ¿te sube tu familia la comida a tu habitación?
9. ¿Qué te parece? ¿Me llevo el anillo azul o los pendientes rojos?
10. ¿Toman en serio tus ideas tus profesores?

B. Complete las frases de los siguientes diálogos con la forma correcta de **tomar, llevar** o **llevarse**.

1. —Buenos días, hermanita. ¿Me puedes _____ al centro?
   —Lo siento. Tengo que _____ a Marisol al médico. ¿Por qué no _____ el autobús esta vez?
   —Es que no quiero ir en autobús; a ver si me _____ Miguel.
2. —¿Qué _____ en la mano, Maxi? No es mi informe para el profesor Guzmán, ¿verdad?
   —Pero, ¿me _____ por ladrón? No tengo por qué _____ tu informe.
3. —Stephanie, ¿por qué siempre te _____ tanto tiempo decidir qué vas a comprar?
   —Ya estoy lista, Isabel. Señorita, creo que voy a _____ esta pulsera. Después de pagar, la quiero _____ a casa de Berta para mostrársela a ella.

CAPÍTULO 2

Ⅰ. Tenses of the past: preterit and imperfect

A. Forms of the preterit

Regular verbs

-ar verbs	*-er* verbs	*-ir* verbs
trabaj*ar*	**corr*er***	**decid*ir***
trabaj**é**	corr**í**	decid**í**
trabaj**aste**	corr**iste**	decid**iste**
trabaj**ó**	corr**ió**	decid**ió**
trabaj**amos**	corr**imos**	decid**imos**
trabaj**asteis**	corr**isteis**	decid**isteis**
trabaj**aron**	corr**ieron**	decid**ieron**

1. The preterit endings of regular **-er** and **-ir** verbs are the same.

2. Regular **-ar** and **-ir** verbs have the same form in the first person plural of the preterit and the present indicative. Context usually clarifies which form is intended.

> Generalmente **trabajamos** ocho horas y **salimos** a las cinco, pero ayer **trabajamos** más de diez horas y **salimos** cerca de las siete y media.

> *We generally work eight hours and leave at five o'clock, but yesterday we worked over ten hours and left around seven thirty.*

Spelling changes

Some verbs require a spelling adjustment in the preterit to reflect pronunciation.

Verbs affected	Spelling change	Model verb		Other verbs
-car	**c → qu** before **-é**	to**car**		atacar
		to**qué**	tocamos	buscar
		tocaste	tocasteis	indicar
		tocó	tocaron	sacar
-gar	**g → gu** before **-é**	pa**gar**		entregar
		pa**gué**	pagamos	jugar
		pagaste	pagasteis	llegar
		pagó	pagaron	rogar
-zar	**z → c** before **-é**	comen**zar**		alcanzar
		comen**cé**	comenzamos	almorzar
		comenzaste	comenzasteis	empezar
		comenzó	comenzaron	lanzar
Vowel + **-er** or **-ir**	**-ió → -yó;** **-ieron → -yeron**	l**eer**		caer
		leí	leímos	creer
		leíste	leísteis	huir
		le**yó**	le**yeron**	influir
				oír
-guar	**u → ü** before **-é**	averi**guar**		apaciguar
		averi**güé**	averiguamos	atestiguar
		averiguaste	averiguasteis	
		averiguó	averiguaron	

Stem-changing -ir verbs

1. There are no stem changes in the preterit of verbs ending in **-ar** and **-er**. (*See Chapter 1, Section I* for stem-changing verbs in the present.)

cerrar (ie)	cerré, cerraste, cerró, cerramos, cerrasteis, cerraron
perder (ie)	perdí, perdiste, perdió, perdimos, perdisteis, perdieron
soñar (ue)	soñé, soñaste, soñó, soñamos, soñasteis, soñaron
mover (ue)	moví, moviste, movió, movimos, movisteis, movieron

2. Verbs ending in **-ir** that in the present tense change **e** to **ie** or **i**, and **o** to **ue**, in the preterit turn **e** to **i** and **o** to **u** in the third person singular and plural. All other forms are regular.

e > i	e > i	o > u
mentir (ie)	**repetir (i)**	**dormir (ue)**
mentí	repetí	dormí
mentiste	repetiste	dormiste
m**i**ntió	rep**i**tió	d**u**rmió
mentimos	repetimos	dormimos
mentisteis	repetisteis	dormisteis
m**i**ntieron	rep**i**tieron	d**u**rmieron

Ayer mi primo se **sintió** mal y
   se **despidió** temprano.
Anoche yo dormí muy bien,
   pero mi hermano **durmió**
   muy poco.

*Yesterday my cousin did not feel
   well and left early.*
*Last night I slept very well, but
   my brother slept very little.*

Irregular verbs

1. **Ir** and **ser** share the same entirely irregular preterit forms.

fui	fuimos
fuiste	fuisteis
fue	fueron

2. **Dar**, an **-ar** verb, uses the endings of regular **-er** and **-ir** verbs in the preterit;
the forms **di** and **dio**, being monosyllabic, bear no written accent.

di	dimos
diste	disteis
dio	dieron

REFRÁN

Habló el buey y dijo *mu*.

3. A number of common verbs have irregularities in both the stem and some of the endings. None of these endings bears a written accent.

Verb	Stem	Endings
andar	anduv-	**e**
estar	estuv-	
tener	tuv-	
caber	cup-	**iste**
haber	hub-	
poder	pud-	**o**
poner	pus-	
saber	sup-	
		imos
hacer	hic-*	
querer	quis-	
venir	vin-	**isteis**
decir	dij-**	
producir	produj-**	
traer	traj-**	**ieron**

*Third person singular: **hizo**
If the stem ends in **-j-, the **i** of the third person plural ending is dropped: dij**eron**, produj**eron**, traj**eron**. The verbs **conducir**, **introducir**, and **traducir** also follow this pattern in the preterit.

4. Verbs that are conjugated like these irregular verbs maintain the same irregularities: **contener—contuve**; **proponer—propuse**; **deshacer—deshice**; **prevenir—previne**; etc. (See the "Other verbs" column of the charts in *Chapter 1, Section I* for a list of these verbs.)

EJERCICIOS

A. Déle a un/a compañero/a que ha estado fuera del país algunas de las noticias recientes más importantes. Al final, en pequeños grupos, presenten otras noticias, reales o inventadas.

MODELO: un joven / entrar en el Banco Continental / sacar una pistola / amenazar a los clientes y / robar cinco mil dólares
Un joven entró en el Banco Continental, sacó una pistola, amenazó a los clientes y robó cinco mil dólares.

1. un avión pequeño / perderse en la neblina / chocar contra la torre de una radioemisora y / caer a tierra
2. el presidente y el vicepresidente del país / celebrar una rueda de prensa / anunciar nuevas medidas antiterroristas y / pedir la cooperación de todos los ciudadanos
3. un tigre viejo / escapar anoche del jardín zoológico / correr por varias calles y finalmente / entrar en un edificio abandonado donde lo / capturar dos policías
4. haber un gran incendio en el centro que / destruir varios edificios comerciales y / dejar a cincuenta personas sin alojamiento
5. el rector de la universidad / anunciar dos donaciones muy importantes / repetir su mensaje sobre la reforma de la educación y / prometer seguir buscando nuevos recursos económicos
6. el periódico de la ciudad / publicar una noticia sobre la contaminación / comenzar una serie de artículos sobre el tema y / dar mucha publicidad al trabajo del Consejo Municipal
7. mi hermana y yo / ir a ver una actuación de la cantante Tina Turner, quien / provocar un pequeño escándalo cuando / concluir su espectáculo después de solamente 45 minutos
8. los líderes de la municipalidad / comenzar una discusión sobre la circulación del tráfico / estudiar documentos médicos sobre la contaminación del aire y / llegar a un acuerdo preliminar

B. Cambie Ud. el presente del indicativo al pretérito para describir lo que hizo ayer Margarita, la presidente del gobierno estudiantil de una universidad. Termine la historia, inventando una conclusión inesperada.

MODELO: Margarita llega temprano a la universidad, va a su oficina y se prepara una taza de café.
Margarita llegó temprano a la universidad, fue a su oficina y se preparó una taza de café.

1. Frente a la cafetera, se encuentra con el vicepresidente, quien la saluda y le pregunta sobre su horario.
2. Margarita le responde y luego vuelve a su oficina, donde abre un cajón de su escritorio y saca unos papeles.
3. Trabaja allí media hora y luego sale de la oficina y va a su primera clase del día, la historia del arte europeo.
4. El profesor dicta una clase interesante: comenta unas diapositivas y luego le da la palabra al director del museo municipal, quien les habla media hora.
5. Después de la clase, Margarita decide conversar con la directora de comunicaciones; la llama por teléfono y fija una cita con ella.
6. Un poco más tarde, se dirige a la biblioteca, entrega allí unos libros y se sienta para estudiar otro rato más.
7. A las once, toca a la puerta de la directora, entra en su oficina y habla con ella de varios asuntos.
8. Después de almorzar, Margarita y su gabinete se juntan con el rector de la universidad y le comunican su punto de vista sobre el problema del estacionamiento en el recinto universitario.
9. Terminada esa reunión, Margarita y su grupo van a un café cercano y celebran el éxito de su reunión con el rector.
10. Pero, desgraciadamente, la satisfacción de la presidente desaparece en un instante cuando, al salir del café, Margarita ve a …

C. Ud. es dependiente en una librería. Explique las siguientes circunstancias relacionadas con su trabajo, terminando la frase de una manera lógica.

MODELO: Hoy no trabajo todo el día porque anoche …
Hoy no trabajo todo el día porque anoche trabajé hasta las nueve.

1. Muchas veces llego temprano a la tienda, pero esta mañana …
2. Normalmente empiezo a trabajar a las nueve, pero hoy …
3. Típicamente los dependientes están aquí hasta las cinco, pero durante toda la semana pasada …
4. Ahora tenemos mucho trabajo, pero el mes pasado …
5. Generalmente voy a almorzar con Olga, pero ayer …

6. La jefa normalmente hace mucho trabajo en su oficina, pero esta mañana no lo …

7. Lo normal es que alcanzo mis cuotas de ventas, pero la semana pasada no las …

8. Los camiones de los distribuidores casi siempre vienen por la mañana, pero hoy …

D. En parejas, conversen sobre los temas que se dan a continuación. Después de responder, añadan una observación personal a la respuesta.

MODELO: ver anoche el programa de …
     E1: *¿Viste anoche el programa de Seinfeld?*
     E2: *Sí, lo vi, y me pareció sensacional; me morí de la risa.*

1. averiguar tu nota final en …
2. enterarte del matrimonio de …
3. oír el último rumor sobre …
4. escuchar la última canción de …
5. ir a visitar a …
6. comprar tu entrada para el concierto de …
7. resolver tu disputa con …
8. recibir una invitación a …

E. Lea el párrafo que escribió un nuevo miembro del Consejo Estudiantil. En parejas, hagan los papeles del nuevo miembro y de un reportero del periódico universitario. Preparen de seis a ocho preguntas para una entrevista.

  Asistí a una de las reuniones del Consejo Estudiantil y todo me interesó mucho. Decidí ser candidato ese mismo día. Había tres candidatos para un solo puesto, pero yo era el único con experiencia en el gobierno estudiantil. En la escuela secundaria, participé en el Consejo Estudiantil; en mi último año fui vicepresidente. Mi compañero de cuarto y otros estudiantes de mi residencia me ayudaron con la campaña. Hicieron carteles y los distribuyeron. Yo hablé con muchos estudiantes acerca de mis opiniones sobre la vida en la universidad. Resultó que gané la elección por quince votos. Después de la elección decidí especializarme en ciencias políticas. Algún día pienso ser miembro del Congreso.

MODELO: E1: *¿Por qué decidió ser candidato?*
     E2: *Decidí ser candidato porque fui a una de las reuniones y todo me interesó mucho.*

B. Forms of the imperfect

Regular verbs

-ar verbs	-er verbs	-ir verbs
ayud*ar*	aprend*er*	escrib*ir*
ayud**aba**	aprend**ía**	escrib**ía**
ayud**abas**	aprend**ías**	escrib**ías**
ayud**aba**	aprend**ía**	escrib**ía**
ayud**ábamos**	aprend**íamos**	escrib**íamos**
ayud**abais**	aprend**íais**	escrib**íais**
ayud**aban**	aprend**ían**	escrib**ían**

1. The imperfect forms of all **-ar** verbs contain a characteristic **-aba** in the ending. The **nosotros** form has a written accent on the stressed **a**: **-ábamos**.
2. The imperfect endings of **-er** and **-ir** verbs are identical and contain **-ía** in all forms.

Irregular verbs

There are only three irregular verbs in the imperfect tense: **ir**, **ser**, and **ver**. **Ver** is considered irregular because an **e** is added to its stem: **ve-**.

ir	ser	ver
iba	era	veía
ibas	eras	veías
iba	era	veía
íbamos	éramos	veíamos
ibais	erais	veíais
iban	eran	veían

C. Uses of the preterit and the imperfect

The preterit and the imperfect are both simple past tenses, but each views the past in a different way.

1. The preterit is used to describe an action, event, or condition seen as a completed single unit and may focus on the beginning or the end of an action, or on the entire action from beginning to end.

El escritor Valbuena **habló** ayer a las siete. (= comenzó a hablar)	*The writer Valbuena spoke yesterday at seven o'clock.*
Estuvimos en la biblioteca hasta bien tarde. (**hasta** *points to end of action*)	*We were (stayed) at the library until very late.*
Ayer **trabajé** demasiado. **Trabajé** desde las siete de la mañana hasta las ocho de la noche. (*explicit beginning and end of action*)	*Yesterday I worked too much. I worked from 7 A.M. until 8 P.M.*
El fin de semana pasado **fuimos** a la boda de Gabriela. **Fue** una ceremonia muy simpática. (*global view of action, implicit beginning and end*)	*Last weekend we went to Gabriela's wedding. It was a very nice ceremony.*

2. The imperfect is used to express the following:
   a. an action in progress in the past (hence the name *imperfect* = unfinished). It usually corresponds to English *was/were* + an *-ing* form of the verb.

—¿Qué **hacías** ayer como a las diez en el centro?	*What were you doing downtown yesterday around ten o'clock?*
—**Acompañaba** a un amigo al banco.	*I was accompanying a friend to the bank.*
—¡Qué coincidencia! Mientras tú **estabas** en el banco, yo **hacía** compras en la tienda de al lado.	*What a coincidence! While you were at the bank, I was shopping at the store next door.*

   b. conditions in the past. The imperfect is generally used with verbs that express a mental, emotional, or physical condition or state in the past.

Anoche después del trabajo, **estaba** fatigado. Me **dolía** todo el cuerpo y **tenía** un ligero dolor de cabeza.	*Last night after work, I was tired. My whole body ached and I had a slight headache.*

   c. descriptions in the past. The imperfect is used to provide the background information or setting of an action or actions in the past. The time of day at which a past action occurred is considered background information and is always expressed in the imperfect.

Eran las diez de la mañana. La playa **estaba** casi desierta. **Hacía** sol y no **había** nubes en el cielo. (…)

It was ten o'clock in the morning. The beach was almost empty. It was sunny, and there wasn't a cloud in the sky.

d. habitual actions in the past.

Antes nuestra familia **se reunía** casi todos los domingos en casa de mi tío Alberto. Después de cenar **charlábamos**, **mirábamos** televisión o **jugábamos** a los naipes.

*Before, our family **used to get together** almost every Sunday at Uncle Alberto's. After supper **we would talk**, watch TV, or play cards.*

El semestre pasado **venía** a la universidad todos los días; ahora vengo sólo los martes y jueves.

*Last semester **I came (used to come)** to the university every day; now I come only on Tuesdays and Thursdays.*

Detalle del mural *El arribo de Hernán Cortés. 1519*, del mexicano Diego Rivera (1886–1957), que se encuentra en el Palacio Nacional de la Ciudad de México. ¿Puedes inventar una breve historia basándote en los detalles que ves en el mural?

EJERCICIOS

F. Exprese los siguientes párrafos en el imperfecto.

1. Enrique **va** al salón de ejercicio con mucha frecuencia. **Asiste** a las sesiones de ejercicios aeróbicos porque se **preocupa** mucho por su salud. **Tiene** mucho cuidado; primero **estira** las piernas y los brazos porque **sabe** que **es** un paso muy importante. **Es** una persona que **quiere** mantenerse en buena forma física por muchos años. Siempre **está** muy contento cuando **hace** ejercicio.

2. **Tengo** un buen puesto en una tienda que **vende** discos compactos y cintas grabadas. **Soy** la persona encargada de pedirles la música a los distribuidores. Como me **gusta** mucho la música rock, siempre lo **paso** bien porque **escucho** las canciones más recientes, **converso** con los clientes sobre sus gustos y **estudio** los catálogos. Cuando **veo** algo bueno, lo **pido** para la colección.

G. Describa Ud. a las siguientes personas según las indicaciones.

MODELO: antes Jorge / estar en malas condiciones físicas: no poder correr cien metros y respirar con dificultad
Antes Jorge estaba en malas condiciones físicas: no podía correr cien metros y respiraba con dificultad.

1. de joven yo / ser muy deportista: correr todos los días, jugar al tenis y levantar pesas
2. en años pasados mi hermano y yo / mantenernos en forma: hacer ejercicio por la mañana, comer mucha fruta y verduras y pasar mucho tiempo al aire libre
3. en la escuela superior tú / ser un buen modelo para todos: no fumar nunca, no beber refrescos todos los días y no subir ni bajar frecuentemente de peso
4. en el pasado mis primos / tener malas costumbres: dormir hasta muy tarde, nunca hacer ejercicio y salir muy poco de la casa

H. Averigüe los pasatiempos favoritos de otro miembro de la clase cuando él o ella tenía diez años. Use las preguntas que aparecen a continuación y otras de su invención. En la respuesta se pueden usar las siguientes expresiones u otras.

jugar al (tenis, básquetbol)

dar paseos con mi perro

tomar lecciones de ballet

andar por todas partes en bicicleta

pescar en un río cercano

hacer camping con la familia

preferir leer libros de aventuras

MODELO: estar en buenas condiciones físicas cuando tenía diez años
        E1: *¿Estabas en buenas condiciones físicas cuando tenías diez años?*
        E2: *Sí, estaba en buenas condiciones porque andaba por todas partes en bicicleta.*

1. practicar algún deporte
2. hacer excursiones con la familia
3. explorar las diferentes partes de la ciudad
4. hacer algún tipo de ejercicio con regularidad
5. tomar lecciones de música
6. ver muchos partidos de béisbol
7. ser un/a chico/a activo/a
8. visitar frecuentemente a sus abuelos
9. tener un perro o un gato
10. soñar con ser astronauta

I. En parejas, hagan el papel de un/a escritor/a famoso/a y de un/a reportero/a del periódico universitario.

MODELO: E1: ¿Qué hacía Ud. cuando era joven para aprender a escribir tan bien?
        E2: *Cuando era niño/a, leía varias horas todos los días y hablaba de los libros con mi familia y con mis maestros.*

1. ¿Qué tipo de libros prefería Ud. leer, libros de aventuras, de deportes o de otro tipo?
2. ¿Había otras actividades que le gustaban en aquellos días?
3. ¿Cuántas veces por semana escribía Ud. algo cuando era adolescente?
4. ¿Qué miembro de la familia apoyaba más sus aficiones?
5. ¿Cuáles eran los problemas más serios que tenía cuando empezaba a publicar?
6. ¿Creía Ud. que iba a ser un/a escritor/a famoso/a?

D. The preterit and the imperfect contrasted

1. Some expressions of time are usually associated with the preterit and others with the imperfect, as shown in the following list. However, the viewpoint or intent of the speaker is what ultimately determines which verb form is used.

Preterit	Imperfect
anoche *last night*	siempre *always*
ayer *yesterday*	a menudo *often*
el (verano) pasado *last (summer)*	frecuentemente *frequently*
la (semana) pasada *last (week)*	todos los días *every day*
hace (un mes) *a (month) ago*	generalmente *generally*

El sábado pasado nos **despertamos** a las seis y **estuvimos** ocupados toda la mañana. *Last Saturday we woke up at six and were busy all morning.*

Ayer **tomamos** el desayuno rápidamente y luego **corrimos** hacia la parada del autobús. *Yesterday we had a quick breakfast and then ran toward the bus stop.*

But: El verano pasado **cenábamos** a las ocho. *Last summer we would have supper at eight o'clock.* (imperfect used for repeated actions)

Generalmente **descansábamos** los sábados por la mañana. *We would generally rest on Saturday mornings.*

Siempre **leíamos** el periódico primero y luego a menudo **hacíamos** un corto paseo. *We would always read the newspaper first and then we would often take a short walk.*

But: Siempre **llegué** a tiempo mientras trabajé en esa tienda. *I always arrived on time while I worked in that store.* (preterit used because the time frame has a known end—I no longer work at that store)

2. Some verbs change their meaning when used in the preterit. The main verbs in this category are **conocer**, **poder**, **querer**, and **saber**.

	Imperfect	Preterit
conocer	*to know* Saludé a Lorenzo porque lo **conocía**. *I greeted Lorenzo because I knew him. (I was acquainted with him.)*	*to meet for the first time* **Conocí** a Eulalia ayer. *I **met** Eulalia yesterday.*
poder	*to be able to, could* El atleta era muy fuerte y **podía** levantar cualquier peso. *The athlete was very strong and could lift any weight.*	*to manage to* **Pude** levantar la silla porque era liviana. *I **managed** to lift the chair because it was light.*
querer	*to want* Todas **queríamos** llamarte para felicitarte, pero decidimos esperar. *We all **wanted** to call you to congratulate you, but we decided to wait.* El niño **no quería** salir del parque de diversiones. *The boy **didn't want** to leave the amusement park.*	*to try* (affirmative); *to refuse* (negative) Cuando escuchamos la noticia, todas **quisimos** llamarte, pero el teléfono no funcionaba. *When we heard the news, we all **tried** to call you, but the phone wasn't working.* El niño **no quiso** tomar la sopa. *The boy **refused** to eat his soup.*
saber	*to know* Los estudiantes **no sabían** la lección. *The students **didn't know** the lesson.*	*to find out, to realize* ¿Cuándo **supiste** que habían aplazado el examen? *When did you **find out** that they had postponed the exam?*

3. In a narration, the preterit keeps the plot moving by reporting what happened, by recording changes in conditions, and by specifying the beginning or end of actions. The imperfect fills in the background against which the actions or events took place and gives descriptions of the setting and the physical condition or mental states of the characters involved.

Viajamos por una hora antes de llegar a la playa; **estábamos** un poco aburridos. Pero cuando **vimos** el mar nos **pusimos** muy contentos. **Eran** las diez de la mañana. La playa **estaba** casi desierta. **Hacía** sol y no **había** nubes en el cielo. **Estábamos** tan contentos que **corrimos** hacia el mar.

We traveled for an hour before reaching the beach; we were a bit bored. But when we saw the sea, we became very happy. It was ten o'clock in the morning. The beach was almost empty. It was sunny, and there wasn't a cloud in the sky. We were so happy that we ran toward the sea.

4. When referring to recurrent actions or events, the preterit is used to report that the actions or conditions have taken place and are viewed as completed. The imperfect emphasizes the habitual repetition of the actions or conditions.

El verano pasado **fuimos** a conciertos al aire libre muchas veces.

Last summer we went to open-air concerts many times.

El verano pasado a menudo **íbamos** a conciertos al aire libre.

Last summer we would often go to open-air concerts.

5. When one action interrupts or happens while another action is going on, the imperfect presents the setting, the physical condition or emotional states of the people involved, or the action that was in progress; the preterit presents a completed action.

—¿Qué **hacías** ayer cuando te **vimos** en el centro?
—Cuando nos **encontramos**, yo **acompañaba** a un amigo al banco.

*What **were you doing** yesterday when **we saw** you downtown? When **we met**, I was accompanying a friend to the bank.*

Estaba muy nerviosa cuando **llamaste** anoche.
Cuando los viajeros **llegaron** a la posada, **eran** las doce de la noche.

*I was very nervous when **you called** last night. When the travelers **arrived** at the inn, **it was** midnight.*

Summary of the uses of the preterit and imperfect

Uses of the preterit

Completed actions in the past
→ *Leí un artículo interesante en el periódico ayer.*

Beginning/end of an action
→ *El conferenciante habló a las seis de la tarde.*
→ *Anteayer estudié hasta las once de la noche.*

Changes in condition in the past
→ *Me puse muy contenta cuando recibí las buenas noticias.*

Uses of the imperfect

Actions in progress in the past
→ *Leía un artículo interesante cuando sonó el teléfono.*

Conditions in the past
→ *Ayer por la mañana no me sentía bien; estaba cansada.*

Descriptions in the past
→ *Nuestra última casa era una enorme mansión de dos pisos que estaba junto a las montañas.*

Habitual actions in the past
→ *De niño, jugaba con mis amigos todas las tardes.*

 EJERCICIOS

J. Las siguientes personas salen a correr todos los días. Para distraerse mientras corren, se imaginan en varias situaciones. Explique con qué soñaban cuando de repente ocurrió algo.

MODELO: Jacinto / estar en el Caribe bajo una palmera / ver a su jefe
Mientras corría, Jacinto soñaba que estaba en el Caribe bajo una palmera cuando de repente vio a su jefe.

1. Rolando / descansar cerca de una piscina / oír una explosión
2. Alberto / comer una caja de chocolates / resbalarse en un poco de agua
3. Luisa / leer una novela de misterio / gritarle unos niños
4. yo / resolver una crisis internacional / sentir unas gotas de lluvia en la cara
5. Gloria / tener un millón de dólares / saludarla unas amigas del trabajo

K. Esta semana Ud. ha ignorado varias obligaciones. Explíquele a un/a amigo/a por qué no ha cumplido con estos compromisos. Invente excusas imaginativas y use expresiones como **querer**, **desear**, **interesarle**, **tener ganas**, **sentirse**, **estar** u otras similares.

MODELO:　　E1: *¿Por qué no fuiste al trabajo?*
　　　　　　E2: *Porque me sentía muy cansado/a y estaba un poco enfermo/a.*

1. ¿Por qué no estudiaste con el grupo de la clase?
2. ¿Por qué no asististe a la clase de biología?
3. ¿Por qué no acompañaste a tu amiga Virginia a la entrevista?
4. ¿Por qué no fuiste al médico?
5. ¿Por qué no llevaste a Marta al aeropuerto?
6. ¿Por qué no hiciste tus ejercicios?

L. Complete el siguiente párrafo usando, según el contexto, el imperfecto o el pretérito de los verbos entre paréntesis. Primero, lea todo el párrafo para entender el contexto antes de comenzar a responder.

　　　　Anoche yo ＿＿＿＿ (ver) un programa de televisión sobre la salud física y mental que se ＿＿＿＿ (presentar) a las siete y media. El programa ＿＿＿＿ (empezar) mientras yo ＿＿＿＿ (lavar) los platos después de la cena. La discusión me ＿＿＿＿ (parecer) estupenda porque durante toda la hora los participantes ＿＿＿＿ (comentar) muchas cosas de las que yo no ＿＿＿＿ (saber) casi nada. Yo ＿＿＿＿ (querer) seguir toda la discusión, pero no ＿＿＿＿ (poder); me ＿＿＿＿ (perder) un poco porque el teléfono ＿＿＿＿ (sonar) dos veces. Sin embargo, ＿＿＿＿ (aprender) mucho sobre la dieta, el ejercicio, el estrés y la meditación. Y ¡qué sorpresa cuando ＿＿＿＿ (saber) que la cantidad de grasa consumida ＿＿＿＿ (ser) más importante que la cantidad de calorías! Dos expertos en nutrición ＿＿＿＿ (poner) énfasis en este hecho. Al final del programa me ＿＿＿＿ (sentir) muy satisfecho porque ＿＿＿＿ (decidir) seguir algunas de las recomendaciones que se ＿＿＿＿ (presentar). Pero, como todavía ＿＿＿＿ (tener) un poco de hambre, ＿＿＿＿ (decidir) seguir las recomendaciones al principio de la semana siguiente. ＿＿＿＿ (Comer) un plato de galletas mientras ＿＿＿＿ (leer) el periódico.

M. Explíqueles a sus compañeros de clase qué edad tenía y qué emoción sentía cuando hizo las siguientes cosas por primera vez.

MODELO:　　leer un libro entero
　　　　　　Yo tenía seis años y estaba muy orgulloso/a cuando leí un libro entero por primera vez.

1. aprender a montar en bicicleta
2. recibir una nota sobresaliente en la escuela

3. ir a otro estado
4. visitar un país extranjero
5. ver una película sin mis padres
6. cenar en un restaurante elegante

N. Trabajen en grupos de tres o cuatro. Usando tiempos del pasado, cada grupo cuenta y termina la historia ilustrada en los dibujos. Pueden usar el vocabulario que aparece a continuación como punto de partida; añadan detalles de su invención.

ser las ocho y
    media
quedarse
    dormido
no despertarse
    a tiempo

quemarse las
    tostadas
el gato derra-
    mar el café
no tomar
    desayuno

pararse el coche
no tener gasolina
llegar tarde a la
    universidad

O. Cambie los verbos en el siguiente párrafo al tiempo pasado—pretérito o imperfecto—según el contexto. Invente también una conclusión para este episodio. ¿Quién estaba en la casa? ¿Cómo se resolvió la situación?

Terror en mi propia casa

Al bajar del taxi y acercarme a la puerta de mi casa, me doy cuenta de que algo anda mal, muy mal. La puerta no está cerrada con llave; al contrario, está un poco abierta y hay luces encendidas. Durante un momento muy largo, me pregunto si debo entrar o si debo llamar a la policía. Decido entrar. El corazón me late apresuradamente, tengo la boca seca y me tiemblan las manos. Toda la casa me parece diferente. Estoy desorientado. Entonces escucho un ruido; luego, otro. Parece que vienen de la cocina. No sé qué hacer. Sigo adelante. De repente alguien apaga la luz de la cocina y siento pasos que vienen hacia mí …

Hacer in time expressions

A. Past event ongoing in the present

The simple present tense is used in two synonymous constructions with **hace** + *a time expression* to refer to events, actions, or states that began in the past but continue at the moment of speaking. Notice that the present perfect progressive (*have been* + a verb ending in *-ing*) is used in English.

—¿Cuánto tiempo **hace** que **estudias** español?	*How long have you been studying Spanish?*
—**Hace** dos semestres que **estudio** español.	*I have been studying Spanish for two semesters.*
—¿Desde cuándo **estudias** español?	*How long have you been studying Spanish?*
—**Estudio** español **desde hace** un año.	*I have been studying Spanish for a year.*

Hace + duration + *que* + present	Present + *desde hace* + duration
Hace una hora que espero.	Espero desde hace una hora.
I have been waiting for an hour.	*I have been waiting for an hour.*

B. Past event continued in the past

To talk about events, actions, or states that began in the past and continued to a later point in the past, the imperfect is used with **hacía** + *a time expression*. The past perfect progressive (*had been* + a verb ending in *-ing*) is used in English.

Hacía un mes que no **hablaba** con mi prima Nora.	*I had not talked to my cousin Nora for a month.*
No **hablaba** con mi prima Nora **desde hacía** un mes.	*I had not talked to my cousin Nora for a month.*

Hacía + duration + *que* + imperfect	Imperfect + *desde hacía* + duration
Hacía dos días que llovía.	Llovía desde hacía dos días.
It had been raining for two days.	*It had been raining for two days.*

C. Time elapsed between a past event and the present

1. The pattern **hace** + *duration* is used with the preterit to indicate the time elapsed between a completed event and the moment of speaking. In this usage, **hace** corresponds to the English word *ago*.

> **Comenzó** a nevar **hace** diez minutos.
>
> *It began to snow ten minutes ago.*
>
> Mis padres **llegaron** a esta ciudad **hace** muchos años.
>
> *My parents arrived in this city many years ago.*

2. The pattern **Hace** + *duration* + **que** + *preterit* can also be used, even though the focus is on the time elapsed rather than on the event itself.

> Hace diez minutos que comenzó a nevar.
>
> *It's been ten minutes since it began to snow. = It began to snow ten minutes ago.*

Preterit + *hace* + duration	*Hace* + duration + *que* + preterit
Cené hace dos horas.	Hace dos horas que cené.
I had supper two hours ago.	*It's been two hours since I had supper.*

EJERCICIOS

A. En parejas, háganse preguntas sobre las acciones enumeradas a continuación.

MODELO: conocer a tu mejor amigo/a
E1: *¿Cuánto tiempo hace que conoces a tu mejor amigo?*
E2: *Pues, hace tres años que conozco a Pedro.*
       (*Pues, conozco a Pedro desde hace tres años.*)

1. no leer una novela de misterio
2. tener tu coche
3. no salir con los amigos a comer pizza
4. asistir a esta universidad
5. no charlar con unos amigos hasta medianoche
6. vivir en esta parte del país
7. no tener un día de vacaciones
8. querer aprender a hablar español

B. En parejas, hablen de las siguientes situaciones pasadas, según el modelo.

MODELO: ver a tus padres
          E1: *¿Cuándo viste a tus padres?*
          E2: *Creo que los vi hace tres semanas.*

1. aprender de memoria un poema
2. comenzar tus estudios en la universidad
3. cenar en un restaurante italiano
4. decidir tu especialización académica
5. ir al extranjero
6. comprar una cinta de música nueva

Vista de la ciudad de Guadalajara, Jalisco, México. En el centro se ve el palacio de gobierno, donde en 1818 el cura Hidalgo hizo su proclamación en la que se abolía la esclavitud.

C. Dos estudiantes conversan sobre el viaje a México que acaba de hacer uno de ellos. En parejas y según el modelo, conversen sobre el viaje, mencionando un período de tiempo lógico.

MODELO: no viajar por México
          E1: *¿Cuánto tiempo hacía que no viajabas por México?*
          E2: *Hacía tres años que no visitaba ese país tan bello.*

1. no ver tantos bellos monumentos históricos
2. no hablar español todos los días

3. no vivir en una cultura diferente de la tuya
4. no pasar muchas horas en la playa
5. no probar la comida mexicana
6. no estar en una ciudad tan grande como Guadalajara

III. Questions

A. Questions that can be answered with *sí* or *no*

1. Word order is flexible in questions that can be answered with **sí** or **no**. In sentences with a stated subject, the subject is used either immediately after the main verb or after the verb + all its complements.

¿Asiste **tu hermano** a la universidad?	*Is your brother going to college?*
¿Asiste a la universidad **tu hermano**?	*Is your brother going to college?*
¿Estuvo **usted** en casa ayer por la tarde?	*Were you home yesterday afternoon?*
¿Está esperando el autobús **ese niño**?	*Is that boy waiting for the bus?*

2. In informal language, a question may have the same word order as an affirmative sentence, but is pronounced with rising intonation.

La situación económica empeora. *(falling intonation)*	↘	*The economic situation is growing worse.*
¿La situación económica empeora? *(rising intonation)*	↗	*Is the economic situation growing worse?*

B. Questions with interrogative words and phrases

The following are the interrogative words used most frequently.

how	cómo	cuántos/as	*how many*
which (one), what	cuál(es)	dónde	*where*
when	cuándo	qué	*what*
how much	cuánto/a	quién(es)	*who, whom*

1. The interrogative word generally begins the sentence. A stated subject, if there is one, follows either the verb or the complement of the verb.

¿**Quién** te acompañó al concierto anoche?	*Who accompanied you to the concert last night?*
¿**Cuándo** van a salir de vacaciones tus padres?	*When are your parents going to leave on vacation?*
¿**Qué** programas de televisión miras?	*What TV programs do you watch?*
¿**Cuál** es tu especialidad?	*What's your major?*
¿**Cómo** se pronuncia tu apellido?	*How's your last name pronounced?*
¿**Cuánto** dinero necesitas?	*How much money do you need?*
¿**Cuántas** clases tienes este semestre?	*How many classes do you have this semester?*

2. Interrogative words always bear a written accent, both in direct questions and when used with an interrogative meaning in affirmative sentences.

¿**Qué** hiciste el fin de semana pasado?	*What did you do last weekend?*
Me gustaría saber **qué** hiciste el fin de semana pasado.	*I would like to know what you did last weekend.*
Tienes que explicarnos **dónde** queda el Hotel Continental.	*You have to explain to us where the Continental Hotel is located.*

3. When Spanish verbs are used with a preposition, the preposition must precede the interrogative word. Interrogative words preceded by a preposition include **adónde**, **de dónde**, **a quién**, **con quién**, **de quién**, **para quién**, **para qué**, and **por qué**.

¿**De dónde** vienes?	*Where are you coming from?*
¿**Con quién** estudias los miércoles?	*Who(m) do you study with on Wednesdays?*
¿**A quiénes** les explicas la lección?	*Who(m) do you explain the lesson to?*
¿**Para qué** necesitas veinte dólares?	*What do you need twenty dollars for?*
¿**Adónde** fueron ustedes el sábado pasado?*	*Where did you go last Saturday?*

*Note that **adónde** accompanies verbs of motion to emphasize direction or movement. ¿**Dónde fuiste ayer?** emphasizes place.

Cambio de guardia frente al edificio de La Moneda, Santiago, Chile. Antigua casa de moneda, hoy es el palacio de gobierno. ¿Sabes quién es el presidente actual de Chile?

C. *Qué versus cuál(es)*

1. **Qué** followed by any verb except **ser** poses a general question and is normally used to ask about something that has not been specified or mentioned. **Cuál(es)** asks about a specific choice regarding something mentioned before or immediately after.

¿**Qué** quieres saber? ¿**Qué** necesitas?	*What do you want to know? What do you need?*
De estas dos canciones, ¿**cuál** prefieres?	*Of these two songs, which one do you prefer?*
¿**Cuál** de estas dos canciones prefieres?	*Which of these two songs do you prefer?*
Me he probado varios vestidos y no sé **cuál** escoger.	*I have tried on several dresses and don't know which one to choose.*

2. Followed by the verb **ser**, **qué** asks for a definition or identification; **cuál(es)** is used in questions involving the selection of one or more of several possibilities or a request for specific items of information such as a person's name, phone number, or profession.

¿**Qué** es la ornitología? (*definition*)	*What is ornithology?*
¿**Qué** son esas luces que veo allá lejos? (*identification*)	*What are those lights that I see in the distance?*
De los deportes que practicas, ¿**cuál es** el que más te gusta? (*selection*)	*Of the sports you practice, which is the one you like the most?*
¿**Cuáles son** tus actrices favoritas?	*Who (which) are your favorite actresses?*
¿**Cuál es** su nombre, señor? ¿**Cuál es** su dirección?	*What is your name, sir? What's your address?*

3. **Qué**, not **cuál**, is preferred when used as an adjective before a noun.

¿**Qué** información necesitas?	*What information do you need?*
¿**Qué** planes tienes para el fin de semana?	*What plans do you have for the weekend?*

EJERCICIOS

A. Hágales las siguientes preguntas sobre pasatiempos y diversiones a sus compañeros/as de clase, usando ¿**cuál?**, ¿**cuáles?** o ¿**qué?**

MODELO: ¿_____ es una telenovela?
¿Qué es una telenovela?

1. ¿_____ es tu deporte favorito?
2. ¿_____ significa la palabra **maratón**?
3. ¿_____ de estos tres discos quieres escuchar?
4. ¿_____ día van al recital?
5. ¿_____ es un rompecabezas?
6. ¿_____ son los juegos que prefieres más?
7. ¿_____ es tu número de teléfono?
8. ¿En _____ de los dos restaurantes quieres cenar esta noche?

9. ¿Con _____ amigos vas a viajar el próximo fin de semana?
10. ¿En _____ de esos dos sobres tienes monedas venezolanas?
11. De todos los programas de televisión, ¿_____ es tu preferido?
12. ¿_____ programa nuevo crees que es más cómico?
13. ¿_____ tipo de música prefieres cuando tienes ganas de bailar?
14. ¿_____ prefieres hacer en casa durante un día lluvioso?
15. ¿Sabes _____ son las reglas para ese juego que acabas de comprar?

B. Entreviste a un/a compañero/a de clase sobre su vida social y sus actividades personales, usando las actividades que se dan a continuación u otras de su propia invención. Se pueden hacer varias preguntas diferentes con cada actividad.

MODELO: llamar por teléfono
E1: *¿A cuántos chicos diferentes llamas por teléfono cada semana?*
E2: *Pues, normalmente llamo a dos o tres.*

E1: *¿Julio te llama por teléfono todas las semanas?*
E2: *Sí, hasta ahora me llama todos los fines de semana.*

1. practicar deportes
2. pasar el fin de semana
3. asistir a conciertos
4. usar la computadora
5. preferir juegos de cartas o el ajedrez
6. hacer las compras
7. ver videos con la familia
8. salir con los amigos

C. En grupos pequeños, inventen y escriban por lo menos dos preguntas sobre cada una de las siguientes situaciones. Después, háganles sus preguntas a los miembros de otro grupo, quienes, a su vez, responderán a ellas.

1. El director del nuevo espectáculo musical salió enojado de un ensayo y no volvió. Además, dos de los actores dicen ahora que no van a participar en el espectáculo.
2. Un amigo fue al parque de atracciones con su novia anteanoche. Algo serio ocurrió porque él volvió a casa temprano y no contesta las llamadas de la novia.
3. Una amiga fue a la peluquera la semana pasada. Iba a pedir un corte nuevo que vio en una revista. Pero desde su visita a la peluquera, no

quiere salir de su casa. Me dice que no se siente bien, pero yo estoy seguro/a de que ella no está enferma.

D. Ud. piensa ir a un concierto que da una tuna de España, pero primero quiere saber todos los detalles. Pregúntele a un/a amigo/a el día, la hora, el sitio, la forma de llegar allí, el precio y otros detalles como éstos. Pregúntele también sobre la tuna y el tipo de música que van a presentar. Su amigo/a contestará en parte según el siguiente anuncio.

> ¡LA TUNA CANTA!
>
> Directamente de la Universidad de Salamanca. ¡Concierto único! ¡En vivo! Música folklórica española. Vestidos e instrumentos tradicionales. Sábado 15 de octubre. 8 de la noche. Teatro de la Universidad. Entrada, 10 dólares. Butacas reservadas. Recepción sigue. ¡No se pierda este concierto!

MODELO: E1: *¿Qué día canta la tuna?*
          E2: *Canta el sábado 15 de octubre.*

E. Martín llama a Tere desde un club donde él se divierte con sus amigos. Como hay mucho ruido, es difícil oír bien y Tere tiene que hacerle preguntas a Martín para entenderlo bien. Con un/a compañero/a de clase, represente su diálogo.

MODELO: Martín: Todos estamos en el Club Aguas Claras.
          Tere: *¿Cómo? (¿Qué dices?, No te entiendo, etc.) ¿Dónde están?*

1. Están aquí con nosotros los hermanos de Maxi.
2. Toca un nuevo conjunto llamado Los Títeres.
3. Esta noche sirven aperitivos gratis con las bebidas.
4. Rodolfo dice que va a pagar las bebidas de todos nosotros.
5. ¿Por qué no vienes acá para divertirte con nosotros?
6. Quiero verte porque te echo mucho de menos.

F. Imagínese Ud. que tiene la oportunidad de hacerle una pregunta a cualquier persona del mundo. Dé el nombre de la persona y hágale una pregunta.

MODELO: Julio Iglesias
          Señor Iglesias, ¿cuál es su canción favorita?

          Isabel Allende
          *Señora Allende, ¿cree Ud. que sus libros reflejan la realidad lati-
          noamericana?*

IV. Demonstrative adjectives and pronouns

A. Forms

	Adjectives			Pronouns		
	near	farther	farthest	near	farther	farthest
Masculine singular	este	ese	aquel	éste	ése	aquél
Feminine singular	esta	esa	aquella	ésta	ésa	aquélla
Masculine plural	estos	esos	aquellos	éstos	ésos	aquéllos
Feminine plural	estas	esas	aquellas	éstas	ésas	aquéllas
Neuter				esto	eso	aquello

B. Uses

1. Demonstratives are used to point out nouns: **este** is used to pinpoint persons or objects near the speaker; **ese** points out persons or objects a short distance from the speaker (often near the listener), while **aquel** refers to persons and objects far away from both speaker and listener.

   ¡Qué bellas las flores de **este** jardín! Me gustan **estas** rosas, pero más me agradan **aquellos** claveles, allá al fondo.

   How beautiful the flowers in this garden are! I like these roses, but I prefer those carnations, way back there.

2. When used with nouns, demonstratives are adjectives. They precede the noun they modify and agree with it in gender and number.

   Estas manzanas parecen más frescas que **esos** mangos.

   These apples look fresher than those mangoes.

Esta revista trae más información sobre espectáculos que **ese** periódico.

This magazine has more information on shows than that newspaper.

3. When the demonstrative forms are used alone, they are pronouns and normally bear a written accent to indicate that they are not adjectives. In modern usage, the written accent is not required unless the meaning of the pronoun would otherwise be ambiguous. In this text, demonstrative pronouns always have written accents. Notice that demonstrative pronouns agree in gender and number with the noun to which they refer.

Esas acuarelas fueron pintadas por el mismo artista que pintó **aquéllas**.

Those watercolors were painted by the same artist who painted those (over there).

—¿Qué te parece ese coche?
—**Ése** me agrada menos que **aquél**.

What do you think of that car?
I like that one less than the one over there.

maría y Rosa son hermanas. Ésta canta y aquélla baila.

ADIVINANZA

En el campo me crié,
Metida entre verdes lazos;
Aquél que llora por mí,
Ése me hace pedazos.

Respuesta al final del capítulo

4. The neuter forms **esto, eso,** and **aquello** are always pronouns and, therefore, never bear a written accent. They are used to refer to nonspecific, unnamed objects or to ideas, actions, and situations in a general, abstract sense.

—¿Qué es **eso**?
—¿**Esto?** Es un llavero.

What's that?
This? It's a key ring.

—¿Te acuerdas de lo que pasó el sábado pasado en este restaurante?
—Oh, no quiero acordarme de **eso**.

Do you remember what happened last Saturday in this restaurant?

Oh, I don't want to remember that (that experience).

5. The demonstrative pronouns **aquél** and **éste** are used to express *the former* and *the latter*. **Éste** refers to the closer noun (the one mentioned last) and **aquél** refers to the more distant noun.

Invité al partido de fútbol a Carolina y a mi hermano menor y los dos rehusaron. **Éste** dice que tiene una fiesta ese día y **aquélla** que el fútbol no le interesa nada.	*I invited Carolina and my younger brother to the soccer match, and both of them refused. The former says that soccer doesn't interest her at all and the latter that he has a party that day.*

EJERCICIOS

A. Cambie la oración original según el modelo.

MODELO: ¿Puedes pasarme esa revista? (periódico)
¿Puedes pasarme ese periódico?

1. Prefiero esta manzana. (naranjas, mango, plátanos, pera)
2. Tengo ganas de visitar aquel museo (galería de arte, pueblos, tiendas, jardín)
3. ¿Leíste ese periódico? (revista, noticias, artículos, ensayo)
4. ¿Dónde debo poner estos zapatos? (toalla, cinturón, camisetas, calcetines)

B. Decida cuál es el demostrativo correcto en las siguientes situaciones.

MODELO: [Ud. toma en la mano algo que quiere comprar.] (Este, Ese, Aquel) traje de baño me gusta; me lo llevo.
Este traje de baño me gusta; me lo llevo.

1. [Ud. le señala a un amigo un barco que se ve a lo lejos.] (Este, Ese, Aquel) barco es magnífico; pronto va a desaparecer de la vista.
2. [Ud. trata de resumir toda la clase de astronomía de ayer que su amiga se perdió.] (Este, Esa, Esto) es muy complicado. ¿Tienes bastante tiempo para escucharlo todo?
3. [Margarita le pregunta a Ud. si le gusta la nueva pulsera que ella lleva en la muñeca.] A ver si te gusta (esta, esa, aquella) pulsera; me la compré ayer.
4. [Ud. nota que se acerca un amigo que lleva dos paquetes.] Oye, Juanito; ¿qué tienes en (estos, esos, aquellos) paquetes?

5. [De dos pinturas, Ud. prefiere la que está al otro lado de la sala a la que está cerca de Ud.] Me parece que me gusta más (ésa, eso, aquélla) que (ésta, esto, ésa).
6. [Ud. le hace una pregunta a otro pasajero mientras suben a un tren.] ¿Sabe Ud. si (éste, ése, aquél) es el tren que va a Miraflores?
7. [Su hermano acaba de mencionarle una serie de opiniones expresadas por otros sobre su coche.] ¿Y qué personas dijeron todo (ése, eso, aquél)?
8. [Su tío se sienta en el sofá con una novela en la mano.] Tío Enrique, ¿de quién es (esta, esa, aquella) novela? ¿Es suya?

C. Ponga algunos artículos del profesor y de los estudiantes en varios sitios dentro de la sala de clase. Los estudiantes se ponen de pie y se turnan identificando al/a la dueño/a de los artículos, según el modelo. Señale los artículos con el dedo al referirse a cada uno.

MODELO: *Este texto es de Susana, ése es de Roberto, pero no sé de quién es aquél; tal vez es del profesor.*

D. Exprese su preferencia entre las siguientes cosas y dé una explicación.

MODELO: una rosa y un clavel
Entre una rosa y un clavel, prefiero aquélla porque éste no es tan delicado.

1. un dibujo y una fotografía
2. un ensayo y una novela
3. las cintas grabadas y los discos compactos
4. un espectáculo musical y una obra teatral
5. la música clásica y el jazz

V. *Saber* versus *conocer*

Both **saber** and **conocer** mean *to know.*
1. **Saber** signifies *to be aware of, to understand, to know because of study or memorization,* or *to find out something for the first time.*

Ese guía **sabe** mucho.	*That guide knows a lot.*
¿**Saben** todos lo que deben llevar?	*Do you all know what to take?*
Luisa **sabe** hablar portugués.	*Luisa knows how to speak Portuguese.*
Anoche **supimos** que no venía él.	*Last night we found out that he wasn't coming.*

2. **Conocer** signifies *to know a person, to meet a person for the first time,* or *to be familiar with a particular place or object.*

¿No **conoces** a ningún mexicano?	*Don't you know any Mexicans?*
No, pero quiero **conocer** a alguien de ese gran país.	*No, but I want to meet someone from that great country.*
Dice Betty que **conoce** bien muchas de las calles de Guadalajara.	*Betty says she knows well many of the streets of Guadalajara.*

EJERCICIOS

A. Complete las siguientes preguntas con **saber** o **conocer**, según convenga.

MODELO: ¿_____ la hora de nuestro vuelo?
¿Sabes la hora de nuestro vuelo?

1. ¿_____ bien las calles de este barrio?
2. ¿Qué idiomas _____ hablar?
3. ¿_____ tú algunos restaurantes buenos en Lisboa?
4. ¿_____ dónde se encuentra la catedral?
5. ¿Cuándo voy a _____ a algunos de tus amigos?
6. ¿_____ tus amigos que van a estar en Lisboa sólo dos días?
7. ¿_____ lo que me cuenta mi mamá del sur de Portugal?
8. Hay playas magníficas; ¿_____ nadar bien?
9. ¿_____ los monumentos más importantes de Lisboa?
10. No entiendo cómo ir del aeropuerto al hotel; ¿lo _____ tú?

B. Imagínese que un/a compañero/a de clase prepara un viaje a México. Hágale preguntas sobre el viaje usando **saber** o **conocer**.

MODELO: qué día sale el vuelo
          E1: *¿Sabes qué día sale el vuelo?*
          E2: *Sí, sale el día 20.*

1. qué aerolínea vas a usar
2. hablar bien el español
3. las costumbres de los mexicanos
4. qué documentos necesitas para el viaje
5. cuántas ciudades vas a visitar
6. hacer el cambio de dólares a pesos
7. la comida de los mexicanos
8. la política mexicana

Respuesta a la adivinanza, p. 71: la cebolla

CAPÍTULO 3

I. Ser and estar

Most of the notions conveyed by the English verb *to be* are expressed in Spanish by the verbs **ser** and **estar**. These two verbs are not synonymous in Spanish; each has its own specific meaning.

A. Uses of *ser*

Identification

The verb **ser** is used before a noun or noun phrase to identify, describe, or define a subject.

La señora del sombrero verde **es** mi tía Julia.	*The lady in the green hat is my aunt Julia.*
La llama **es** un animal que **es** pariente del camello.	*The llama is an animal that is a relative of the camel.*

Origin, ownership, material

Ser is used before prepositional phrases introduced by **de** to indicate origin, ownership, or the material of which something is made.

—¿De dónde **son** tus padres?	*Where are your parents from?*
—**Son** de Venezuela.	*They are from Venezuela.*
Este reloj **es** de mi abuela. **Es** de oro.	*This watch is my grandmother's. It is made of gold.*

Event

The verb **ser** is used to express when or where an event takes place. In this construction, **ser** is a synonym for **tener lugar** (*to take place*).

El discurso del candidato **es** esta noche a las seis. **Será** en la sala 23.	*The candidate's speech is at six o'clock tonight. It'll be in Room 23.*
¿Cuándo **es** el concierto de Los Audaces?	*When is the concert by Los Audaces?*

Time, day, date

The verb **ser** is used to express the time and the date.

Son las tres de la tarde.	*It's three o'clock in the afternoon.*

Hoy **es** jueves.   *Today is Thursday.*
Ayer **fue** el 3 de mayo.   *Yesterday was the third of May.*

B. Uses of *estar*

Location

The verb **estar** is used to indicate location.

—¿Dónde **está** tu hermano Jaime?   *Where is your brother Jaime?*
—**Estaba** aquí hace un momento.   *He was here a moment ago. He*
Tiene que **estar** en el edificio.   *must be in the building.*

El hospital **está** muy cerca de aquí.   *The hospital is very close to here.*

Progressive tenses

Estar is used to form the progressive tenses. (See *Chapter 5, Section II* for progressive tenses.)

—Rita, ¿qué **estás haciendo**?   *Rita, what are you doing?*
—**Estoy escribiendo** un informe.   *I am writing a report.*

Anoche cuando salimos del cine,   *Last night when we came out of*
   estaba lloviendo a cántaros.   *the movies, it was raining cats*
                                               and dogs.

C. *Ser* and *estar* + adjective

1. The verb **ser** is used with adjectives to describe qualities or traits that are perceived to be inherent or normal at a given time. This includes adjectives of nationality, color, size, and shape.

   Leopoldo **es** joven. **Es**   *Leopoldo is young. He is*
      inteligente. **Es** emprendedor.   *intelligent. He is enterprising.*
   Este pueblo **es** pequeño; **es**   *This village is small; it's quiet; it's*
      tranquilo; **es** pintoresco.   *picturesque.*

2. **Estar** is used with adjectives to indicate states and conditions, including unexpected or unusual qualities, or a change in usual attributes or characteristics.

   Estamos muy contentos con las   *We are very happy with the latest*
      últimas noticias.   *news.*
   ¡Esta sopa **está** fría!   *This soup is cold!*
   ¡Qué elegante **estás** hoy!   *How elegant you are (look)*
                                               today!

—Julio, ¡qué delgado **estás**!   *Julio, how thin you look!*
—Sí, bajé diez kilos. Como ves,   *Yes, I lost twenty pounds. As you*
  ya no **soy** gordo.   *can see, I'm no longer (a) fat*
       (person).

3. Some adjectives convey different meanings depending on whether they are used with **ser** or **estar**.

El conferenciante **es** aburrido   *The speaker is boring and,*
  y, por lo tanto, el público   *therefore, the audience is*
  está aburrido.   *bored.*
Ese muchachito **es** listo.   *That little boy is smart.*
La cena **está** lista.   *Dinner is ready.*

The following list shows the meanings conveyed by some common adjectives when they are used with **ser** and **estar**.

ser	estar
aburrido *boring*	aburrido *bored*
bueno *good*	bueno *healthy, tasty, good*
callado *reserved, quiet*	callado *silent*
decidido *resolute*	decidido *decided*
despierto *alert*	despierto *awake*
interesado *selfish*	interesado *interested*
limpio *tidy*	limpio *clean (now)*
listo *smart, clever*	listo *ready*
loco *insane*	loco *crazy, frantic*
malo *evil*	malo *sick*
verde *green (color)*	verde *green (not ripe)*
vivo *alert, lively*	vivo *alive*

4. **Estar vivo** (*to be alive*) and **estar muerto** (*to be dead*) are viewed as conditions and are always expressed by **estar**.

A causa de un incendio, los   *Because of a fire, the occupants*
  ocupantes de ese apartamento   *of that apartment are dead, but*
  están muertos, pero   *they found a cat that was alive.*
  encontraron un gato que
  estaba vivo.

La familia presidencial del artista colombiano contemporáneo Fernando Botero (1932–). ¿Podrías describir los personajes que ves en el cuadro?

D. *Ser* and *estar* + past participle

Ser is used with a past participle in a passive voice construction to refer to an action being performed. (See *Chapter 6, Section IV* for the passive voice.) The person who performs the action, if stated, is expressed by a phrase introduced by **por**. **Estar** is used with a past participle to express a condition or state that is the result of an action. In both cases, the past participle agrees in number and gender with the noun it modifies.

La familia García desocupó esa casa ayer.	
Passive action: *ser* + past participle	**Resultant condition:** *estar* + past participle
Esa casa **fue desocupada** ayer (por la familia García).	Esa casa **está desocupada**.

Summary of the uses of *ser* and *estar*

Uses of *ser*

Followed by an adjective, to describe inherent, essential, or normal traits or qualities
→ *Mi novio* **es** *guapo e inteligente.*
→ *Ese lago* **es** *bellísimo.*

Followed by a past participle, to express an action in the passive voice
→ *Ese edificio* **fue** *abandonado hace una semana.*

To describe or define a subject
→ *El dromedario* **es** *un animal del desierto.*

To indicate origin, ownership, or material
→ *Esos muebles antiguos* **son** *de mi abuelita.*

To express where/when an event takes place
→ *El concierto* **es** *aquí el sábado.*

To express the time and the date
→ **Son** *las dos.* **Es** *viernes.*

Uses of *estar*

Followed by an adjective, to describe states and conditions; to indicate unexpected conditions or change in condition
→ **Estoy** *triste.*
→ *Esta comida* **está** *muy salada.*

Followed by a past participle, to express a condition or state resulting from an action
→ *Ese edificio* **está** *abandonado desde hace una semana.*

To express location
→ *Mi hermana* **está** *en Texas.*

To indicate actions in progress
→ **Estoy** *leyendo una novela.*

EJERCICIOS

A. Lourdes y Alberto conversan sobre el viaje de su amigo Martín a Nueva York. Complete el siguiente diálogo, usando la forma apropiada de **ser** o **estar**.

Lourdes: —¡Hola, Alberto! ¿Sabes dónde _____ Martín? ¿_____ enfermo?

Alberto: —No, me parece que _____ en el tren camino a Nueva York. Va allí porque hay un concierto esta noche; el concierto _____ en el Parque Central.

Lourdes: Ah, _____ bien. Tengo amigos que me cuentan que esos conciertos _____ muy buenos. Martín va a _____ muy contento esta noche.

Alberto: _____ cierto. Martín _____ un gran aficionado de la música en vivo.

Lourdes: —Pues, ¿qué esperamos? Yo también _____ aficionada. Puedo _____ lista en diez minutos.

B. Complete los siguientes diálogos breves con las formas apropiadas de **ser** o **estar**.

1. —Roberto _____ muy vivo; veo que _____ capaz de encontrar buenos puestos todos los veranos.
   —Sí, pero también _____ bastante interesado; no trata de ayudar a nadie más.

2. —Mi permiso para manejar _____ vencido. ¿Dónde puedo renovarlo?
   —Eso _____ algo que tienes que hacer en el centro; pero a estas horas la oficina _____ cerrada.

3. —¿Un viaje a México? ¿_____ Ud. interesada en algún lugar especial?
   —Sí, en el estado de Michoacán. Todo el mundo dice que _____ una zona muy bella.
   —Tiene razón. Las ciudades coloniales _____ preciosas y los precios no _____ muy caros.
   —¿Cómo _____ el tiempo durante esta estación del año?
   —Allí el clima siempre _____ agradable.

C. Trabajen en parejas y háganse preguntas acerca de sus emociones cuando salen de vacaciones. Terminen las frases usando el verbo **estar** y adjetivos como **emocionado/a**, **contento/a**, **nervioso/a**, **triste**, **confuso/a**, **satisfe-cho/a**, **alegre**, **ansioso/a** y **cansado/a**.

MODELO: cuando preparas un viaje
      E1: *¿Cómo te sientes cuando preparas un viaje?*
      E2: *Normalmente estoy muy contento/a.*

1. cuando planeas tu itinerario
2. cuando piensas en el costo del viaje
3. cuando es la hora de partir
4. cuando el avión despega
5. cuando llegas a tu destino
6. cuando el viaje termina
7. cuando pasas por la aduana
8. cuando regresas a tu casa

D. Trabajando en parejas, túrnense para hacer y contestar preguntas según el modelo. Ojo: en algunos casos se usa la forma plural (*son*) y en otros se usa la singular (*es*).

MODELO: flores / Carmela / Japón / seda
      E1: *¿De quién son estas flores artificiales?*
      E2: *Son de Carmela.*
      E1: *¿Sabes de dónde son?*
      E2: *Pues, son de Japón.*
      E1: *Y, ¿de qué son?*
      E2: *Son de seda.*

1. blusa / Rosa / Chile / poliéster
2. figuras / Mariana / la República Dominicana / cerámica
3. poncho / Federico / Bolivia / lana
4. gorro / Diego / País Vasco / algodón
5. zapatillas / Margarita / Perú / piel de llama
6. utensilios / Pilar / México / madera
7. cinturón / Enrique / Guatemala / cuero
8. camisa / Maxi / Puerto Rico / nylon

E. Conteste las siguientes preguntas con **ser** o **estar**, según el modelo.

MODELO: ¿Amanda? ¿inteligente?
      Sí, Amanda es muy inteligente.

1. ¿La industria petrolera? ¿importante?
2. ¿El profesor? ¿enfermo?
3. ¿Los Juegos Olímpicos? ¿Atlanta?
4. ¿Alberto? ¿en el trabajo?
5. ¿Tú? ¿fatigado/a?

    6. ¿Nosotros? ¿de los Estados Unidos?
    7. ¿Los pasteles? ¿ricos?
    8. ¿Salamanca? ¿España?
    9. ¿Alejandro y Tere? ¿protestantes?
    10. ¿Alicia? ¿pariente de Federico?

F. Es el último episodio de la telenovela "Así es la vida". Describa a los personajes que aparecen en el dibujo usando el verbo **ser** o **estar**, según convenga.

MODELO: *La mujer que mira la escena es actriz. Está sorprendida.*

G. Hable con un/a compañero/a acerca de una experiencia que tuvo recientemente. Use formas apropiadas de **estar** o **ser** para expresar su gusto o disgusto con respecto a esa experiencia, según el modelo. Puede hablar de los siguientes temas o de otros de su invención: **ir al cine, alquilar un video, comer en un restaurante, jugar al tenis (u otro deporte), pasar un rato en una sala de baile, ir a una fiesta, comprar ropa, aprobar un examen muy difícil, ir de viaje durante el fin de semana.**

MODELO: ir al cine
          E1: *Anoche vi con Martín la última película de Tom Cruise.*
          E2: *¿De veras? ¿Cómo fue?*
          E1: *¡Fue fantástica! Martín y yo estuvimos muy contentos. La historia era muy interesante y todos los actores eran excelentes.*
          E2: *¿Estuvo completa la sala del cine?*
          E1: *Sí, casi estuvo completa. ¡Hasta las palomitas de maíz (popcorn) estuvieron ricas!*

Descriptive adjectives

A. Forms of descriptive adjectives

1. Depending on the ending of the masculine singular form, adjectives have either four or two forms. Four-form adjectives vary in number (singular and plural) and gender (masculine and feminine); two-form adjectives vary in number only. The following chart summarizes these two types of adjectives.

	Masculine singular ending	Examples
Four-form	unstressed **-o** **-án**, **-ín**, **-ón**, or **-dor**	simpático, simpática, simpáticos, simpáticas holgazán, holgazana, holgazanes, holgazanas juguetón, juguetona, juguetones, juguetonas hablador, habladora, habladores, habladoras
	consonant and refers to nationality	francés, francesa, franceses, francesas español, española, españoles, españolas
Two-form	vowel other than **-o**	triste, tristes optimista, optimistas
	consonant and does not refer to nationality	azul, azules feliz, felices común, comunes peor, peores cortés, corteses regular, regulares

2. A few adjectives have two masculine singular forms: the shortened form is used when the adjective precedes a masculine singular noun. Common adjectives in this group include the following.

hombre **bueno**	**buen** amigo
coche **malo**	**mal** humor
capítulo **primero**	**primer** lugar
artículo **tercero**	**tercer** piso
día **santo**	**San** Juan

Te deseo un **buen** viaje.   *I wish you a good trip.*
Es mi **primer** vuelo.   *It's my first flight.*

3. The adjective **grande** (*big, large*) also has a shortened form, **gran**, that is used before either a masculine or a feminine singular noun. Note that **gran** (**grandes**) means *great* when it precedes the noun it modifies.

¡Qué **gran** idea acabas de
  proponer!
Son **grandes** amigos.
No tengo maletas **grandes**.

*What a great idea you have just
  proposed!*
They are close (great) friends.
I don't have big suitcases.

4. The shortened form of **santo**, **san**, is used before a masculine singular noun, except when the noun begins with **To** or **Do**: **Santo Tomás** and **Santo Domingo**, but **San Pedro**.

B. Agreement

1. Descriptive adjectives agree in gender and number with the nouns they modify.

Nos hospedaremos en un hotel
  moderno en el centro. Tiene
  habitaciones **espaciosas** y
  limpias.

*We'll stay at a modern hotel
  downtown. It has spacious and
  clean rooms.*

2. If a single adjective follows and modifies two or more nouns, one of which is masculine, the masculine plural form of the adjective is used.

Encontré una librería que vende
  libros y revistas mexican**os**.
Hay hoteles y pensiones muy
  barat**os** en esta calle.

*I found a bookstore that sells
  Mexican books and magazines.*
*There are very inexpensive hotels
  and boardinghouses on this
  street.*

3. If a single adjective precedes and modifies two or more nouns, it agrees only with the first noun.

Venga a ver las **maravillosas**
  ruinas y monumentos de
  nuestra región.

*Come see the wonderful ruins
  and monuments of our area.*

C. Position

1. A descriptive adjective usually follows the noun it modifies. When the descriptive adjective follows the noun, it specifies or restricts the noun; that is, it sets the noun apart from other nouns in the same category. Adjectives that refer to color, shape, or nationality, and adjectives related to disciplines, technology, and the sciences usually follow the noun they modify because they distinguish the noun from others in the same category.

Gabriel conduce un coche **rojo**;
  es un modelo **europeo** de
  líneas **aerodinámicas**.

*Gabriel drives a red car; it's a
  European model with
  aerodynamic lines.*

Vivimos cerca de una zona **industrial** con muchas fábricas de productos **manufacturados**.

We live near an industrial area with many factories of manufactured products.

2. If no contrast with other nouns in the same category is implied, the descriptive adjective precedes the noun it modifies. The focus is on the noun itself, and the adjective simply states a recognized or inherent characteristic of the noun.

Nos alojamos en un **simpático** albergue situado al pie de unas **imponentes** montañas.

We stayed at a nice inn located at the foot of some imposing mountains.

3. For purposes of emphasis, adjectives of color or shape may precede the noun, especially to achieve a poetic effect.

Usted puede contemplar **rojos** atardeceres desde esas playas de **claras** aguas.

You can contemplate red sunsets from those beaches of clear waters.

4. Proper nouns refer to a unique person or thing. Since the name distinguishes the noun, a descriptive adjective precedes a proper noun and is used to emphasize a characteristic of the noun.

¿Has visto al **pequeño** Hernán?
Me impresionó el **ancho** Orinoco.

Have you seen little Hernán?
I was impressed by the wide Orinoco.

Escena en el altiplano boliviano. ¿Qué piensas del modo de transporte usado por esta familia boliviana? ¿Cuáles son las imponentes montañas que ves al fondo?

5. A number of adjectives change meaning depending upon whether they are used before or after the noun. When the adjective precedes the noun, it often has a figurative, abstract meaning; when the adjective follows the noun, it often has a more concrete, objective meaning.

<table>
<tr><td>Tu padre no es un hombre **viejo**.</td><td>*Your father is not an old man.*</td></tr>
<tr><td>Él y yo somos **viejos** amigos.</td><td>*He and I are old friends.*</td></tr>
<tr><td>La Trinidad, iglesia **grande** e imponente, es un **gran** atractivo turístico.</td><td>*Trinidad, a large and imposing church, is a great tourist attraction.*</td></tr>
</table>

The following are some of the adjectives that change meaning depending on their position in relation to the noun.

Adjective	Before the noun	After the noun	Examples
cierto	*certain (= some)*	*certain (= sure)*	cierto día; hecho cierto
gran/grande	*great, excellent*	*big, tall, large*	gran idea; mujer grande
medio	*half*	*middle; average*	media hora; salario medio
mismo	*same*	*the thing itself*	la misma cosa; la vanidad misma
nuevo	*another, different*	*brand new*	nueva elección; casa nueva
pobre	*poor (= pitiful)*	*poor (= destitute)*	pobre niño; hombre pobre
propio	*own*	*proper*	mi propio hijo; conducta propia
puro	*sheer*	*pure, unadulterated*	pura imaginación; agua pura
viejo	*former, of old standing*	*old, aged*	viejo amigo; coche viejo

EJERCICIOS

A. Complete las siguientes oraciones con la forma apropiada del adjetivo.

MODELO: Gastón compró esa pulsera en una tienda _____ (lujoso, francés)
E1: *Gastón compró esa pulsera en una tienda lujosa.*
E2: *Gastón compró esa pulsera en una tienda francesa.*

1. Mario cree que aquellas turistas son _____. (rico, elegante, cortés, alemán)
2. Elisa sacó una foto de una casa _____. (rústico, encantador, increíble, catalán)
3. Los guías que tenemos son _____. (amable, francés, fascinante, locuaz)
4. Julia opina que su jefe es _____. (intrépido, inteligente, hablador, leal)

B. La dueña del restaurante Buen Apetito comenta su satisfacción con algunos empleados nuevos. Lea la descripción que hace de Martín y luego cámbiela para que se aplique primero a Susana, y luego a Rosana y Gabriel juntos.

> En mi opinión Martín es un buen empleado porque es cortés, cooperativo e inteligente. Le di el trabajo también porque es un chico limpio, alegre y trabajador. A pesar de ser joven, parece maduro y bien organizado. Es el primer empleado español que tenemos en el restaurante.

C. Divídanse en grupos. Dentro de cada grupo, háganse y contéstense las preguntas siguientes, usando en las respuestas el sustantivo y el adjetivo dados entre paréntesis. Coloquen el adjetivo en el lugar apropiado para reflejar el significado indicado.

MODELO: E1: ¿A quién visitaste ayer? (amigo / viejo = hace mucho que somos amigos)
            E2: *A mi viejo amigo Jorge.*

1. ¿Qué tienes en esa bolsa? (suéter / nuevo = lo acabo de comprar)
2. ¿Quién le dio esa noticia a tu padre? (jefe / mismo = él y no otro)
3. ¿Dónde está situado el hotel? (al pie de unas montañas / impresionantes = todas las montañas me impresionan)
4. ¿Qué tipo de atracción es la catedral de esta ciudad? (atracción / grande = atracción muy importante)
5. ¿Es potable esa agua? (agua / pura = no está contaminada)
6. ¿Puedo comer una parte de la naranja que tienes? (naranja / media = 50% de la naranja)
7. ¿Quién es aquel hombre? (hombre / pobre = sufre mucho con la enfermedad de su hija)
8. ¿Es de Danie' la camisa que llevas? (camisa / propia = es mía)

D. Ud. y un/a compañero/a de clase comentan acerca de lo que ven en el siguiente cartel sobre el turismo en Puerto Rico. Descríbanse el uno al otro, según el modelo, la escena y los diferentes personajes en el cartel. Usen tantos adjetivos de la lista como les sea posible.

MODELO: ¿Qué te parecen los chicos?
          Los chicos son guapos; parecen corteses y simpáticos.

activo	caluroso	fuerte	musculoso
atlético	claro	inteligente	pintoresco
atractivo	delgado	limpio	satisfecho
bonito	encantador	magnífico	tranquilo

E. En parejas, describan cómo son o qué les parecen las siguientes cosas. Se dan varios adjetivos posibles, pero traten de usar otros de su preferencia también.

aburrido	divertido	grande	ridículo
antiguo	dulce	impresionante	serio
artístico	enérgico	independiente	talentoso
cómico	experimental	optimista	tradicional
complicado	fácil	original	triste

MODELO: la clase de español
          La clase de español me parece difícil, pero normalmente es interesante; es una clase bien organizada.

1. mis animales favoritos
2. el programa de David Letterman
3. el problema del SIDA (*AIDS*)
4. la violencia en los programas de televisión
5. esta universidad
6. mis clases este semestre
7. los deportes en la universidad
8. la música rock de hoy

F. Túrnense para describir a una persona, un objeto o una experiencia que tiene importancia en su vida. Usen por lo menos dos frases descriptivas.

MODELO 1: *Tengo una amiga nueva que se llama Norma. Ella es atlética y muy inteligente. Me gusta hablar con ella porque nuestras conversaciones son divertidas.*

MODELO 2: *Este verano mis vacaciones fueron maravillosas. Fui a Santiago de Chile, una ciudad grande pero íntima. Me pareció un lugar extraordinario.*

III. Comparatives and superlatives

A. Comparisons of inequality

Forms

$$\textbf{más/menos} + \begin{bmatrix} \textit{adjective} \\ \textit{adverb} \\ \textit{noun} \end{bmatrix} + \textbf{que}$$

$$\textit{verb} + \textbf{más/menos que}$$

Uses

1. **Más** is used in comparisons of inequality to express a higher degree of a quality, and **menos**, to express a lower degree. **Que** relates the two terms of the comparison.

Hoy está **más** caluroso **que** ayer.

Today is warmer than yesterday.

Tú juegas al tenis **más** frecuentemente **que** nosotras.

You play tennis more frequently than we do.

Yo trabajo **más** horas **que** Roberto, pero gano **menos** dinero **que** él.	*I work more hours than Roberto, but I make less money than he does.*

2. The phrases **más que** and **menos que** are used after a verb to express *more than* and *less than*.

Mi hermana mayor lee **menos que** mi hermana menor.	*My older sister reads less than my younger sister.*

3. **De** is used instead of **que** before a number. **Más de** and **menos de** are equivalent to *over, a greater number than* and *under, a lesser number than*, respectively. If the meaning is not that of over or under a specific number, then **que** is used, as in the last of the following examples.

En nuestra ciudad hay **más de** quince estaciones de radio.	*In our city there are more than fifteen radio stations.*
Esa lámpara cuesta **menos de** cincuenta dólares.	*That lamp costs less than fifty dollars.*
Una imagen vale **más que** mil palabras.	*A picture is worth more (more valuable) than a thousand words.*

B. Comparisons of equality

Forms

> **tan** + *adjective/adverb* + **como**
> **tanto/a/os/as** + *noun* + **como**
> *verb* + **tanto como**

Uses

1. **Tan** is used to express a comparison of equality with adjectives and adverbs. **Como** is used to relate the terms of the comparison.

Yo soy **tan** alta **como** mi prima Rosa.	*I am as tall as my cousin Rosa.*
Nuestra ciudad crece **tan** rápidamente **como** la capital.	*Our city is growing as rapidly as the capital.*

2. **Tanto** is used to express a comparison of equality with nouns. **Tanto** agrees with the noun it modifies, and **como** relates the terms of the comparison.

En esta zona hay **tantos** cafés **como** restaurantes.	*In this area there are as many cafés as there are restaurants.*

| Creo que ahora hay **tanta** pobreza **como** antes. | *I believe that now there is as much poverty as before.* |

3. **Tanto** is used to express a comparison of equality when actions are being compared. **Como** relates the terms of the comparison.

| Ella estudia **tanto como** los mejores estudiantes. | *She studies as much as the best students.* |

C. Superlatives

Form

definite article (+ noun) + **más/menos** + adjective + **de**

Uses

1. The superlative expresses the highest or lowest degree of a quality when comparing within a group. The superlative is formed by the *definite article* (+ *noun*) + **más/menos** + *adjective*. Note that **de**, not **en**, is used to introduce the group from which the superlative is selected.

| El Nilo es **el** río **más** largo **de**l mundo. | *The Nile is the longest river in the world.* |
| Camila es **la menos** introvertida **de** su familia. | *Camila is the least introverted (person) in her family.* |

2. The noun in a superlative construction can be omitted when the referent is clear.

| De todos mis hermanos, Manuel es **el más** independiente. | *Of all my brothers, Manuel is the most independent.* |

3. To indicate the highest degree of a quality without a specific comparison, an adverb such as **muy**, **sumamente**, or **extremadamente** can be used before the adjective, or the suffix -**ísimo/a/os/as** can be attached to the adjective. The -**ísimo** form can also function as an adverb.

Este artículo es **sumamente interesante**.	*This article is extremely interesting.*
Este artículo es **interesantísimo**.	*This article is most interesting.*
Este artículo me interesa **muchísimo**.	*This article interests me very much.*

4. The chart that follows shows the most common spelling changes that occur when the suffix -**ísimo** is added to an adjective.

final vowel is dropped	bello ↦	bellísimo
written accent is dropped	fácil ↦	facilísimo
-ble becomes **-bil-**	amable ↦	amabilísimo
c becomes **qu**	rico ↦	riquísimo
g becomes **gu**	largo ↦	larguísimo
z becomes **c**	feliz ↦	felicísimo

—Es una novela **larguísima**, ¿verdad?

It's a very long novel, isn't it?

—Sí, pero **interesantísima**. El autor es **famosísimo**.

Yes, but most interesting. Its author is very famous.

D. Irregular comparatives and superlatives

1. A few adjectives have, in addition to their regular forms, irregular comparative and superlative forms.

| Adjective | Comparative | | Superlative | |
	Regular	Irregular	Regular	Irregular
bueno	más bueno	**mejor**	(el) más bueno	**(el) mejor**
malo	más malo	**peor**	(el) más malo	**(el) peor**
grande	más grande	**mayor**	(el) más grande	**(el) mayor**
pequeño	más pequeño	**menor**	(el) más pequeño	**(el) menor**

2. The irregular forms of adjectives are used much more frequently than the regular forms, which often have limited, specialized meanings. **Mejor** and **peor** indicate the degree of a quality; **más bueno** and **más malo** frequently have a moral connotation; **mayor** and **menor** refer to age, importance, or size; **más grande** and **más pequeño** are used more often to refer to physical size.

Don Gabriel es **el mejor** abogado de la ciudad; es también una de las personas **más buenas** que conozco.

Don Gabriel is the best lawyer in town; he is also one of the kindest persons I know.

Tu sugerencia es **peor** que la mía.

Your suggestion is worse than mine.

Mi hermano **menor** quiere ser ingeniero químico.	*My younger brother wants to be a chemical engineer.*
El turismo es una de las industrias **mayores** de nuestra zona.	*Tourism is one of the most important industries in our area.*
El edificio Continental es uno de **los más pequeños** del centro de la ciudad.	*The Continental Building is one of the smallest in the downtown area.*

Note that **mejor** and **peor** usually precede the noun, while **mayor** and **menor** usually follow the noun.

La familia andina del artista venezolano contemporáneo Héctor Poleo (1918–1991). Compara los personajes de este cuadro con los del cuadro de Botero de la página 80 de este capítulo. ¿Qué cuadro te gusta más? ¿Por qué?

3. The following adverbs have irregular comparative forms: **bien/mejor, mal/peor, mucho/más, poco/menos**.

Escucho **mucho** la radio.
Escucho diferentes
radioemisoras, pero escucho
más la radio El Mundo. Se
escucha **mejor** que las otras
radioemisoras.

I listen to the radio a lot. I listen to different radio stations, but I listen more to radio El Mundo. It has a better sound than the other stations.

Summary of comparatives and superlatives

Comparisons of inequality

más/menos + *noun/adjective/adverb* + **que**
→ *Tengo **menos** amigas **que** amigos.*
→ *El Nilo es **más** largo **que** el Amazonas.*
→ *El novio viste **más** elegantemente **que** la novia.*

verb + **más/menos que**
→ *Trabajo **más que** los otros empleados.*

más/menos de + *amount*
→ *Tengo **menos de** veinte dólares.*

Comparisons of equality

tan + *adjective/adverb* + **como**
→ *Este clima es **tan** saludable **como** el nuestro.*
→ *Ese muchacho corre **tan** rápidamente **como** un atleta profesional.*

tanto/a/os/as + *noun* + **como**
→ *Tengo **tantos** hermanos **como** hermanas.*

verb + **tanto como**
→ *Viajo **tanto como** mis padres.*

Superlatives

el (+ *noun*) + **más/menos** + *adjective*
→ *Aquí venden **los** tacos **más** sabrosos de la ciudad.*

EJERCICIOS

A. Complete los siguientes diálogos breves.
1. —Esta camisa es menos bonita _____ aquélla.
   —Todo lo contrario. Es la más bonita _____ todas.
2. —Ahora gano más dinero _____ antes.
   —Puede ser, pero gastas tanto _____ una persona rica.
3. —Este libro sobre informática es muy bueno; es _____ que el que usábamos antes.

—No estoy de acuerdo; creo que es malo. Es _____ que el libro que teníamos.

4. —La violencia doméstica es uno de los _____ problemas del país.
   —Sí, es terrible, pero ¿crees tú que es _____ que el problema de las drogas?

5. —¿Por qué no lees mucho ahora? Lees _____ que antes.
   —Es posible, pero todavía leo _____ como tú.

6. —En mi clase de español no hay _____ estudiantes como el año pasado.
   —Sí, pero seguramente hay más _____ quince.

B. Dos supervisores evalúan a varios empleados y llegan a conclusiones contrarias. En parejas, representen su conversación.

MODELO: vendedor eficaz / la compañía
           E1: *Es el vendedor más eficaz de la compañía.*
           E2: *Al contrario, es el menos eficaz de todos.*

1. secretaria capaz / la sección
2. trabajador prometedor / los nuevos
3. mensajeros enérgicos / el grupo
4. directora diligente / la oficina
5. investigador hábil / la empresa
6. publicistas creativas / el departamento

C. Los miembros de un comité de becas para estudiantes comparan la solicitud de José María con la de Carlos. Expresen comparaciones al respecto con referencia a la siguiente información. Se pueden usar los siguientes adjetivos u otros de su elección: **completo, profundo, revelador, impresionante, consistente, distinguido, excelente, grande.**

	José María	**Carlos**
ensayo personal	profundo	superficial
dinero necesario	$$$$$	$$$
participación en clubes	1 = miembro	1 = presidente
notas académicas	3,5	3,5
recomendaciones	excelentes	buenas
servicio a la comunidad	Cruz Roja	2 grupos
juicio sobre toda la solicitud	?	?

MODELO: E1: *El ensayo personal de José María es más profundo que el de Carlos. Me parece que es mejor.*
           E2: *Sí, pero las notas de Carlos son tan buenas como las de José María. La solicitud de Carlos es mejor.*

D. Use la información que sigue para hacer comparaciones entre Alfonso y Margarita. En cada caso, se pueden hacer varias comparaciones equivalentes. Haga por lo menos dos comparaciones por frase.

MODELO: Margarita vive a cinco kilómetros de la universidad; Alfonso vive a diez kilómetros.
Margarita vive más cerca de la universidad que Alfonso (o, Alfonso vive más lejos/menos cerca de la universidad que Margarita).

1. Alfonso mide 1,85 metros de estatura; Margarita mide 1,65.
2. Margarita saca notas excelentes en ciencias; Alfonso saca notas mediocres.
3. Alfonso tiene muchos amigos; Margarita tiene sólo dos amigas.
4. Margarita entiende mucho de computadoras; Alfonso también entiende mucho.
5. Alfonso tiene veintiún años; Margarita tiene diecinueve.
6. Margarita nada bien; Alfonso nada bastante mal.
7. Alfonso es muy creativo; Margarita es analítica.
8. Margarita tiene dos perros; Alfonso también tiene dos perros.
9. Alfonso viaja mucho; Margarita casi no viaja.
10. Margarita corre una milla en seis minutos; Alfonso también.

E. Con otro/a compañero/a de clase, exprese su alto grado de satisfacción con una novela que acaban de leer. Siga el modelo.

MODELO: historia divertida
E1: *¡Es una historia sumamente divertida!*
E2: *Es verdad, ¡es una historia divertidísima!*

1. trama complicada
2. problemas interesantes
3. personajes principales simpáticos
4. descripciones elegantes
5. lenguaje fácil
6. conclusión feliz

F. Un/a estudiante empieza a expresar su opinión, cuando otro/a interrumpe y termina la frase con una comparación más enfática.

MODELO: el correo electrónico / ser bueno (el fax)
E1: *El correo electrónico es bueno ...*
E2: *Sí, pero el fax es mejor.*

1. la radio / informar bien (la televisión)
2. el teletipo / costar poco (el teléfono)
3. el periódico *Tonterías* / ser malo (*El Chisme*)
4. el hotel del centro / es grande (el edificio del banco)
5. el empleado nuevo / escribir mal (los empleados antiguos)
6. Dalí / ser buen pintor (Picasso)
7. Texas / ser un estado grande (Alaska)
8. Charles Barkley / ser un atleta alto y fuerte (Shaquille O'Neal)

G. En parejas, túrnense para dar sus propias opiniones a las afirmaciones que siguen. Usen comparaciones de igualdad y comparaciones de desigualdad, según el modelo.

MODELO: La naturaleza es bella.
1. *Las obras artísticas pueden ser tan bellas como la naturaleza.*
2. *Algunas obras de arte son más bellas que la naturaleza.*

1. Las secretarias trabajan mucho.
2. Mi ciudad crece rápidamente.
3. Nueva York es muy cara.
4. Los ingenieros son listos.
5. Los gatos duermen demasiado.
6. Hoy hay mucha pobreza en África.

H. Haga Ud. comparaciones exageradas o cómicas, si quiere, entre las siguientes personas.

MODELO: Michael Jordan y su profesor de español
Michael Jordan es el mejor atleta del mundo; es mucho más atlético que mi profesor de español.

1. el caballo y el automóvil
2. los New York Giants y los San Francisco 49ers
3. David Letterman y Jay Leno
4. la computadora y la máquina de escribir
5. Mel Gibson y Danny DeVito
6. Los videos de Michael Jackson y de Madonna

I. Compare los cuadros de Botero (p. 80) y de Poleo (p. 95). Puede referirse al número de miembros de cada familia, a la apariencia de cada persona, a la actitud del artista, etc.

MODELO: *Poleo es más serio que Botero. Botero es menos tradicional que Poleo.*

IV. Possessive adjectives and pronouns

A. Forms

Short (unstressed) form		Long (stressed) form	
Singular	**Plural**	**Singular**	**Plural**
mi	mis	mío/a	míos/as
tu	tus	tuyo/a	tuyos/as
su	sus	suyo/a	suyos/as
nuestro/a	nuestros/as	nuestro/a	nuestros/as
vuestro/a	vuestros/as	vuestro/a	vuestros/as
su	sus	suyo/a	suyos/as

1. The short (unstressed) forms of the possessive adjectives precede the noun they modify, and agree with that noun in number and, in the case of **nuestro** and **vuestro**, also in gender. Notice that possessive adjectives always agree with what is possessed and not with the possessor.

¿Dónde están **mis** llaves?	*Where are my keys?*
Necesito hablar con **nuestros** vecinos.	*I need to talk to our neighbors.*
Laura se entiende bien con **su** hermano.	*Laura gets along well with her brother.*

2. The long (stressed) forms follow the noun they modify, and agree with that noun in gender and number. The long form, too, always agrees with what is possessed and not with the possessor.

Vino a visitarme un pariente **mío**.	*A relative of mine came to visit me.*
No he consultado a Benito, pero la opinión **suya** me importa muy poco.	*I haven't consulted Benito, but his opinion matters little to me.*

B. Uses

1. The short forms of possessive adjectives are used more frequently than the long forms. The latter are often used for emphasis or contrast, or in constructions equivalent to *a friend of mine* (**un amigo mío**).

Tendremos una pequeña fiesta en **mi** casa; quiero que vengan tú y **tu** novio.	*We'll have a small party at my house; I want you and your fiancé to come.*
Te diré que **las** ideas **tuyas** son un poco locas.	*I'll tell you that your ideas are a bit crazy.*
Mónica fue al aeropuerto a recoger a **una** prima **suya**.	*Mónica went to the airport to pick up a cousin of hers.*

2. The definite article is used, instead of a possessive form, with parts of the body, articles of clothing, and close personal belongings, if these items are *on* the possessor and are not the subject of the verb. However, if it is not absolutely clear who the owner is, the possessive form is used to avoid ambiguity.

Levanté **la** cabeza y vi a mi amiga Yolanda.	*I raised **my** head and saw my friend Yolanda.*
¿Puedo quitarme **la** corbata?	*May I take off **my** tie?*
Ponte **tu** sombrero y pásame el mío.	*Put on your hat and pass me mine.*

Note that for groups in which each member has one object, the object, though plural in English, appears in the singular in Spanish.

Esos señores levantan **el** sombrero al pasar.	*Those gentlemen tip **their** hats when they go by.*

ADIVINANZA

Mi madre fue tartamuda,
Mi padre fue buen cantor;
Tengo el vestido muy blanco
Y amarillo el corazón.

Respuesta al final del capítulo

C. Possessive pronouns

A possessive pronoun, which takes the place of a possessive adjective + a noun, uses the definite article followed by the long form of the possessive adjective and agrees in gender and number with the noun it replaces. Thus, **mi apartamento ↝ el mío**. After the verb **ser**, the article is usually omitted. (See *Chapter 10, Section IV* for use of the neuter forms **lo mío, lo tuyo, lo suyo,** etc.)

Tus opiniones son muy diferentes a **las mías**. **Las tuyas** son ridículas; **las mías**, sensatas.	*Your opinions are very different from mine. Yours are ridiculous; mine, sensible.*
Esos papeles son **míos**.	*Those papers are mine.*
Saludos a ti y a **los tuyos**.	*Greetings to you and yours.*

D. Clarification of third person possessive forms

1. Third person possessive adjectives and pronouns (**su, sus, suyo/a, suyos/as**) may be ambiguous since they can refer to any of six possible possessors: **él, ella, usted, ellos, ellas, ustedes.**

El básquetbol es **su** deporte favorito.	*Basketball is his/her/your/their favorite sport.*
Voy a entrevistar a **su** hermana.	*I am going to interview his/her/your/their sister.*

2. In most cases, the context determines which meaning is intended. To clarify the intended meaning of a possessive adjective or pronoun, possessive phrases such as **de él, de ella,** and **de usted** may be used after the noun.

¿Cuál es **su** deporte favorito, Andrés?	*What's your favorite sport, Andrés?*
Tengo que ver a **la** hermana **de él**.	*I have to see his sister.*

EJERCICIOS

A. Practique las formas posesivas cortas y las frases posesivas equivalentes, según el modelo.

MODELO: las llaves de Joaquín
sus llaves; las llaves de él

1. el reloj de Anita
2. la opinión de mis tíos
3. los parientes de Paco y Luisa
4. el coche de los vecinos
5. el cuarto de mis amigas
6. la prima de Miguel

B. Las siguientes personas van a pasar unas horas en la casa de Rafael esta noche. Diga con quiénes piensan ir.

MODELO: Germán / compañeros
Germán piensa ir con unos compañeros suyos.

1. Marta / socio
2. nosotros / amigas
3. yo / colegas
4. Raúl y Juanita / pariente
5. Félix / tío
6. Mi hermano Patricio y yo / prima

C. Después de una fiesta, los visitantes tratan de identificar a los dueños de ciertos artículos que están en desorden. Conteste las siguientes preguntas afirmativamente, según el modelo.

MODELO: ¿Es tuya esta chaqueta?
Sí, es mía.

1. ¿Es de tu esposa aquel sombrero?
2. ¿Son de los López esos guantes?
3. ¿Son de nosotros estos regalos?
4. Este sobretodo es de Julio, ¿verdad?
5. ¿De quién es esta bufanda, de Emilia?
6. ¿Son de Roberto estos zapatos de goma?
7. ¿Es mío este paraguas?
8. Aquí hay una chaqueta y una corbata. ¿Son de Alberto?

D. Divídanse en grupos. Háganse preguntas similares a la del modelo, pidiéndole prestado a otra persona algo necesario para una excursión de camping.

MODELO: una linterna
E1: *¿Me puedes prestar una linterna?*
E2: *Lo siento. Necesito la mía, pero a lo mejor (Carlos) puede prestarte la suya.*

1. unas botas
2. un compás

3. una cantimplora (*canteen*)
4. un saco de dormir
5. una caña de pescar
6. una mochila

E. Trabajando en parejas, Ud. y su compañero/a se turnan para hablar de los temas siguientes. Use tantas formas posesivas como sea posible.

MODELO: mi familia
Mi familia no es muy grande. Mis padres trabajan mucho y mi hermanita está en el segundo grado de la primaria. Le gusta mucho su maestra. El hermano de mi madre vive con nosotros: es parte de nuestra familia.

1. mis clases
2. mi trabajo
3. mis amigos y amigas
4. mis pasatiempos favoritos
5. mis planes para el futuro

V. Indefinite expressions and their negatives

A. Forms

Affirmative [all]	Affirmative [some]	Negative*
	Pronouns	
todo *everything*	**algo** *something, anything*	**nada** *nothing, not ... anything*
todos/as *everyone, everybody, all*	**alguien** *someone, somebody, anyone, anybody*	**nadie** *no one, nobody, not ... anybody/anyone*

Affirmative [all]	Affirmative [some]	Negative*
Pronouns / Adjectives		
todo/a *every, all* **todos/as/os/as** *all, every, everyone*	**algún, alguno/a/os/as** *some (+ noun), any, someone*	**ningún, ninguno/a** *no (+ noun), no one, none, not ... any/anybody*
[todo/a/os/as]	**cualquier(a)** *any, anyone (at all)*	**[nadie]**
Adverbs		
siempre *always*	**alguna(s) vez(veces)** *sometime(s), ever*	**nunca, jamás** *never, not ... ever*
también *also, too*	*o . . . o . . .*	**tampoco** *neither, not ... either* *ni . . . ni . . .*

*Negative sentences in Spanish contain one or more negative words; **no** is used only if no other negative word precedes the verb: **No** aceptó **nadie ninguna** oferta/**Nadie** aceptó **ninguna** oferta *(Nobody accepted any offer)*.

Todo me preocupa. **Algo** me molesta. **Nada** me sorprende.	*Everything worries me. Something bothers me. Nothing surprises me.*
Algunas personas creen que **cualquiera** puede llegar a ser presidente.	*Some people think that anyone can become president.*
—¿Hay **alguien** en la otra pieza?	*Is there anyone in the other room?*
—No, no hay **nadie**.	*No, there's nobody.*
—¿Has estado **alguna vez** en Santo Domingo?	*Have you ever been to Santo Domingo?*
—No, **nunca** he visitado esa ciudad.	*No, I have never visited that city.*

B. Indefinite pronouns and adjectives and their negatives

1. The indefinite pronouns **alguien** and **nadie** refer only to people. When used as direct objects, they are preceded by the preposition **a** (personal **a**).

Nadie te hará cambiar de opinión, ¿verdad?	*No one will make you change your mind, right?*
No quiero ofender **a nadie**.	*I don't want to offend anyone.*

2. **Algo** and **nada** refer only to objects and events.

—¿Te ofrezco **algo**?	*May I offer you something?*
—Gracias. No deseo **nada**.	*Thanks. I don't want anything.*

3. The adjectives **algún/alguna/algunos/algunas** and **ningún, ninguno/ ninguna** can refer to people, animals, objects, and events. When they modify direct object nouns referring to people, they are preceded by the preposition **a** (personal **a**).

Según **algunas** encuestas, **ningún** programa económico tiene el apoyo de la mayoría de los votantes.	*According to some polls, no economic program has the support of the majority of the voters.*
No reconozco **a ninguna** persona en esta reunión.	*I don't recognize any person at this meeting.*

4. **Alguno/a/os/as** and **ninguno/a** are pronouns that replace nouns referring to people, animals, objects, or events. They may be used by themselves or followed by a prepositional phrase beginning with **de**. When **alguno** or **ninguno** replaces a direct object referring to a person or persons, the preposition **a** precedes the indefinite word.

Algunas de nuestras radioemisoras tienen programas en español.	*Some of our radio stations have programs in Spanish.*
—Yo no recuerdo **a ninguno** de mis profesores de educación primaria. ¿Y tú?	*I don't remember any of my elementary school teachers. And you?*
—Yo recuerdo **a algunos**.	*I remember some.*

5. The negative adjective **ningún/ninguna** and the pronoun **ninguno/a** are almost always used in the singular.

—¿Conoces a **algunos** pintores ecuatorianos contemporáneos?	*Do you know any contemporary Ecuadorian painters?*
—No, no conozco a **ninguno**.	*No, I don't know any.*
No he visitado a **ningún** pariente en estos últimos meses.	*I haven't visited any relatives these last few months.*

6. The indefinite word **cualquiera** may be used as an adjective or a pronoun. When used as an adjective before a masculine or feminine noun, **cualquiera** is shortened to **cualquier**.

—¿Puedo escoger **cualquier** tema para el ensayo final? *May I choose any topic for the final essay?*
—Sí, escoge **cualquiera**. *Yes, choose any (whatever).*

C. Indefinite adverbs

1. **Nunca** and **jamás** both mean *never*. **Nunca** is used more frequently in everyday speech. In questions, **jamás** or **alguna vez** may be used to mean *ever;* **jamás** is preferred when a negative answer is expected.

—¿Has participado **alguna vez** en una competencia deportiva? *Have you ever participated in a sports competition?*
—No, **nunca**. *No, never.*

—¿Has visitado **jamás** Andorra? *Have you ever visited Andorra?*
—No, **jamás**. (No, **nunca**.) *No, never.*

2. For emphasis, **nunca** and **jamás** may be used together, in that order.

Probé el gazpacho y no me gustó. **Nunca jamás** lo volveré a probar. *I tried gazpacho and didn't like it. I won't ever try it again.*

3. **Tampoco**, the negative counterpart of **también**, may be used alone in a phrase or preceded by **no** or **ni**.

—Estoy ocupada los sábados por la mañana. *I am busy Saturday mornings.*
—Yo **también**. *So am I/Me too.*

—No confío mucho en Orlando. *I don't trust Orlando much.*

—Ni yo **tampoco** (Yo **tampoco**). *Neither do I/Me neither.*

REFRÁN

Sardina que lleva el gato, nunca vuelve al plato.

EJERCICIOS

A. Siguiendo el modelo, túrnense para decir lo que pueden y no pueden ver desde la ventana de su casa, apartamento o residencia estudiantil. Pueden referirse a algunos de los siguientes objetos y personas o a otras ideas.

personas jóvenes / mayores

estudiantes / profesores

carteles políticos / anuncios comerciales

personas desconocidas / conocidas

vendedores / clientes

árboles / flores

tiendas / kioscos

casas de apartamentos / casas particulares

jardín / parque

grupos de estudiantes / niños

MODELO: *Desde la ventana de mi apartamento, puedo ver algunos coches y autobuses, pero no puedo ver a ningún peatón.*

B. En parejas, hablen de varias experiencias que tuvieron durante sus vacaciones del verano pasado. Usen una frase negativa en la primera parte de la respuesta y una frase afirmativa en la segunda. Pueden hablar de los temas sugeridos abajo u otros de su interés.

visitar algunas playas tropicales

conocer algunos actores o actrices famosos

aprender algo nuevo

asistir a algunos conciertos buenos

ir a algunas funciones sociales importantes

leer algunos libros interesantes

practicar algún idioma extranjero

MODELO: E1: *¿Qué hiciste en tus vacaciones? ¿Visitaste algunas playas tropicales?*
E2: *No, no visité ninguna playa, pero sí visité algunos pueblos remotos muy interesantes. ¿Y tú?*
E1: *Nunca visito playas; no me gustan. Prefiero pasar el tiempo en algún museo o alguna biblioteca.*

C. Divídanse en parejas. Uno/a de Uds. hace una predicción o un comentario y otro/a responde en forma contradictoria, comenzando cada frase con expresiones como **¡Qué tontería!**, **¡Imposible!**, **¡Qué barbaridad!** y **¡Qué va!**, según el modelo.

MODELO: El gobierno eliminará pronto la inflación.
          *¡Qué tontería! Nunca va a eliminarla totalmente. Nadie tiene
          suficiente control de la economía.*

1. El Congreso va a acabar con el déficit el próximo año.
2. Pronto todos vamos a tener seguro médico.
3. Las películas de Europa son mejores que las de Hollywood.
4. Algunas de las radioemisoras de esta ciudad transmiten buenos programas de música.
5. Estoy convencido/a de que los políticos van a ignorar la influencia de sus contribuyentes este año.
6. Una mujer va a ser presidente del país dentro de tres elecciones más.
7. (Inventen otras predicciones u opiniones y continúen la conversación.)

D. En parejas, túrnense para hacer y contestar preguntas afirmativas o negativas que uno le hace normalmente a un miembro de la familia al llegar a casa después del trabajo. Traten de alternar entre preguntas y respuestas afirmativas y negativas, según el modelo.

MODELO: E1: *¿Me llamó alguien esta mañana?*
          E2: *No, esta mañana no te llamó nadie, pero sí te llamó
              alguien por la tarde.*
          E1: *Yo no hice nada interesante hoy, ¿y tú?*
          E2: *Yo tampoco, pero sí voy a hacer algo divertido mañana.*
              Voy a entrevistar a algunos clientes en otra ciudad.

VI. Spanish equivalents of to become

Spanish has several specific verbs and verbal expressions that correspond to the meaning of the English verb *to become* in the sense of *to come to be.* In some cases only one verb or expression is appropriate; in others, there is a choice depending on what specific meaning of *to become* is intended.

▲ A. Change of state: *hacerse*

1. **Hacerse**, the most widely used equivalent of *to become*, can be followed by a noun or an adjective and indicates transition from one state or condition to another.

Él **se hizo** gran conferenciante en muy poco tiempo.	*He became a great lecturer in very little time.*
Y tú **te hiciste** igualmente conocida como violinista.	*And you became equally well known as a violinist.*

2. When referring to people, **hacerse** stresses the fact that the change of state depends on the voluntary, conscious effort of the person or persons involved.

Se hizo gran experto en inversiones.	*He became a great expert in investments.*
Se hizo rico en poco tiempo.	*He became rich in a short time.*

3. Some reflexive verbs are equivalent to **hacerse** + a related adjective.

fortalecerse = **hacerse fuerte**	*to get strong(er)*
suavizarse = **hacerse suave**	*to soften, to become softer*

B. Change in physical or emotional state: *ponerse*

1. **Ponerse** followed by an adjective indicates a sudden and temporary change in physical appearance, condition, or emotional state.

¡Qué partido más reñido! ¿Viste qué roja **me puse**?	*What a hard-fought game! Did you see how red I became?*
Después, en el vestuario, **me puse** bastante pálida.	*Later, in the locker room, I became quite pale.*
Mis compañeras **se pusieron** bastante nerviosas.	*My teammates became quite nervous.*

2. Some reflexive verbs are equivalent to **ponerse** + a related adjective.

alegrarse = **ponerse alegre**	*to become happy*
entristecerse = **ponerse triste**	*to become sad*

C. Change through gradual process: *llegar a ser*

Llegar a ser can be followed by either nouns or adjectives and is used to indicate acquisition of a new state through a gradual, lengthy process.

Llegó a ser una escritora sobresaliente.	*She became an outstanding writer.*
Y dos de sus hermanos **llegaron a ser** músicos.	*And two of her brothers became musicians.*

D. Radical change: *volverse*

Volverse (ue) is used to indicate a radical change of state or condition, and is followed by an adjective.

Yo **me volví** muy desconfiada después del accidente.	*I became very wary after the accident.*

A partir de entonces mi novio ya
no fue la misma persona; **se
volvió** pesimista.

*From then on my fiancé was not
the same person; he became
pessimistic.*

E. To assume a new condition: *convertirse, transformarse*

Convertirse (ie) en or **transformarse en** + *nouns* is used to indicate a change
to a new state.

Parece que Miguel **va a
convertirse en** gran aficionado
a los coches deportivos.

*It appears that Miguel is going to
become a sports car enthusiast.*

Sí, casi **se ha transformado en**
fanático.

*Indeed, he has almost become a
fanatic.*

F. To be left in a state or condition: *quedarse*

Quedarse is used to indicate that someone, having acquired or been left in a
new state, has remained in it either permanently or for a certain period of
time. **Quedarse** frequently implies loss or deprivation.

Mi hermano **se quedó** ciego
después del accidente.

*My brother was left blind after
the accidente.*

Recibí una noticia terrible y **me
quedé** atónito.

*I received a terrible piece of news
and was astonished.*

EJERCICIOS

A. Complete las siguientes frases con una expresión equivalente a *to become*.
En algunos casos, hay más de una expresión apropiada.

1. Si no me entreno todos los días, _____ un monstruo imposible.
2. Arturo _____ muy nervioso cuando habla con Yolanda.
3. Si todo sigue igual, el jefe de mi sección va a _____ ogro.
4. El ejercicio _____ aburrido después de media hora.
5. Nuestro capitán _____ cojo (*lame*) después de esa caída.
6. Ese chico medio torpe (*clumsy*) _____ buen atleta después de
   mucha práctica.
7. Queremos _____ autores famosos de libros de cocina.
8. ¡Qué cambio! Llegó la noche y _____ muy frío.

B. Divídanse en parejas. Pregúntense y contéstense mutuamente, indicando sus reacciones con una de las expresiones estudiadas en esta sección. Contesten con una combinación de las frases indicadas y otras de su propia invención.

MODELO 1:   E1: ¿Qué te pasa cuando subes de peso sin quererlo? (triste)
                    E2: *Me pongo triste. ¿Y tú?*
                    E1: *Pues, yo me pongo furioso/a.*

MODELO 2:   E1: ¿Qué les pasó a los jóvenes de la generación anterior? (más conservadores)
                    E2: *Se hicieron más conservadores. ¿Y qué piensas tú?*
                    E1: *Yo creo que se hicieron más tímidos.*

1. ¿Cómo reaccionas cuando tienes que estar a dieta? (de mal humor)
2. ¿Qué crees que motiva a muchos estudiantes universitarios? (ricos y famosos)
3. ¿Cómo reaccionas cuando ves tanto entusiasmo por la perfección del cuerpo? (loco/a)
4. ¿Cómo te sientes cuando alguien te insulta? (irritado/a)
5. ¿Por qué haces ejercicio todos los días? (fuerte y esbelto/a)
6. ¿Cómo te sientes cuando ves a una persona más atractiva que tú? (celoso/a)
7. ¿Qué ambición profesional tienes para el futuro? (actor/actriz de cine)
8. ¿Qué te pasa en los momentos en que crees que no puedes lograr tus deseos? (imposible)

Respuesta a la adivinanza, p. 101: el huevo

CAPÍTULO 4

I. **The future tense**

A. Regular verbs

-*ar* verbs	-*er* verbs	-*ir* verbs
visitar	**prometer**	**escribir**
visitar**é**	prometer**é**	escribir**é**
visitar**ás**	prometer**ás**	escribir**ás**
visitar**á**	prometer**á**	escribir**á**
visitar**emos**	prometer**emos**	escribir**emos**
visitar**éis**	prometer**éis**	escribir**éis**
visitar**án**	prometer**án**	escribir**án**

The stem for the future tense of most Spanish verbs is the infinitive: **visitar-**, **prometer-**, **escribir-**. The future tense endings are the same for all Spanish verbs: **-é, -ás, -á, -emos, -éis, -án.**

B. Irregular verbs

A number of verbs have the following irregular stems but regular endings in the future tense.

1. The **-e-** of the infinitive ending is dropped.

caber	**cabr-**	**cabr**é, **cabr**ás, **cabr**á, **cabr**emos, **cabr**éis, **cabr**án
haber	**habr-**	**habr**é, **habr**ás, **habr**á, **habr**emos, **habr**éis, **habr**án
poder	**podr-**	**podr**é, **podr**ás, **podr**á, **podr**emos, **podr**éis, **podr**án
querer	**querr-**	**querr**é, **querr**ás, **querr**á, **querr**emos, **querr**éis, **querr**án
saber	**sabr-**	**sabr**é, **sabr**ás, **sabr**á, **sabr**emos, **sabr**éis, **sabr**án

2. The vowel of the infinitive ending is replaced by **d**.

poner	**pondr-**	**pondr**é, **pondr**ás, **pondr**á, **pondr**emos, **pondr**éis, **pondr**án
salir	**saldr-**	**saldr**é, **saldr**ás, **saldr**á, **saldr**emos, **saldr**éis, **saldr**án
tener	**tendr-**	**tendr**é, **tendr**ás, **tendr**á, **tendr**emos, **tendr**éis, **tendr**án
valer	**valdr-**	**valdr**é, **valdr**ás, **valdr**á, **valdr**emos, **valdr**éis, **valdr**án
venir	**vendr-**	**vendr**é, **vendr**ás, **vendr**á, **vendr**emos, **vendr**éis, **vendr**án

3. Two verbs have a completely irregular stem.

| decir | **dir-** | **dir**é, **dir**ás, **dir**á, **dir**emos, **dir**éis, **dir**án |
| hacer | **har-** | **har**é, **har**ás, **har**á, **har**emos, **har**éis, **har**án |

4. Verbs ending in **-hacer**, **-poner**, **-tener**, or **-venir** also have irregular stems in the future. The verb **satisfacer** follows the pattern of verbs ending in **-hacer**.

deshacer *to undo*	yo desharé	**contener** *to contain*	yo contendré
rehacer *to do again*	yo reharé	**detener** *to detain, to arrest*	yo detendré
satisfacer *to satisfy*	yo satisfaré	**mantener** *to maintain, to support*	yo mantendré
		retener *to retain*	yo retendré
componer *to compose; to repair*	yo compondré	**convenir** *to be suitable; to agree*	yo convendré
imponer *to impose*	yo impondré	**intervenir** *to intervene*	yo intervendré
proponer *to propose*	yo propondré	**prevenir** *to prevent; to warn*	yo prevendré
suponer *to suppose*	yo supondré		

Varaderos, Cuba. Las playas de este lugar atraen a turistas nacionales y extranjeros. Si vas, podrás alojarte en modernos hoteles construidos en los últimos años.

C. Uses

1. The future tense is used primarily to refer to future actions.

¿A qué hora **regresarás** a casa esta noche?	*What time will you come back home tonight?*
Los viajeros no **saldrán** para Cuba hasta el mes próximo.	*The travelers won't leave for Cuba, until next month.*
Iremos a nadar a Varaderos el fin de semana que viene.	*We'll go swimming at Varaderos next weekend.*

2. The future tense is also used to express probability or conjecture about a present situation.

—¿Dónde **estará** tu hermano ahora?	*Where **do you suppose** your brother is now?*
—No sé; **vendrá** camino a casa. Ha terminado de trabajar.	*I don't know; **he must be (he's probably)** coming home. He has finished working.*

Probabilidad
-presente
-pasado

I would
I suppose
Do you suppose

D. Other ways of expressing future time

1. A present indicative form of **ir** + **a** + *an infinitive* may be used to refer to events in the future. In informal Spanish, this construction is used more frequently than the future tense.

—¿Qué **vas a hacer** este fin de semana?	*What are you going to do this weekend?*
—Creo que **voy a visitar** a unos amigos.	*I think I'm going to visit some friends.*

2. The simple present indicative may be used in Spanish to indicate scheduled events in the future. The English equivalent is often expressed by the present progressive tense. (See *Chapter 1, Section I* for use of the present indicative with future meaning.)

El próximo mes **salimos** para Acapulco.	*Next month **we are leaving** for Acapulco.*
Tenemos un examen mañana a las nueve.	*We're having an exam tomorrow at nine o'clock.*

EJERCICIOS

A. Todas las frases que se dan a continuación se refieren al tiempo futuro. Cámbielas a otra forma de expresar lo mismo.

MODELO: Esta tarde voy a hablar con mi médico sobre este dolor.
Esta tarde hablaré con mi médico sobre este dolor.

1. Mañana tengo un examen en la clase de informática.
2. Pagaré mis gastos de viaje con fondos de mi cuenta de ahorros.
3. Voy a poner una noticia en el tablero de la cafetería.
4. Salimos para Cancún a fines de esta semana.
5. ¿Qué harás la semana que viene?
6. Ellos van a arreglar las decoraciones antes de la fiesta.
7. Regresaré a casa después de las once de la noche.
8. En la clase de esta tarde voy a proponer otra sesión de repaso.
9. Mañana te cuento más sobre mis planes.
10. ¿Cuándo vas a venir a visitarnos?

B. Túrnense para hacer el papel de un/a profesor/a que le está explicando la tarea a la clase. Siga el modelo y trate de añadir algunas instrucciones de su propia invención.

MODELO: traer una composición
Profesor: *Pablo, para la próxima clase, Ud. traerá a clase una composición de 300 palabras, ¿entiende? Y usará por lo menos 15 palabras de la lista del vocabulario nuevo.*

1. leer el cuento "El tigre oculto"
2. escribir un diálogo divertido
3. memorizar el poema de la página 32
4. buscar información sobre Bolivia
5. ir al laboratorio de lenguas
6. hacer una presentación sobre el escritor Mario Vargas Llosa
7. ver este video sobre los países andinos
8. entrevistar en español a tres estudiantes de esta clase

C. Ud. le pregunta a otro/a estudiante qué harán él o ella y otro/a amigo/a en el día indicado. Después de la respuesta a esta pregunta, Ud. menciona sus propios planes para el futuro.

MODELO: lunes / terminar de pintar la mesa
          E1: *¿Qué harán tú y tu amigo José el lunes?*
          E2: *El lunes terminaremos de pintar la mesa. ¿Y tú?*
          E1: *Yo iré al teatro a ver una producción de Los Gatos.*

1. martes / visitar el museo antropológico
2. miércoles / escribir el trabajo de investigación
3. jueves / conseguir boletos para el concierto de jazz
4. viernes / ir a cenar al restaurante Azteca
5. sábado / hacer lo posible por descansar todo el día
6. domingo / hacer un viaje al campo

D. Ud. compara planes con un/a amigo/a, tomando en cuenta las condiciones que se explican a continuación.

MODELO: Si tengo un poco de tiempo libre más tarde, …
          E1: *Si tengo un poco de tiempo libre más tarde, daré un paseo*
              por el río. ¿Y tú?
          E2: *Pues, yo me quedaré en casa porque estoy muy cansado/a.*

1. Si termino todas mis tareas antes de las siete, …
2. Si no llueve mañana, …
3. Si me siento mejor este fin de semana, …
4. Si mi novio/a me llama por teléfono más tarde, …
5. Esta noche, si tengo mucha hambre, …
6. Si hay tiempo la próxima semana, …
7. El sábado, si no tengo mucho que hacer, …
8. Si mi amigo/a me devuelve los veinte dólares que me debe, …

E. Ud. hace conjeturas basadas en la siguiente información.

MODELO: Un amigo no está en una fiesta con su novia.
          ¿Estará enfadado con ella?

1. Nadie puede encontrar a los dos amigos.
2. Una amiga tenía mucha tos la última vez que la vieron.
3. Un chico no quiere comprar ropa nueva este año.
4. Es la segunda vez que dos estudiantes han salido mal en un examen este semestre.
5. Mi hermana me dice que va a la playa todos los días si puede.
6. Hace una semana que la mejor estudiante no viene a clase.

F. En parejas, digan lo que piensan hacer durante el verano y el próximo año académico.

MODELO: *Este verano ganaré mucho dinero y compraré ropa nueva; el*
          próximo año pondré más esfuerzo en todas mis clases y
          empezaré las clases de mi especialización en matemáticas.

11. The conditional tense

A. Regular verbs

-ar verbs	-er verbs	-ir verbs
visitar	**prometer**	**escribir**
visitar**ía**	prometer**ía**	escribir**ía**
visitar**ías**	prometer**ías**	escribir**ías**
visitar**ía**	prometer**ía**	escribir**ía**
visitar**íamos**	prometer**íamos**	escribir**íamos**
visitar**íais**	prometer**íais**	escribir**íais**
visitar**ían**	prometer**ían**	escribir**ían**

The stem for the conditional is the infinitive, the same stem used to form the future tense. The endings of the conditional are always regular and are the same for all Spanish verbs: **-ía, -ías, -ía, -íamos, -íais, -ían.** Note that they are the same as the imperfect endings of -**er** and -**ir** verbs.

B. Irregular verbs

The verbs that have an irregular stem in the future (consult pp. 114–115) have the *same* irregular stem in the conditional. Three examples follow.

caber	**cabr-**	**cabría, cabrías, cabría, cabríamos, cabríais, cabrían**
poner	**pondr-**	**pondría, pondrías, pondría, pondríamos, pondríais, pondrían**
decir	**dir-**	**diría, dirías, diría, diríamos, diríais, dirían**

C. Uses

The conditional is used in the following ways:

1. to express what would or could occur, but might not due to circumstances.

Con una beca, no **tendría** que trabajar y **podría** dedicarme de lleno al estudio.	*With a scholarship, I wouldn't have to work and could devote myself entirely to studying.*

2. to indicate highly unlikely or contrary-to-fact situations. (The use of the conditional in *if-then* structures is discussed in *Chapter 10, Section I.*)

Si Ud. hiciera ejercicio regularmente, **controlaría** mejor su peso.	*If you exercised regularly, you would control your weight better.*
Si yo fuera un científico famoso, **trataría** de encontrar una cura para el catarro.	*If I were a famous scientist, I would try to find a cure for the common cold.*

3. to convey politeness or to soften suggestions or statements with verbs such as **deber**, **poder**, **querer**, **preferir**, **desear**, and **gustar**. Use of the simple present indicative is more matter-of-fact and usually more informal. (See *Chapter 8, Section I* for use of the imperfect subjunctive to express politeness.)

Necesito viajar a la capital. **Preferiría** salir por la mañana. ¿**Podría** Ud. indicarme el horario de salida de los autobuses?	*I need to travel to the capital. I would prefer to leave in the morning. Could you tell me the schedule of bus departures?*

4. to refer to future events or conditions viewed from a point in the past.

Javier me contó que pronto **tendría** un trabajo nuevo.	*Javier told me that he would soon have a new job.*
Mis padres me dijeron que **vendrían** a verme dentro de dos meses.	*My parents told me that they would come to see me within two months.*

Las imponentes ruinas mayas de Tikal, Guatemala. ¿Cómo sería la vida en el siglo X en este lugar? ¿Por qué dejaría de usarse este lugar después de esa fecha?

5. to imply probability or conjecture about actions or conditions in the past.

—Claudio no estaba en casa el sábado por la mañana.
—**Estaría** en las montañas, esquiando. Esquía los sábados.

Claudio was not home Saturday morning.
***He must have been** in the mountains, skiing. He skies on Saturdays.*

—¿Cuándo fue la última vez que hablamos?
—**Sería** el miércoles pasado. El resto de la semana yo estuve fuera de la ciudad.

When was the last time we talked to each other?
***It was probably** last Wednesday. The rest of the week, I was out of town.*

EJERCICIOS

A. Exprese lo que Ud. haría en las siguientes situaciones. Siga el modelo.

MODELO: Con más tiempo para estudiar, ...
Con más tiempo para estudiar, yo sacaría notas sobresalientes.

1. Con más dinero, ...
2. De tener una computadora personal, ...
3. Con un trabajo mejor, ...
4. De no tener que trabajar tantas horas, ...
5. Con más preparación, ...
6. De poder hacer ejercicio todos los días, ...
7. Con unas largas vacaciones en la playa, ...
8. De poder pasar el próximo verano en Guatemala, ...

B. Un/a compañero/a de clase le menciona a Ud. algo que ocurrió ayer. Ud. le da una posible explicación.

MODELO: Mi amigo Raúl / dormirse en la clase de historia
E1: *Mi amigo Raúl se durmió en la clase de historia.*
E2: *Se acostaría muy tarde anteanoche.*

1. mi profesora de geología / faltar a clase
2. los miembros del Club de Español / decidir no reunirse esta semana
3. yo / tener un dolor de cabeza todo el día
4. la mitad de la clase / no terminar la composición para la clase de inglés
5. dos amigas mías / llegar tarde a la sesión de repaso
6. mi calculadora nueva / descomponerse de repente
7. mi compañero/a de cuarto / terminar el examen en diez minutos
8. Antonio y Miguel / cambiarse a otra residencia de estudiantes

C. En grupos de tres, averigüen y expresen sus preferencias sobre los siguientes temas y otros de su invención. Usen la estructura **Si pudieras** (*If you could*) para comenzar la conversación.

MODELO: tomar algunos cursos electivos
        E1: *Si pudieras, ¿tomarías algunos cursos electivos?*
        E2: *Sí, tomaría un curso de antropología.*
        E3: *Yo no; creo que tomaría un curso de arte.*

1. viajar a Sudamérica
2. vivir en el extranjero un año
3. estudiar en otra universidad por un semestre
4. cambiar de residencia
5. salir de vacaciones ahora mismo
6. ser otra persona
7. (Inventen otros temas.)

D. En grupos de tres o cuatro estudiantes, inventen preguntas y respuestas corteses que sean apropiadas para la primera cita con un/a amigo/a nuevo/a. Se dan algunos temas posibles. Inventen otros originales.

MODELO: dónde / querer (tú) / cenar esta noche
        E1: *¿Dónde querrías cenar esta noche?*
        E2: *Pues, querría cenar en la pizzería del barrio universitario.*

1. preferir / comer antes o después de la película
2. dónde / querer / sentarte, aquí o más al fondo
3. preferir / una pizza con carne o verduras
4. desear / algo para tomar
5. qué / gustarte / pedir de postre
6. deber nosotros / salir ahora para ir al cine
7. preferir (tú) / ver una película de aventuras o una cómica
8. gustarte / ir caminando al cine / o / preferir / ir en coche

Object pronouns

A. Direct-object pronoun forms

	Singular		Plural
me	*me*	**nos**	*us*
te	*you* (familiar)	**os**	*you* (familiar, pl.)
lo*	*him, you* (formal, m.), *it* (m.)	**los***	*them, you* (formal, m. pl.)
la	*her, you* (formal, f.), *it* (f.)	**las**	*them* (f.), *you* (formal, f. pl.)

*In some regions of Spain and Latin America, **le** and **les** are used as direct-object pronouns instead of **lo** and **los** when referring to people:

Hablo con tu primo y **le** visito frecuentemente.

1. Direct-object pronouns replace direct-object nouns to avoid repetition.

Leí ese artículo y no **lo** entendí.	*I read that article and didn't understand **it**.*
Escuché a ese conferenciante y no **lo** entendí.	*I listened to that lecturer and didn't understand **him**.*

2. A direct-object pronoun generally precedes a conjugated verb; it usually follows and is attached to an infinitive, a present participle, or an affirmative direct command. (See p. 125 for more on the position of object pronouns.)

—¿Compraste los boletos para el concierto?	*Did you buy the tickets for the concert?*
—Sí, **los** compré.	*Yes, I bought them.*
—Pon**los** en un lugar seguro. Y no te olvides de llevar**los** al concierto.	*Put them in a safe place. And don't forget to take them to the concert.*

▸ B. Indirect-object pronoun forms

	Singular		Plural
me	*(to) me*	**nos**	*(to) us*
te	*(to) you* (familiar)	**os**	*(to) you* (familiar, pl.)
le (se)*	*(to) him, her, you* (formal, m./f.)	**les (se)***	*(to) them, you* (formal, m./f.)

*__Se__ is used instead of **le**(**s**) before the direct-object pronouns **lo**, **la**, **los**, and **las**.

> Le pedí el libro a Paco pero **se lo** devolví pronto.

1. Indirect-object pronouns have the same forms as direct-object pronouns, with the exception of the third person singular and plural **le**, **les**. Indirect-object pronouns replace indirect-object nouns to avoid repetition.

   Miguel **me** saludó y **me** contó las últimas noticias. Yo también **lo** saludé y **le** conté mis últimas noticias.

   Miguel greeted me and told me the latest news. I also greeted him and told him my latest news.

2. The indirect-object pronouns **me**, **te**, **nos**, and **os** can be emphasized by adding the phrases **a mí**, **a ti**, **a nosotros/as**, and **a vosotros/as**, respectively.

   Benito **nos** explicó la situación **a nosotros** primero.
   ¿**Te** molesta **a ti** el humo?

   Benito explained the situation to us first.
   Does smoke bother you?

3. The indirect-object pronouns **le** and **les** can refer to six different objects: **a él**, **a ella**, **a Ud.**, **a ellos**, **a ellas**, and **a Uds.** When context does not clearly indicate a single interpretation of **le** and **les**, a prepositional phrase beginning with **a** may be added for clarification as well as for emphasis.

   Le di la información.

   I gave him/her/you the information.

   Le di la información **a ella**.

   I gave her the information.

4. Even when there is no danger of ambiguity, the indirect object in the third person singular and plural is frequently expressed twice in the same sentence: with the indirect-object pronoun **le** or **les** and with a phrase beginning with **a**. There is no English equivalent for the redundant indirect-object pronoun.

| Mañana **le** pasaré la novela **a tu amiga Carolina**. | *Tomorrow I will give the novel to your friend Carolina.* |
| Debo comprar**les** regalos **a mis hermanitos**. | *I have to buy presents for my little brothers.* |

5. As is the case with direct-object pronouns, the indirect-object pronouns generally precede a conjugated verb; they usually follow and are attached to an infinitive, a present participle, or an affirmative direct command. (See the next section for more on the position of object pronouns.)

| **Le** dije a Carlos: "Voy a contar**te** algo curioso. Prométe**me** que no **le** dirás nada a nadie." | *I said to Carlos: "I'm going to tell you something curious. Promise me that you won't say anything to anyone."* |

C. Position of object pronouns

1. The indirect-object pronoun precedes the direct-object pronoun when the two are used together.

| —¿Quién te contó la historia? | *Who told you the story?* |
| —**Me la** contó Juanito. | *Juanito told it to me.* |

2. The indirect-object pronouns **le** and **les** are changed to **se** when used with the direct-object pronouns **lo**, **la**, **los**, and **las**. The meaning of **se** can be clarified by a prepositional phrase with **a**.

—¿Le entregaste el paquete a la vecina?	*Did you deliver the package to the neighbor?*
—No **se lo** entregué hoy, pero voy a entregár**selo** mañana.	*I didn't give it to her today, but I'm going to give it to her tomorrow.*
—¿Le vendió Ud. este mueble al marido o a la mujer?	*Did you sell this piece of furniture to the husband or the wife?*
—**Se lo** vendí a él.	*I sold it to him.*

3. Object pronouns immediately precede a conjugated verb in all the simple and perfect tenses and in negative commands.

REFRÁN

Por dinero baila el perro, y por pan si se lo dan.

¿La carta? **Te la** enviamos. **Te la** hemos enviado. ¡No **te** preocupes!	*The letter? We sent it to you. We have sent it to you. Don't worry!*

4. Object pronouns are always attached to affirmative commands, thus forming a single word. A written accent is frequently needed to maintain the proper stress of the verb.

¡Cuénta**me** lo que pasó! ¡Di**me** la verdad!	*Tell me what happened! Tell me the truth!*

5. Object pronouns used with a verb form that includes an infinitive or a present participle may either precede the conjugated verb or be attached to the infinitive or the present participle. When pronouns are attached to an infinitive or a present participle, a written accent is frequently needed to maintain the proper stress of the verb.

Voy a pedir**te** un favor. **Te** voy a pedir un favor.	*I am going to ask a favor of you.*
¿Las lecciones? Estoy estudiándo**las**. **Las** estoy estudiando.	*The lessons? I'm studying them.*

Summary of direct and indirect object pronouns

Sequence

$\begin{Bmatrix} \text{me} \\ \text{te} \\ \text{nos} \\ \text{os} \end{Bmatrix} + \begin{Bmatrix} \text{lo(s)} \\ \text{la(s)} \end{Bmatrix}$

Te lo explicaré. *I will explain it to you.*
Nos la entregaron. *They delivered it to us.*
¿**Me las** pasarás? *Will you pass them to me?*

le/les → se + $\begin{Bmatrix} \text{lo(s)} \\ \text{la(s)} \end{Bmatrix}$

Se los di (a Carlos). *I gave them to him.*
Se la mostré (a ellos). *I showed it to them.*

Position	Object pronoun(s) + verb	Verb + object pronoun(s)
Infinitive	**Me** va a pagar.	Va a pagar**me**.
Present participle	**Me** está pagando.	Está pagándo**me**.
Simple tense	**Me** paga.	
Perfect tense	**Me** ha pagado.	
Affirmative command		¡Pága**me**!
Negative command	¡No **me** pagues!	

EJERCICIOS

A. Víctor y Ana hacen planes para la fiesta de cumpleaños de David. En papel aparte, escriba de nuevo las oraciones con palabras en bastardilla (*italics*), usando los pronombres apropiados.

Víctor: Hola, cariño. ¿Ya tienes la lista de invitados para la fiesta de David?

Ana: Tengo *la lista* a medias. Seguro que voy a terminar *la lista* esta noche.

Víctor: ¿Vas a invitar a tus amigos Marco Antonio y Rosalía?

Ana: Pues, pienso invitar *a mis amigos Marco Antonio y Rosalía* si hay espacio.

Víctor: Muy bien. ¿Ya pediste la torta a la panadería?

Ana: Sí, pedí *la torta* esta tarde. Pero, todavía no he comprado las bebidas.

Víctor: Voy a la tienda ahora; puedo comprar *las bebidas* ahora si quieres. ¿Qué te parece, debo comprar un premio para el juego que has planeado?

Ana: No, querido. Yo compro *el premio* mañana en el centro.

B. Ud. sale pronto para estudiar en la Argentina durante el semestre de primavera. Un/a amigo/a le ayuda a preparar el viaje. Conteste sus preguntas, explicándole por qué necesita llevar cada artículo.

MODELO: esta cámara
E1: *¿Vas a llevar esta cámara?*
E2: *Sí, la necesito porque las fotos me permitirán recordar mejor mis experiencias en la Argentina.*

1. este mapa de la América del Sur
2. estos zapatos de tenis
3. estas vitaminas
4. estas camisas blancas
5. esta calculadora
6. este diccionario de español

C. Ud. y un grupo de cuatro amigos pasan un día agradable en el campo. Como es hora del almuerzo, hagan breves diálogos, según el modelo, para distribuir la comida y las bebidas que tienen. Si quiere comer o beber algo, hable para no quedarse sin comer.

MODELO: E1: *Aquí tenemos una botella de agua mineral. ¿Quién la
                quiere?*
           E2: *Susana y yo la queremos, gracias.*

D. Ramón y Edmundo van a ir a Yucatán durante las vacaciones de Navidad,
pero a Edmundo le faltan varias cosas para el viaje. Ramón le pregunta a
su amigo a quién(es) le(s) piensa pedir prestado lo que necesita. Siga el
modelo.

MODELO: las camisas / a mi hermano mayor
           Ramón: *¿A quién (le) piensas pedir las camisas?*
           Edmundo: *Se las pienso pedir a mi hermano mayor.*

1. las maletas / a mis padres
2. el mapa / a Teresa
3. la máquina de afeitar eléctrica / a Lucas y a Gregorio
4. los doscientos dólares / a mi tío rico
5. el diccionario / a mi novia
6. la cámara / a ti

E. Trabajen en parejas. Ud. y su compañero/a hablan sobre distintos aspectos de un proyectado viaje de estudios a Chile. Háganse preguntas sobre
los temas indicados, según el modelo.

MODELO: pensar / prestar dinero a uno de tus amigos para su billete de
           avión
           E1: *¿Le piensas prestar dinero a uno de tus amigos para su bi-
               llete de avión (o ¿Piensas prestarle dinero a uno de tus
               amigos para su billete de avión)?*
           E2: *Sí, se lo pienso prestar (o Sí, pienso prestárselo).*

1. querer / enviar cartas a tu novio/a desde Chile
2. ir a / contar a tus padres lo que haces en Sudamérica

3. pensar / escribir muchas cartas a tus amigos sobre tus experiencias
4. poder / traer regalos a tus amigos después del viaje
5. desear / mostrar las fotografías a tus compañeros de clase

F. Diga a qué estudiante(s) de la clase daría Ud. los siguientes objetos.
Explique también por qué.

MODELO: una cinta de música rock
             E1: *Le daría una cinta de música rock a Roberto; se la daría a*
                él porque es músico.

1. un diccionario inglés-francés
2. una calculadora electrónica
3. dos entradas al concierto de música clásica
4. mis copias de *National Geographic*
5. un libro de cocina mexicana
6. mis viejos discos compactos de los Rolling Stones
7. un plátano de mi almuerzo
8. una foto de Sharon Stone

G. En pequeños grupos, cada estudiante nombra uno o dos artículos que
recibió durante su última fiesta de cumpleaños. Mencione también quién
se lo(s) regaló.

MODELO: *Recibí una camisa de deportes y un magnífico disco compacto.*
             Me los regaló mi novia, Juanita.

D. Prepositional pronouns

Subject pronouns	Prepositional pronouns
yo	mí
tú	ti
usted, él, ella	usted, él, ella; sí*
nosotros/as	nosotros/as
vosotros/as	vosotros/as
ustedes, ellos, ellas	ustedes, ellos, ellas; sí*

***Sí** is the reflexive form of **usted(es)**, **él(ellos)**, and **ella(s)** used after a preposition: **Ellos piensan demasiado en sí**. *(They think too much about themselves.)*

1. Prepositional pronouns have the same forms as the subject pronouns,
   except for **mí** and **ti**.

No se molesten Uds. por **nosotros**.

Don't bother on our account.

Pensamos mucho en **ti** y en **ella**.

We thought a lot about you and her.

2. After the preposition **con**, **mí** and **ti** have the special forms **conmigo** and **contigo**, respectively. The third person reflexive pronoun **sí** becomes **consigo** after the preposition **con**.

Ud. puede contar **conmigo**.

You can count on me.

Estoy enojado **contigo**.

I'm mad at you.

¿Trae Ud. el dinero **consigo**?

Are you bringing the money with you?

3. The prepositions **entre**, **hasta**, **excepto**, and **según** require a subject, and not a prepositional, pronoun.

Esto debe quedar **entre tú y yo**.

This must remain between you and me.

Según tú, ¿cuál sería la explicación?

According to you, what would the explanation be?

Todos están de acuerdo, **hasta yo**.

They all agree, even me.

EJERCICIOS

H. Usted dirige la campaña de Ana Rosales, candidata a la presidencia del estudiantado de su universidad. Conteste las siguientes preguntas que le hace una periodista, sustituyendo las frases indicadas en negrita (*boldface*) con un pronombre preposicional apropiado.

MODELO: ¿Habló la Srta. Rosales con **el vicepresidente para asuntos estudiantiles**?
No, no habló con él. (Sí, habló con él ayer.)

1. ¿Va a votar el presidente actual por **la Srta. Rosales**?
2. Mañana un reportero de la televisión se reúne con **la Srta. Rosales y con Ud.**, ¿verdad?
3. ¿Está fastidiada la candidata con **los periodistas de esta ciudad**?
4. Después de las elecciones, ¿cree Ud. que su candidata se olvidará de **Ud.**?
5. Entonces, ¿la candidata puede contar con **Ud.** hasta el fin?

I. Divídanse en grupos. Háganse preguntas y contéstenlas de acuerdo con los modelos. Sean imaginativos y añadan detalles interesantes a la respuesta.

MODELO:　E1: ¿Con quién sale tu novio/a?
　　　　　E2: *Sale conmigo, y creo que también sale con sus amigos;*
　　　　　　　pero sale menos con ellos que conmigo.

MODELO:　E1: ¿Hablas mucho con tu mejor amigo/a?
　　　　　E2: *Sí, hablo mucho con él/ella—tanto como contigo.*

1. ¿Este libro es para ti?
2. ¿De quién es la casa verde? ¿De tus abuelos?
3. ¿Es verdad que todos van al lago excepto tú?
4. ¿Con quién estudiabas ayer? ¿Con tu novio/a?
5. ¿Estás enojado/a conmigo?
6. Me dicen que hasta la profesora cree que esta clase es demasiado difícil. ¿Es cierto eso?
7. ¿Para quién hizo tu madre este postre? ¿Para tu hermano?
8. Pareces distraído/a; ¿piensas mucho en tu amiga nueva?
9. ¿El profesor quiere hablar contigo mañana?
10. Dice mi hermana que todos vamos a votar por la candidata, hasta tú. ¿Es cierto?

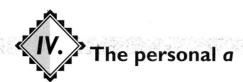

IV. The personal *a*

A. Before a direct object referring to people

1. A direct object that refers to a specific person or persons is normally preceded by the preposition **a**.

—¿**A quién** quiere Ud. ver?	***Whom*** *do you want to see?*
—Deseo ver **al gerente**.	*I wish to see **the manager**.*

2. A direct object that refers to a domestic animal or a personified thing or idea is also usually preceded by the preposition **a**.

¿Has visto **a** mi gato esta mañana?	*Have you seen my cat this morning?*
Los soldados honran **a** su patria.	*The soldiers honor their fatherland.*

3. When the direct object refers to an indefinite person, the preposition **a** is not used.

Necesitaban **vendedores** en nuestra compañía y hace una semana contrataron **dos personas**.

They needed salespeople in our company and a week ago hired two people.

4. After the verbs **tener** and **haber** the preposition **a** is normally not used before a direct object referring to a person. But if **tener** is equivalent to *to hold* or *to be,* the personal **a** is used.

Tengo **dos hermanas**.
Tengo **a ese empleado** en gran estima.
Tenemos **a un importante escritor** con nosotros esta tarde.

I have two sisters.
I hold that employee in high esteem.
We have an important writer with us this afternoon. = An important writer is with us this afternoon.

▸ B. Before indefinite expressions

1. The preposition **a** always precedes **alguien** (*someone*) and **nadie** (*no one*) when they are used as direct objects.

—¿Conoces **a alguien** en ese grupo?
—No, no conozco **a nadie**.

Do you know someone in that group?
No, I don't know anyone.

2. The preposition **a** also precedes **todo, alguno,** and **ninguno** when they refer to people and are used as direct objects.

—Quiero presentarte **a algunas** de mis amigas.
—No necesitas hacerlo. Conozco **a todas** estas personas, aunque no veo **a ninguna** frecuentemente.

I want to introduce some of my friends to you.
You don't need to. I know all these people, even though I don't see any of them frequently.

For further information on indefinite expressions, see *Chapter 3, Section V.*

EJER**C**I**C**IOS

A. Complete las siguientes oraciones con la preposición **a** si es necesaria. Preste atención a la contracción **al**.

1. ¿Vas a ver _____ tu compañero de clase esta tarde?
2. Necesito consultar _____ la enciclopedia para mi clase de historia.
3. Tengo que consultar _____ mi profesor de historia.
4. Me gustaría conocer _____ el hermano de José Luis.
5. La profesora felicita _____ los miembros de la clase.
6. Todos tenemos en gran estima _____ la nueva secretaria.
7. Si necesitas ayuda, ¿por qué no buscas _____ un dependiente?
8. Ah, ya veo _____ el dependiente; está al fondo de la tienda.
9. ¿Dices que tienes _____ dos hermanas? ¿_____ cuál admiras más?
10. Mario va a llevar _____ sus padres a cenar para su aniversario.

B. Ud. le asegura a un/a amigo/a que nunca olvidará muchos aspectos de su estadía en San Sebastián, España, donde acaba de pasar un semestre. Siga el modelo.

MODELO: la hermosa playa de San Sebastián
           Nunca olvidaré la hermosa playa de San Sebastián.

La Concha, San Sebastián, País Vasco, España. En esta playa, además de bañarte y tomar el sol, puedes también jugar al fútbol. En primer plano, ves a los espectadores que miran a los jugadores de su equipo favorito.

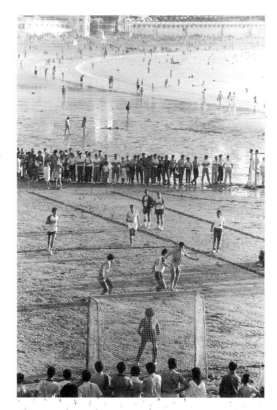

1. los estudiantes españoles que eran tan simpáticos
2. los paseos por La Concha los domingos por la tarde
3. mi profesora de literatura
4. los deliciosos platos de pescado
5. mis amigos que jugaban al fútbol en la playa
6. el hombre que me vendía una taza de café todas las mañanas
7. los edificios antiguos de la Parte Vieja
8. la chica que me ayudaba con el español
9. los turistas que llenaban las calles del centro
10. las pastelerías llenas de cosas exquisitas

V. Constructions with *gustar* and verbs like *gustar*

A. Constructions with *gustar*

The verb **gustar** corresponds in meaning, but not in grammatical structure, to the English verb *to like*. In English, the person who likes something is the subject of the verb, whereas the thing liked is the direct object. In Spanish, however, the person who likes something is the indirect object of the verb **gustar**, while what is liked is its subject.

Indirect object	*gustar*	Subject	Subject	to like	Direct object
(A mí) me	gustan	los tacos.	*I*	*like*	*tacos.*
A mis hijos les	gusta	nadar.	*My children*	*like*	*to swim.*

1. **Gustar** is closer in structure to the English expression *to be pleasing* than to the verb *to like*.

> Nos   gustan   los deportes.
> *(to us   are pleasing   sports)* ➔
> *Sports   are pleasing   to us.*
> *(We   like   sports.)*

2. **Gustar** is generally used with third person subjects. If the subject is plural, the plural form of **gustar** must be used. The subject usually follows the verb in sentences with **gustar**.

> A ella le **gusta** el teatro, pero no le **gustan** las piezas experimentales.

> *She likes theater, but she does not like experimental plays.*

3. When the subject of **gustar** is an infinitive or an infinitive phrase, the verb is always singular.

> Me **gusta** pasear y también me **gusta** hacer paseos en bicicleta.

> *I like to stroll and I also like to go for bike rides.*

> A nosotros nos **gusta** nadar y jugar al tenis.

> *We like to swim and play tennis.*

4. Since Spanish does not have a subject pronoun for inanimate objects, the pronoun *it* is never expressed when it is the subject of the verb **gustar**.

> A mi novio le gustó la película de Almodóvar, pero a mí no me gustó.

> *My fiancé liked the movie by Almodóvar, but I didn't like **it**.*

5. An indirect-object phrase may be used in addition to the indirect-object pronoun for emphasis, contrast, or clarification.

> **A ti te** gusta la nieve mientras que **a mí me** gusta la lluvia.

> *You like snow, whereas I like rain.*

> **A ellas** no **les** gustan las telenovelas.

> *They don't like soap operas.*

B. Verbs similar to *gustar*

1. Some verbs that are similar to **gustar** describe how a person reacts to something, to someone, or to an event, by using the same *indirect object + verb + subject* pattern.

> Nos **sorprendió** la decisión del gerente de ventas.

> *The sales manager's decision surprised us.*

> Me **preocupan** mis notas este semestre.

> *My grades this semester concern me.*

> ¿Te **dolieron** los pies después del largo paseo?

> *Did your feet ache after the long walk?*

The following are some common verbs like **gustar**:

agradar	encantar	molestar
asombrar	enojar	ofender
disgustar	fascinar	preocupar
doler (ue)	indignar	sorprender

Some of these verbs may also be used, although with a different meaning, with reflexive pronouns. (Consult *Chapter 6, Section III* for further discussion.)

2. Other commonly used verbs that follow the same pattern as the **gustar** construction are **bastar**, **convenir(ie)**, **faltar**, **hacer daño**, **importar**, **interesar**, **quedar**, and **sobrar**. They may also be used without an indirect object to form impersonal statements. Use of the indirect object personalizes the statement or emphasizes the person affected by the action.

Faltan algunos documentos.	*Some documents are missing.*
Nos faltan algunos documentos.	*We are missing some documents.*
No **importa** la opinión del supervisor por ahora.	*The supervisor's opinion doesn't matter for the time being.*
No **nos importa** la opinión del supervisor por ahora.	*The supervisor's opinion doesn't matter to us for the time being.*
El chocolate **hace daño**.	*Chocolate is harmful.*
El chocolate **me hace daño**.	*Chocolate is bad (harmful) for me.*

Foto de la marquesina de un cine madrileño que exhibe una película de Pedro Almodóvar. A los españoles les encanta ir al cine. Y a ti, ¿te gusta ir al cine también? ¿Qué tipo de películas te agradan?

EJERCICIOS

A. Cambie las siguientes oraciones para acomodar las frases que aparecen entre paréntesis.

MODELO: A él le gusta el teatro. (las piezas experimentales)
           A él le gustan las piezas experimentales.

1. Me gustan las revistas deportivas. (el periodismo, los artículos de fondo, entrevistar a gente importante)
2. A ellas les disgusta la propaganda. (ver programas violentos, las películas de Almodóvar, el nuevo periódico de la ciudad)
3. Nos molestan los reportajes incompletos. (leer artículos de catástrofes, el editorial de esta mañana, las caricaturas crueles)
4. Parece que a ti te agrada el trabajo de la nueva locutora. (las noticias meteorológicas de hoy, el artículo sobre el partido de fútbol, informarte de lo que pasa en el mundo)
5. A Tomás le preocupan las noticias políticas. (la petición de los empleados, la pérdida de los documentos, ver que tantos empleados llegan tarde)

B. Imagínese que Ud. trabaja como gerente en un negocio grande. Coméntele a un/a amigo/a los diversos aspectos de su trabajo, según el modelo.

MODELO: los contadores: convenir trabajar con más cuidado
           A los contadores les conviene trabajar con más cuidado.

1. el artista: preocupar el costo de las fotos
2. el jefe de ventas: importar encontrar vendedores con experiencia
3. los vendedores: interesar los informes sobre los clientes
4. el departamento de propaganda: faltar información sobre los productos importados
5. los dueños: sorprender los nuevos requisitos del gobierno
6. las secretarias: convenir usar procesadores de textos
7. los diseñadores: enojar las críticas mal fundadas
8. la jefa de mercadeo: agradar los resultados de los sondeos de mercado

C. Invente oraciones combinando elementos de las tres columnas como en el modelo.

A mis padres	agradar	el dinero
A mí	asombrar	la nieve
A mi mejor amigo/a	convenir	aprender a esquiar
A ti	encantar	la música rock
A mis hermanos/as	enojar	tocar el piano
A mi jefe/a	disgustar	el teatro experimental
A mi profesor/a	importar	los deportes
A mi novio/a	interesar	tener éxito en la vida
A mi novio/a y a mí	molestar	las clases grandes
(¿otra persona?)	preocupar	llegar tarde al trabajo
	sorprender	el servicio lento en un café

MODELO: *A mis hermanos les encanta la música rock.*

D. Divídanse en grupos. Imagínense que participan en un programa llamado "El público tiene la palabra". Háganse preguntas y expresen su punto de vista sobre los siguientes temas, usando verbos como **gustar**, **molestar**, **parecer**, **encantar**, **importar**, **convenir**, **hacer daño**, **ofender** y **fascinar**.

MODELO: los cantantes nuevos
   E1: *¿Le gustan los cantantes nuevos?*
   E2: *Sí, (No, no) me agradan (interesan, fascinan, etc.) los cantantes nuevos.*

1. los actores temperamentales
2. los directores de cine ultramodernos
3. las películas viejas
4. los videos de ejercicio
5. el trabajo de los periodistas de hoy
6. los programas de noticias de la televisión
7. el poder de la prensa
8. los programas cómicos de la televisión

E. Trabajen en parejas. Ud. trata de determinar la actitud de su compañero/a hacia algunos aspectos de los siguientes temas: la música, la vida de la universidad, los programas de televisión, la "comida rápida", el ejercicio o los deportes. Usen los verbos de esta sección del capítulo, según los modelos.

MODELO 1:   E1: *María, ¿te molesta comer hamburguesas y papas fritas todos los días?*

E2: *No, eso no me molesta; me encantan las hamburguesas y las papas fritas.*

MODELO 2:   E1: *Tomás, ¿qué te indigna más de la televisión?*

E2: *Pues, me indignan los muchos programas que explotan la violencia.*

VI. *Preguntar versus pedir*

Both **preguntar** and **pedir** mean *to ask.*

1. The verb **preguntar** is used to request information.

Voy a **preguntar** a qué hora abren.	*I am going to ask what time they open.*
¿**Preguntaste** si tienen una sección de no fumar?	*Did you ask if they have a nonsmoking section?*

2. The expression **hacer una pregunta** means *to ask a question.*

Le **hice unas preguntas** sobre el viaje a México.	*I asked him some questions about his trip to Mexico.*

3. **Preguntar por** means to *inquire about someone* or *something,* and the reflexive form **preguntarse** expresses *to ask oneself* or *to wonder.*

Preguntemos por Graciela.	*Let's inquire about Graciela.*
Me pregunto si aceptan tarjetas de crédito aquí.	*I wonder if they accept credit cards here.*

4. **Pedir (i)** expresses the English meanings *to ask for, to request someone to do something,* and *to order* (in a restaurant, etc.). Observe in the following examples that **pedir** means *to ask for* and does not require the preposition **por** or **para** to complete its meaning.

¿Pediste té con limón?	*Did you order tea with lemon?*
Pediré más pan.	*I'll ask for more bread.*
Le voy a **pedir** a mi profesor que me escriba una carta de recomendación.	*I'm going to ask my professor to write a letter of recommendation for me.*

A. Antonio y Elena van por primera vez al restaurante Santa Fe. Complete la siguiente conversación con la forma apropiada de **preguntar**, **preguntarse**, **hacer preguntas** o **pedir** para saber si se divirtieron o no.

Antonio: —Bueno, llegamos un poco temprano. Le voy a _____ a ese hombre si tiene nuestra reservación.

Elena: —Y hazme el favor de _____ una mesa en la sección de no fumar.

....

Antonio: —Elena, no lo vas a creer; él dijo que no sabía nada de nosotros. Me _____ mi nombre y dijo que lo sentía mucho, pero que teníamos que esperar.

Elena: —¿Le _____ cuánto tiempo tendremos que esperar?

....

Antonio: —Bueno, ya que por fin estamos sentados, ¿sabes qué vas a _____?

Elena: —Creo que voy a _____ una entrada ligera, pero no entiendo qué son algunos de los platos.

Antonio: —Si no entiendes todo el menú, puedes _____ al camarero. Por mi parte, no hay duda; siempre _____ el arroz con pollo y una ensalada mixta.

....

Elena: —Tardan mucho con la comida, ¿no te parece? ¿Quieres _____ si recuerdan que estamos aquí?

Antonio: —Para la próxima ocasión, debemos _____ a nuestros amigos si conocen otro restaurante mejor.

Elena: —¿Por qué no _____ la cuenta para pagar estas bebidas y luego salir? Podemos comer en otra parte.

....

Elena: —¡Qué lástima! A veces yo _____ cómo ganan dinero los negocios que tratan así a sus clientes.

Antonio: —Antes de salir, quiero hablar con el gerente y _____ si este tipo de servicio es normal o si algunos camareros no vinieron a trabajar esta noche.

B. Trabajando en parejas, incorporen las expresiones que aparecen a continuación en oraciones completas con **preguntar** o **pedir**.

MODELO: la hora
Mi hermanita me preguntó la hora.

1. ayuda para abrir esta lata de verduras
2. dónde se encuentra Susana
3. si queríamos viajar a Guanajuato, México
4. dos huevos y dos trozos de tocino
5. si se siente mejor mi abuelito
6. consejos para sus problemas personales
7. si hay fruta fresca esta noche
8. si tienen una mesa en la sección de no fumar

CAPÍTULO 5

I. The present participle

A. Forms

1. To form the present participle of regular verbs, -**ando** is added to the stem of -**ar** verbs and -**iendo** to the stem of -**er** and -**ir** verbs. Note that stem-changing verbs ending in -**ar** and -**er** have regular present participles.

-*ar*		-*er*		-*ir*
ayudar	pensar (ie)	correr	perder (ie)	partir
ayud**ando**	pens**ando**	corr**iendo**	perd**iendo**	part**iendo**

2. Stem-changing verbs ending in -**ir** have an irregular stem in the present participle: the **e** of the stem changes to **i** and the **o**, to **u**. (See *Chapter 1, Section I* for a list of -**ir** stem-changing verbs.)

prefer**ir** (ie, **i**)	dorm**ir** (ue, **u**)	ped**ir** (**i**)
prefir**iendo**	durm**iendo**	pid**iendo**

3. The present participles of the verbs **decir**, **poder**, and **venir** have an irregular stem.

decir	poder	venir
dic**iendo**	pud**iendo**	vin**iendo**

4. When the stem of -**er** and -**ir** verbs ends in a vowel, the present participle ending is -**yendo**, not -**iendo**. The present participle of the verb **ir** is **yendo**.

caer	creer	leer	oír	construir	ir
ca**yendo**	cre**yendo**	le**yendo**	o**yendo**	constru**yendo**	**yendo**

5. The present participle ending of the few -**er** and -**ir** verbs whose stems end in **ll** or in **ñ** is -**endo**, not -**iendo**: bullir → bull**endo**, reñir (i) → riñ**endo**.

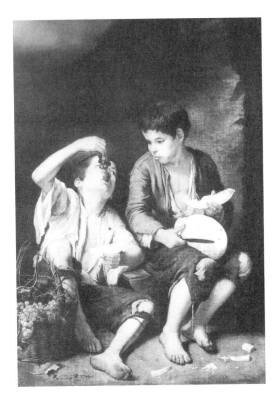

Niños comiendo melón del pintor español Bartolomé Esteban Murillo (1617–1682). ¿Qué está comiendo el niño que ves a tu izquierda? ¿Qué te gustaría a ti estar comiendo en este momento?

B. Uses

1. The present participle together with the verb **estar** forms the progressive tenses, which are used to emphasize that an action is in progress. (See *Section II* of this chapter on the progressive tenses.)

No nos molestes. **Estamos haciendo** la tarea para mañana.

Don't bother us. We are doing our homework for tomorrow.

2. The present participle, alone or in a phrase, may be used with an adverbial function to indicate manner, cause, reason, time, or the condition under which an action is carried out.

Entró al baño **cantando**.
Dedicando más tiempo a tus estudios, mejorarás tus notas.

He entered the bathroom singing.
By devoting more time to your studies, you'll improve your grades.

Siguiendo consejos de su médico, Carlos evitaba alimentos salados.

Following his doctor's advice, Carlos avoided salty foods.

Anoche, **saliendo** del restaurante, nos encontramos con dos viejos amigos.

Last night, (while) leaving the restaurant, we ran into two old friends.

3. When the present participle has an adverbial function, it may be used with a subject as well as with object and reflexive pronouns. A subject noun or pronoun is placed after the present participle. Object and reflexive pronouns are attached to the participle, forming one word, and a written accent is required on the **a** or **e** of the participle ending to retain the original stress.

> **REFRÁN**
>
> Huyendo del toro, cayó en el arroyo.

Caminando el hombre junto al río, fue abordado por dos desconocidos.

The man, while walking along the river, was approached by two strangers.

Hablándonos en voz baja, la muchacha nos dijo que tuviéramos mucho cuidado.

Talking to us in a low voice, the girl told us to be very careful.

4. The present participle cannot be used as a noun in Spanish, as the English *-ing* form can. In Spanish, only the infinitive form of a verb can function as a noun. (See *Section III* of this chapter for use of the infinitive.)

Traducir no es tarea fácil.

***Translating** is not an easy task.*

5. The present participle cannot be used as an adjective in Spanish to directly modify a noun, as the English *-ing* form can. A relative clause is the most common Spanish equivalent of the English *-ing* form in these cases.

El muchacho **que toca** la trompeta es mi primo Alberto.

*The boy **playing** the trumpet is my cousin Alberto.*

EJERCICIOS

A. Déle sugerencias a una persona que es candidato/a para el senado estudiantil.

MODELO: (tú) poder influir a más gente / poner carteles en el centro estudiantil
Puedes influir a más gente poniendo carteles en el centro estudiantil.

1. (tú) poder presentarte mejor al estudiantado / distribuir panfletos informativos
2. (tú) no conseguir nada / confrontar directamente a tus oponentes
3. (tú) evitarte problemas con la prensa / decir la verdad en todo momento
4. (tú) darte a conocer sin gastos / dar discursos frente a la cafetería
5. (tú) ahorrar tiempo y dinero / pedirle ayuda a todos tus amigos
6. (tú) ganarte el voto de muchos estudiantes / prometerles mejorar los precios de la librería universitaria

B. Use su imaginación e indique qué cree Ud. que las siguientes personas están haciendo en este momento, según el modelo.

MODELO: su hermano/a mayor
Lo/La imagino saliendo de su trabajo y preparándose para volver a casa.

1. su novio/a
2. sus padres
3. el/la estudiante más inteligente de alguna de sus clases
4. el/la profesor/a de una de sus clases
5. su compañero/a de cuarto
6. el presidente de los Estados Unidos

C. Organícense en grupos. Sigan el modelo para decir cómo lograrían las siguientes cosas. Pueden usar las sugerencias que aparecen entre paréntesis y otras de su invención.

MODELO: sacar buenas notas en la clase de español (estudiar mucho)
—*Puedo sacar buenas notas estudiando mucho.*
—*Uno puede sacar buenas notas asistiendo a clase todos los días.*
—*Participando activamente, una persona puede sacar buenas notas en la clase de español.*

1. conseguir un trabajo para el verano (preparar un buen resumen profesional, leer la sección de "Empleos ofrecidos" en el periódico)
2. hacer un viaje durante las vacaciones (no gastar todo el dinero en actividades sociales, hacer planes con anticipación)
3. ahorrar dinero (abrir una cuenta bancaria, hacer depósitos directos)
4. mejorar el porcentaje de cosas recicladas por los estudiantes (hacer más publicidad en el periódico estudiantil, ofrecer un programa de incentivos)

5. graduarse de la universidad en menos de cuatro años (estudiar también durante el verano, no abandonar ninguna clase una vez inscrito/a)
6. aprender más sobre el uso de las computadoras (tomar una clase de informática, hacer uso de los laboratorios para estudiantes)
7. conocer a algunos amigos nuevos (unirse a algunos clubes para estudiantes, asistir a partidos deportivos)
8. usar mejor el tiempo (comprarse un buen reloj, hacer una lista de prioridades personales todas las mañanas)

II. The progressive tenses

A. Forms

The progressive tenses are formed with the auxiliary **estar** + *a present participle*. The present participle is invariable, but the verb **estar** may be conjugated in any tense. The full conjugations of the present, imperfect, and preterit progressive tenses follow.

Present progressive	Imperfect progressive	Preterit progressive
estoy trabajando	estaba leyendo	estuve discutiendo
estás trabajando	estabas leyendo	estuviste discutiendo
está trabajando	estaba leyendo	estuvo discutiendo
estamos trabajando	estábamos leyendo	estuvimos discutiendo
estáis trabajando	estabais leyendo	estuvisteis discutiendo
están trabajando	estaban leyendo	estuvieron discutiendo

Estoy leyendo acerca de la emigración europea hacia América Latina.

I'm reading about European migration to Latin America.

Anoche **estuvimos hablando** de
temas políticos durante la cena.
No podremos reunirnos contigo
mañana porque **estaremos
viajando** hacia Nuevo México.

*Last night **we were discussing**
political topics during supper.
We will not be able to meet with
you tomorrow because **we will
be traveling** to New Mexico.*

B. Uses

1. The progressive tenses are used to describe an action or event in progress or being performed. They are much less common in Spanish than in English. Use of the progressive tenses stresses an action that is, was, or will be in progress. If no such emphasis is intended, the simple tenses are preferred.

Estoy haciendo mis ejercicios
en estos momentos.
Cuando me llamaste por
teléfono ayer, **estaba
escuchando** mis discos favoritos.
¿Qué **lees** con tanto interés?

*I am doing my exercises right
now.
When you called me on the
phone yesterday, I was
listening to my favorite records.
What are you reading with so
much interest?*

2. The progressive tenses refer to actions and events and are generally not used if the verb refers to a condition or state. A simple tense is preferred to describe a condition or state.

Me siento contento porque mi
hermana viene a visitarme.

*I am feeling happy because my
sister is coming to visit me.*

3. In contrast to English, the present progressive is never used in Spanish for anticipated future action. The simple present tense is used to convey anticipated future action in Spanish.

Gabriela y Rubén **se gradúan** el
próximo mes.
Dentro de dos días **salimos**
para Sudamérica.

*Gabriela and Rubén are
graduating next month.
In two days we are leaving for
South America.*

C. Alternatives to *estar* in the progressive construction

1. **Estar** + *a present participle* is the construction most commonly used to emphasize action in progress; however, the verbs of motion **andar**, **ir**, and **venir** may also be used with the present participle to refer to actions in progress. Use of **andar** emphasizes the unfocused, random repetition of an

action; **ir** stresses the early stages of a long-lasting action; and **venir** highlights the fact that an action that began in the past has continued for some time.

Unos compañeros tuyos **andan hablando** mal de ti.	*Some of your classmates are going around speaking badly of you.*
Ahora la situación económica **va empeorando**. Hace años que los precios **vienen subiendo**.	*Now the economic situation is growing worse. Prices have been going up for years.*

2. The present participle is also used in Spanish after the verbs **seguir (i)** and **continuar** to indicate continuation of an action in progress.

La situación económica **sigue empeorando**. Los precios **continúan subiendo**.	*The economic situation keeps on growing worse. Prices continue rising. (Prices continue to rise.)*

▼ D. Position of object and reflexive pronouns

The two elements of the compound verb in progressive tenses, the verb **estar** and the present participle, cannot be separated. Pronouns either precede the conjugated verb or are attached to the end of the present participle, forming one word. When a pronoun is attached, a written accent is required on the participle ending to retain the original stress.

Ramiro **está contándonos** (**nos está contando**) otra de sus historias. Todos **se están riendo** (**están riéndose**).	*Ramiro is telling us another one of his tales. Everybody is laughing.*

EJERCICIOS

A. Diga lo que están haciendo las diferentes personas que ve en el dibujo a continuación.

MODELO: el director
El director está gritando.

1. la pareja
2. el camarógrafo
3. el actor
4. el mensajero
5. el espectador del sombrero
6. la espectadora de pelo largo
7. la técnico

B. Un grupo de estudiantes se prepara para recibir la visita de la gobernadora del estado a la universidad durante la semana que viene. Túrnense para describir el trabajo que hacen varios individuos o grupos pequeños en este momento. Para terminar, imagínense otros preparativos necesarios y menciónenlos también.

MODELO: redactar el anuncio para el periódico
En este momento Darla y Samuel están redactando el anuncio para el periódico.

1. diseñar el cartel para poner en todos los tableros
2. ocuparse de la entrevista con los reporteros
3. buscar la información que la gobernadora quiere antes de llegar
4. hacer las llamadas telefónicas necesarias
5. comunicarle a la policía el horario de la gobernadora
6. organizar un pequeño grupo para transportar a la gobernadora del aeropuerto a la universidad

C. Imagínese lo que hacen las siguientes personas en este momento. Exprese su idea a los demás miembros de la clase. Al terminar con los nombres de la lista, piense en otros nombres y continúe el ejercicio.

MODELO: El Vicepresidente Gore
En mi opinión el Vicepresidente Gore está escribiendo un discurso sobre la contaminación del aire.

1. Gloria Estefan
2. Janet Reno
3. Pete Sampras
4. el rey de España Juan Carlos de Borbón
5. Paul McCartney
6. Hillary Rodham Clinton
7. Denzel Washington
8. Connie Chung

D. Escriba dos o tres cosas que Ud. estaba haciendo anoche entre las ocho y las diez de la noche. Circule por la clase para averiguar qué estaban haciendo otros miembros de la clase anoche. Después de dos o tres minutos, si encuentra a un/a compañero/a de clase que estaba haciendo lo mismo que Ud., anúncieselo a toda la clase. Al final, repita el ejercicio, basándose en lo que estarán haciendo esta noche a las mismas horas.

MODELO: E1: *Gloria, anoche entre las ocho y las diez yo estaba leyendo una novela para mi clase de literatura. ¿Qué estabas haciendo tú?*
E2: *Pues, yo estaba visitando a Rebeca en su apartamento.*

E1: *Mario, esta noche entre las ocho y las diez estaré trabajando en la pizzería. ¿Qué estarás haciendo tú?*
E2: *Creo que estaré terminando mi informe para la clase de economía. ¡Qué lata!*

E. Dé la forma correcta de **andar**, **ir**, **venir** o **seguir** según el contexto. A veces hay más de una respuesta correcta.

Tengo una amiga que se llama Tere. ¡Cuánto le gusta el tenis! Comenzó a jugar de pequeñita y _____ jugando todos estos años. No solamente juega mucho sino que también siempre _____ buscando información sobre este deporte. No sé exactamente cuántos años _____ estudiando los aspectos técnicos de este deporte, pero son muchos. A pesar de su fanatismo por el tenis, la semana pasada me dijo algo sorprendente: últimamente _____ pensando en tomar lecciones de golf. Yo le respondí que debía _____ pensando en esto un poco más porque le va a ser muy difícil acostumbrarse a ser principiante en otro deporte.

F. En parejas túrnense para hacer el papel de un/a senador/a de su estado que en este momento participa en una rueda de prensa. En sus comentarios digan cuánto hacen Ud. y sus ayudantes para resolver los problemas mencionados. Varíen, si es posible, los tiempos verbales y los verbos auxiliares.

MODELO: conservar el medio ambiente
En este momento estamos haciendo un análisis del impacto económico de varios planes. Mis consejeros y yo seguiremos estudiando este tema muy profundamente.

1. eliminar la corrupción política
2. crear viviendas para los pobres
3. controlar la violencia
4. bajar los costos médicos
5. estudiar los problemas de transporte público
6. crear nuevas fuentes de trabajo

III. The infinitive

A. Forms

1. Spanish verbs are grouped into three conjugations depending on the ending of the simple infinitive: **-ar**, **-er**, and **-ir**. Verbs ending in **-ar** form the largest group. The perfect infinitive consists of the infinitive of the auxiliary verb **haber** followed by the past participle of a verb.

	-ar verbs	*-er* verbs	*-ir* verbs
Simple infinitive	visit**ar**	com**er**	recib**ir**
Perfect infinitive	**haber** visit**ado**	**haber** com**ido**	**haber** recib**ido**

2. Object pronouns are attached to the infinitive, forming one word. If the infinitive is preceded by a verb or verb phrase such as **deber**, **ir a**, **necesitar**, **poder**, **querer**, and **tener que**, the object pronouns may also be placed before this verb or verb phrase.

Hacemos ejercicio para mantener**nos** en forma.   *We exercise to keep in shape.*

Siento haber**te** molestado con mis preguntas.	*I'm sorry to have bothered you with my questions.*
No puedo visitar**te** esta tarde. (No **te** puedo visitar esta tarde.)	*I can't visit you this afternoon.*

B. Uses

The infinitive as subject

1. The infinitive functioning as a noun can be used as the subject of a sentence. This subject usually follows the main verb or the verbal expression. The definite article **el** may precede an infinitive subject.

Es indispensable **ahorrar dinero**. (**Ahorrar dinero** es indispensable.)	*It is essential to save money. (Saving money is essential.)*
Nunca me ha interesado **coleccionar sellos** (**el coleccionar sellos**).	*I have never been interested in collecting stamps.*
Viajar (**El viajar**) nos enriquece.	*Traveling enriches us.*

Calle del centro de Buenos Aires, Argentina. ¿Te agrada pasearte por el centro de tu ciudad?

2. Impersonal expressions and verbs that describe states of mind are the two most common ways to use infinitives as subjects.

Es necesario **enviar** esa carta pronto.	*It is necessary to send that letter soon.*
A mí me encanta **caminar** por el parque.	*I love to walk in the park.*

The following are some common verbs referring to states of mind. (Consult *Chapter 7, Section II* for a list of impersonal expressions.)

aburrir *to bore*	gustar *to be pleasing, to like*
agradar *to please*	indignar *to irritate*
alegrar *to make happy*	molestar *to bother*
asustar *to scare*	sorprender *to surprise*
enojar *to make angry*	

The infinitive as object

1. The infinitive may be used as the direct object of a verb if the person performing the action expressed by the infinitive is the same as the subject of the main verb.

Deseo **ir** a un concierto el sábado próximo.	*I wish to go to a concert next Saturday.*
Espero **estar** libre dentro de dos horas.	*I hope to be free in two hours.*

The following are some frequently used verbs that may be directly followed by an infinitive.

deber *to have to*	pensar (ie) *to think, to plan*
decidir *to decide*	poder *to be able*
desear *to desire*	preferir (ie) *to prefer*
esperar *to hope, to expect*	querer *to want*
necesitar *to need*	saber *to know how*
parecer *to seem*	

2. With verbs such as **dejar** (*to let*), **mandar** (*to order*), **permitir**, **prohibir**, and **recomendar (ie)**, the person performing the action expressed by an infinitive is the same as the direct or indirect object pronoun of the main verb.

Gastón, **te** recomiendo **discutir** el asunto con tu jefe.	*Gastón, I recommend that you discuss the matter with your boss.*
Te prohibo volver a **mencionar** ese tema delante de mí.	*I forbid you to mention that topic again in front of me.*

3. Some verbs, such as the ones that follow, require a preposition (**a**, **de**, **en**, or **con**) before the infinitive.

Verb + *a*	Verb + *de*
aprender a *to learn to*	acabar de *to have just*
ayudar a *to help to*	acordarse (ue) de *to remember to*
comenzar (ie) a *to begin to*	cansarse de *to tire of*
decidirse a *to decide to*	dejar de *to fail to; to stop, to cease*
empezar (ie) a *to begin to*	pensar (ie) de *to think of (opinion)*
enseñar a *to teach to*	
prepararse a *to prepare to*	quejarse de *to complain about*
volver (ue) a *to do something again*	tratar de *to try to*
	tratarse de *to be a question of*

Verb + *en*	
consistir en *to consist of*	**Verb + *con***
insistir en *to insist on*	contar (ue) con *to count on*
pensar (ie) en *to think of, about*	soñar (ue) con *to dream of*

Comenzó **a llover**.	*It began to rain.*
Pedro insiste **en pagar** la cuenta.	*Pedro insists on paying the bill.*
Trataré **de terminar** el informe mañana.	*I'll try to finish the report tomorrow.*
Sueño **con entrevistar** a un estadista famoso.	*I dream of interviewing a famous statesman.*

The infinitive after prepositions

1. An infinitive may be used after a preposition when there is no change in subject. The prepositional phrase functions as an adverb, expressing ideas of time, manner, purpose, or condition. Notice that though in English the *-ing* form of the verb is used after a preposition, this is not the case in Spanish, where an infinitive must be used.

Piensa bien **antes de responder**.	*Think carefully before answering.*
Nada lograrás **con esperar** tanto.	*You won't achieve anything by waiting so long.*
Trabajaré este verano **para ahorrar** dinero para mis estudios.	*I will work this summer to save money for my studies.*
No saldré **hasta terminar** el trabajo de investigación.	*I won't go out until I finish my research paper.*

2. The construction **al** + *infinitive* expresses an action that happens at the same time as that of the main clause. English equivalents include *upon/on* + the *-ing* form of the verb and *when/as* + a conjugated verb.

Al llegar a casa, Felipe encontró un mensaje de su amiga Nora.	*Upon arriving home, Felipe found a message from his friend Nora.*
Al despertarme, todavía me sentía cansado.	*When I woke up, I still felt tired.*

3. The construction **de** + *infinitive* is equivalent to a conditional **si** clause. (See *Chapter 10, Section I* on conditional **si** clauses.)

De encontrar un puesto en otra ciudad, me mudaría inmediatamente.	*If I found a position in another city, I would move right away.*

The infinitive modifying an adjective or a noun

As a modifier of an adjective or a noun, the infinitive is preceded by a preposition, usually **de**.

El problema del desempleo es **difícil de resolver**.	*The unemployment problem is hard to solve.*
Estamos **deseosos de empezar** otro proyecto.	*We are eager to start another project.*
Hay muchos otros **temas por discutir**.	*There are many other topics yet to discuss.*

The infinitive as a command

1. The infinitive may be used to express a command. This construction is frequently used to give impersonal instructions.

Completar el formulario.	*Fill out the form.*
No **fumar**.	*No smoking.*

2. The infinitive as a command may be preceded by the preposition **a**, especially in colloquial language.

Y ahora, todos **a callar** y **a trabajar**.	*And now, everybody be quiet and work.*

Summary of the uses of the infinitive

Usage	Example
Subject	**Nadar** es sano.
Verbal complement	Necesito **ahorrar** más dinero.
In a prepositional phrase	**Al salir** del trabajo, encontré a una amiga de mis años de secundaria.
Modifier of an adjective or a noun	Tus defectos son fáciles **de tolerar**.
Command	**Comer** con moderación. No **fumar**.

Entusiastas del ejercicio en Barcelona, España. La gente se interesa más y más en desarrollar su físico. ¿Sales a correr a veces? ¿Vas a algún gimnasio a hacer ejercicio?

EJERCICIOS

A. Imagínese que Ud. es consejero/a en un salón de ejercicios y que está ayudando a una persona que quiere adelgazar y desarrollar los músculos. Esa persona le ha preguntado qué debe o puede hacer, y Ud. le va dando consejos. Use uno de los siguientes verbos con la preposición apropiada: **aprender**, **empezar**, **pensar**, **tratar**, **contar** o **dejar**.

MODELO 1: decidir cuánto quiere pesar
Debe tratar de decidir cuántos kilos quiere bajar.

MODELO 2: leer estos panfletos sobre los primeros pasos
Puede empezar a leer estos panfletos sobre los primeros pasos.

1. preparar un plan con metas semanales
2. pensar negativamente
3. decidir a qué horas le conviene más hacer ejercicio
4. estudiar qué comidas tienen más calorías y grasa
5. usar las máquinas de nuestro salón
6. ponerse a dieta inmediatamente
7. seguir rigurosamente el plan que desarrollamos
8. fumar cigarrillos
9. llenar esta solicitud para hacerse miembro del club
10. adoptar una actitud optimista hacia el futuro

B. Ud. orienta a una persona nueva en su trabajo. Hable con esta persona sobre algunas de las reglas y costumbres de la oficina. Use expresiones como **es esencial**, **es muy importante**, **es aconsejable**, **es necesario**, **no es bueno** o **no es correcto**.

MODELO: llegar puntualmente todas las mañanas
Es esencial llegar puntualmente todas las mañanas.

1. familiarizarse con el manual de la oficina
2. leer las noticias que se ponen en este tablón de anuncios
3. fumar en las reuniones
4. tratar de mantener buenas relaciones con su equipo de trabajo
5. extender su tiempo de descanso a media hora

6. llevar ropa muy informal
7. poner en orden el escritorio antes de irse
8. hacer muchas llamadas personales

C. Trabajando en parejas, usen su imaginación para completar las siguientes frases. Usen infinitivos y otras palabras más si son necesarias.

MODELO: Estudiaré tres horas esta noche para …
Estudiaré tres horas esta noche para sacar una buena nota en el examen de mañana.

1. Recibí una llamada importante al …
2. Un amigo y yo trabajamos hasta …
3. Después de … , es indispensable …
4. Una amiga me dice que sueña con … para …
5. … es mi pasatiempo favorito durante las vacaciones de verano.
6. Antes de … , debes …
7. Es totalmente imposible … sin …
8. Tengo ganas de … para …
9. La situación de la gente sin vivienda es muy difícil de …
10. ¿Me puedes ayudar? Tengo varios problemas por …
11. Mi mejor amigo me promete que me va a enseñar a …
12. Estoy seguro/a de que ellos no van a lograr nada con …

D. Divídanse en grupos. Un miembro de cada grupo hace el papel de una persona a quien los demás entrevistan para un puesto de aprendiz/a en una compañía local. El grupo le hace al/a la solicitante las preguntas que siguen y otras que considere apropiadas.

MODELO: E1: ¿Por qué desea este puesto ahora?
E2: *Deseo ser aprendiz/a porque quiero adquirir experiencia en su compañía.*

1. ¿Qué experiencias concretas espera adquirir?
2. ¿Qué le gustaría llevar a cabo primero?
3. ¿Prefiere trabajar a solas o como parte de un equipo?
4. ¿Le asusta un poco hacer presentaciones orales?
5. ¿Qué le molesta tener que hacer?
6. ¿Qué remuneración cree que necesita tener?
7. ¿Por qué decidió escoger nuestra compañía?
8. ¿Tiene alguna pregunta antes de terminar la entrevista?

E. Trabajando en parejas, túrnense para expresar sus actitudes, gustos, ideas y sueños con respecto a la vida en general. Use algunas de las frases siguientes u otras similares.

Me aburre …	Me parece que …	Me gustaría …	Sueño …
Me molesta …	Me interesa mucho …	Me fascinaría …	Insisto …
Me enoja …	Me es importante …	Me asusta …	Quiero …

MODELO: E1: *Me aburre hacer ejercicios aeróbicos. Y a ti, ¿qué te aburre?*

E2: *A mí me aburre trabajar en una oficina. Prefiero trabajar al aire libre.*

F. En grupos de cuatro, túrnense para explicar cómo hacer bien las siguientes cosas. Continúen el ejercicio, hablando de otras situaciones. Usen el infinitivo como mandato.

MODELO: sacar buenas notas
Asistir a clase todos los días, tomar buenos apuntes y no dejar de hacer las lecturas del texto.

1. obtener un trabajo
2. organizar un buen viaje
3. alquilar un apartamento
4. mantener bien un coche
5. ser popular en la escuela
6. aprender a jugar al golf (o a otro deporte)

IV. Prepositions

This section presents a list of simple and compound prepositions; a more detailed discussion of the prepositions **a**, **de**, **en**, **para**, and **por**; and a Spanish-English contrast regarding the use of prepositions after verbs.

A. Simple prepositions

a *at, to*	Nos sentamos **a** la mesa.
ante *before, in the presence of*	El acusado está **ante** el juez.
bajo *under*	Mi perrito se escondió **bajo** la mesa.
con *with*	Ven **con** nosotros.
contra *against*	Luchan **contra** las injusticias.
de *of, from*	Viene **de** Ecuador.
desde *from, since*	Viven aquí **desde** el tres de enero.
durante *during*	Llovió **durante** tres días.
en *in, on*	Pepe está **en** su cuarto.
entre *between, among*	Estoy **entre** amigos.
excepto *except*	Todos aceptaron la oferta, **excepto** yo.
hacia *toward*	Vamos **hacia** la playa.
hasta *until, up to*	Trabajamos **hasta** las seis.
para *for*	El ejercicio es bueno **para** la salud.
por *for, by, through*	Pasamos **por** muchas calles estrechas.
según *according to*	**Según** los expertos, debemos evitar la grasa.
sin *without*	Salí de casa **sin** dinero.
sobre *upon, on, above, around*	Coloca ese paquete **sobre** la mesa, por favor.
tras *behind*	El sol se esconde **tras** las montañas.

B. Compound prepositions

a través de *across, through*	Caminamos **a través de** la multitud.
acerca de *about, concerning*	Asistí a una charla **acerca de** la sobrepoblación.
además de *besides*	¿Quién vendrá, **además de** ustedes dos?
al lado de *next to, beside*	Vivimos **al lado de** una panadería.
alrededor de *around*	Había guardias **alrededor de** la plaza mayor.
antes de *before*	Llegamos **antes de** las siete de la mañana.
cerca de *near*	Estamos **cerca de**l museo.
debajo de *under*	Nos quedamos **debajo de** un árbol.
delante de *in front of; ahead of*	Te espero **delante de** la iglesia.
dentro de *inside*	Estaremos **dentro de** la sala.
después de *after*	Ven a verme **después de** la clase.
detrás de *behind*	El garaje está **detrás de** la casa.
encima de *on top of*	Coloca esa caja **encima de** la mesa, por favor.
enfrente de *in front of, facing*	El coche se estacionó **enfrente de**l hospital.
frente a *opposite to, facing*	La oficina de correos queda **frente a** la catedral.
fuera de *outside; except*	Mis padres están **fuera de** la ciudad.
junto a *next to, near*	Me senté **junto a** Rosana.
lejos de *far from*	Vivo **lejos de** la universidad.

C. The preposition *a*

A is used in the following ways:

1. before direct objects that refer to people. This use of the preposition **a** is called the personal **a**. (See *Chapter 4, Section IV* for more information on the personal **a**.)

Conocí **a** tu hermana anoche.	*I met your sister last night.*

2. before indirect objects, especially if needed to emphasize or clarify an indirect-object pronoun.

—¿Le doy la revista **a** tu hermano?	*Shall I give the magazine to your brother?*
—No, dámela **a** mí, por favor.	*No, give it to me, please.*

3. with verbs of motion to indicate direction or destination.

Viajamos **a** la capital todos los lunes.	*We travel to the capital every Monday.*
Llegaré **a** tu casa a las ocho.	*I'll arrive at your house at eight.*

4. to indicate a point in time.

Mi primera clase comienza **a** las ocho.	*My first class begins at eight.*
Llegamos al cine **a** la hora, pero **a** los diez minutos estábamos muy aburridos.	*We reached the cinema on time, but ten minutes later we were very bored.*

5. in certain expressions that indicate the manner in which something is done or the means by which it is done.

Este suéter está hecho **a** mano.	*This sweater is made by hand.*
A Ramiro le gusta pintar **al** óleo.	*Ramiro likes to paint in oils.*

6. to introduce prices and rates.

Las sandías están **a** veinte centavos la libra.	*Watermelons cost twenty cents a pound.*
—¿**A** qué velocidad conduces por la autopista?	*How fast do you drive on the freeway?*
—**A** ciento diez kilómetros por hora.	*One hundred and ten kilometers an hour.*

7. in the contraction **al** + *an infinitive* to express simultaneity. The English equivalent of **al** + an infinitive is *on/upon* + the *-ing* form of the verb, or a phrase beginning with *when* followed by a conjugated verb.

Al doblar la esquina, nos encontramos con Martín.	*Upon turning (When we turned) the corner, we ran into Martín.*

8. in some common idiomatic expressions:

learn these!

a casa *home*

a causa de *because of*

a eso de *around, about, approximately*

a fin de *so that*

a fondo *thoroughly*

a fuerza de *by dint of, by force of*

a gusto *at will, at ease*

a la derecha *to the right*

a la izquierda *to the left*

a la vez *at the same time*

al comienzo de *at the beginning of*

al contrario *on the contrary*

al fin *finally*

al menos *at least*

a lo mejor *probably, maybe*

a mano *by hand*

a menudo *often*

a oscuras *in the dark*

a pesar de *in spite of*

a pie *on foot*

a principios de *at the beginning of*

a tiempo *on (in) time*

a veces *sometimes, at times*

poco a poco *little by little*

A menudo, hay apagones **a eso de** las diez y nos quedamos **a oscuras**. Nadie se siente **a gusto** con esta situación.

Often, there are blackouts around ten o'clock and we stay in the dark. Nobody feels at ease with this situation.

D. The preposition *de*

De is used in the following ways:

1. to indicate origin and source. With verbs of motion, **de** signals the point of departure.

Nos visitan unos amigos **de** España.
Salieron **de** Sevilla hace una semana.

Some friends from Spain are visiting us.
They left Seville a week ago.

2. to locate an hour in the day and a date in the month.

Son las tres **de** la tarde.
Hoy estamos a 4 **de** diciembre.

It's three in the afternoon.
Today is the fourth of December.

3. to indicate possession, including close association or relationship between objects. In Spanish, possession or ownership must be indicated by the construction *noun* + **de** + *noun (owner)*. In phrases indicating authorship of a work, the preposition **de**, not **por**, is used.

¿Podremos usar el coche **de** tus padres este fin de semana?	*Will we be able to use your parents' car this weekend?*
Encontré esta piedra en la orilla **de**l río.	*I found this rock on the bank of the river.*
Estoy leyendo un cuento **de** Borges. Es interesantísimo.	*I am reading a short story by Borges. It is most interesting.*

4. to indicate the contents of a receptacle.

Quiero un plato **de** sopa, un vaso **de** agua y más tarde una taza **de** café.	*I want a bowl of soup, a glass of water, and later a cup of coffee.*

5. to link two nouns in order to indicate the material of which something is made. The English equivalent of this construction may be an adjective or a prepositional phrase with *of*.

Quiero comprarme una camisa **de** seda.	*I want to buy myself a silk shirt.*
Esta mesa es **de** roble.	*This table is (made) of oak.*

6. to form adjectival phrases that call attention to the distinctive characteristic(s) of a person or object. When **de** introduces a descriptive phrase, it frequently corresponds to the English word *with*.

Nos recibió un muchachito **de** ojos vivos y **de** cara risueña.	*A little boy with lively eyes and a smiling face greeted us.*
¿Conoces a la señora **de**l vestido azul?	*Do you know the lady in the blue dress?*
Hace frío; debes ponerte una camisa **de** manga larga.	*It is cold; you should wear a long-sleeved shirt.*

7. in some common idiomatic expressions:

de buen/mal humor *in a good/bad mood*	de prisa *in a hurry*
de buena/mala gana *willingly/unwillingly*	de pronto *suddenly*
de esta/esa manera *(in) this/that way*	de repente *suddenly*
de manera/modo *in a manner/way*	de todos modos *anyway, in any case*
de memoria *by heart*	
de nada *you're welcome*	de veras *really, truly*
de nuevo *again*	de vez en cuando *from time to time*
de pie *standing up*	

Cuando niños, **de vez en cuando** aprendíamos poemas **de memoria**. No lo hacíamos **de buena gana**.	*As children, from time to time, we used to learn poems by heart. We didn't do it willingly.*

E. The preposition *en*

En is used in the following ways:

1. to indicate location when no motion is involved. **En** signals a point in space enclosed within boundaries, corresponding in general to the English words *in*, *within*, or *at*.

Hay miles de personas **en** el estadio.	*There are thousands of people in the stadium.*
Vamos a juntarnos **en la universidad**.	*We are going to meet at the university.*

2. to mean *on* when referring to position. **Sobre** and **encima de** (*on, on top of*) are also used to refer to position, particularly when emphasizing location.

Deja tus libros **en (sobre)** ese escritorio.	*Leave your books on that desk.*
La carta que buscas está **en (encima de)** la mesa de plástico.	*The letter you are looking for is on (on top of) the plastic table.*

3. to indicate the time when something takes place.

La boda de mi prima tuvo lugar **en** julio pasado. **En** aquel tiempo yo vivía muy cerca de ella.	*My cousin's wedding took place last July. At that time, I lived very near her.*

4. with a means of transportation. **Por** can also be used with means of transportation.

Prefiero viajar **en (por)** avión. He viajado **en (por)** tren y es demasiado lento.	*I prefer to travel by plane. I have traveled by train, and it is too slow.*

5. in certain idiomatic expressions.

en cambio *on the other hand*	en medio de *in the middle of*
en casa *at home*	en punto *on the dot*
en cuanto a *as far as … is concerned*	en seguida *right away*
en lugar/vez de *instead of*	en voz alta *aloud*

Pablo necesita tu ayuda **en vez de** la nuestra. Y la necesita **en seguida**.	*Pablo needs your help instead of ours. And he needs it right away.*

EJERCICIOS

A. Use el mapa de la ciudad que aparece a continuación para explicarle a un/a amigo/a dónde están los siguientes lugares en relación con el hotel más grande de la ciudad.

MODELO:　la biblioteca
　　　　E1: *¿Dónde está la biblioteca en relación con el hotel?*
　　　　E2: *La biblioteca está cerca (detrás, a dos cuadras, ...) del*
　　　　　 hotel.

1. el parque botánico
2. el hospital
3. la universidad
4. la pizzería más popular
5. la calle central
6. el museo
7. la librería más interesante
8. la agencia de viajes

B. Antonio y Martina conversan después de su clase de literatura. Complete Ud. sus frases, insertando la preposición correcta. A veces no se necesita usar ninguna preposición y otras veces hay varias posibilidades.

Antonio:　¡Ay, qué clase hoy! Salí _____ la clase _____ esta mañana más confundido que nunca. Y creo que _____ otros estudiantes les pasó lo mismo. Normalmente comprendo _____ las explicaciones _____ esa clase, pero hoy no comprendí _____ nada.

Martina:　_____ tú y yo, _____ empezar la clase, yo me creía preparada e iba _____ participar activamente _____ la discusión, pero _____ las presentaciones _____ Pedro y Lucía, me sentí confusa e insegura.

Antonio:　Creo que debemos consultar _____ el profesor o _____ su ayudante inmediatamente. También sería buena idea asistir _____ la sesión _____ repaso esta tarde.

Martina:　Tienes razón. ¿Y quién es el ayudante? ¿Es aquel chico _____ pelo rubio que siempre lleva el maletín _____ cuero lleno _____ papeles y cuadernos?

Antonio:　Sí, y normalmente entra cinco minutos _____ la hora y se sienta _____ la primera fila.

Martina:　Bueno, quizá él puede aclararnos _____ los conceptos o recomendarnos _____ algunos libros o artículos. Vamos ahora _____ su despacho.

Antonio:　Espera un momento. Tengo que hablar _____ Mónica. Necesito _____ unas notas que tiene ella; voy _____ hacer una presentación _____ otra clase.

Martina:　Veo que quieres sacar buenas notas _____ este semestre. Te espero _____ la salida.

F. The preposition *para*

Para is used in the following ways:

1. to introduce phrases that indicate movement or direction toward a destination or goal, or that designate the recipient.

La semana próxima salimos **para** Chicago.	*We're leaving for Chicago next week.*
Ese autobús va **para** la universidad.	*That bus is going to the university.*
¿Hay mensajes **para** nosotros?	*Are there messages for us?*
Trabajo **para** la biblioteca de la universidad.	*I work for the university library.*

2. in phrases that express purpose and the use for which something is intended.

Éste es un recipiente **para** almacenar fruta seca.	*This is a container to store dry fruit.*
Hablaré con mi jefe **para** pedirle un aumento de sueldo.	*I'll talk with my boss to ask him for a raise in salary.*

3. in phrases that refer to a specific time limit or a fixed point in time.

Debo terminar este informe **para** el jueves próximo.	*I need to finish this report by next Thursday.*
No dejes tus tareas **para** el último momento.	*Don't leave your homework for the last minute.*

To indicate the duration of a period of time, **por** is used. (See p. 170.)

Estudié **por** dos horas.	*I studied for two hours.*

4. to express an implied comparison of inequality when a member of a group is singled out as different from other members of the group.

Ella muestra mucha madurez **para** ser tan joven.	*She shows a great deal of maturity for being so young.*
Prepara platos deliciosos **para** alguien que recién aprende a cocinar.	*He prepares delicious meals, for someone who is just beginning to learn how to cook.*

5. to introduce the person holding an opinion or making a judgment.

Para mí, tú cometiste un grave error.	*In my opinion, you made a serious mistake.*
Para mi padre, la familia es muy importante.	*For my father, family is very important.*

G. The preposition *por*

Por is used in the following ways:

1. to express the cause, reason, or motive of an action.

No fui a clase **por** estar (**por**que estaba) enferma.	*I didn't go to class because I was ill.*
No asistí a la conferencia **por** una emergencia de última hora.	*I didn't attend the lecture because of a last-minute emergency.*

2. in passive sentences, to express the agent of an action. (See *Chapter 6, Section IV* for a discussion of passive constructions.)

Ese cuento no fue escrito **por** Borges sino **por** Cortázar.	*That short story was not written by Borges but by Cortázar.*

3. to express motion along or through a place; also to indicate an indefinite location.

Me gusta caminar **por** el río.	*I like to walk along the river.*
Esa tienda está **por** la Avenida Juárez.	*That store is near Juárez Avenue.*

4. to express a means of transportation or communication.

Mis padres salen para España **por** avión.	*My parents are leaving for Spain by plane.*
Beatriz dice que te va a mandar los libros **por** correo aéreo.	*Beatriz says she's going to send you the books by airmail.*

5. with expressions of time, to indicate the duration or the amount of time something lasts. **Durante** may also be used with the same meaning, or no preposition at all need be used.

Ayer estudié **por** tres horas seguidas.	*Yesterday I studied for three hours in a row.*
Estaré fuera de la ciudad (**por, durante**) dos días.	*I will be out of town for two days.*

6. to express the exchange or substitution of one thing for another.

Pagamos cincuenta dólares **por** una bicicleta usada.	*We paid fifty dollars for a used bicycle.*
Quiero cambiar mi coche **por** uno más nuevo.	*I want to exchange my car for a newer one.*

7. to express a price rate or a rate or unit of measure.

> En mi clase de literatura tengo que leer tres novelas **por** mes y escribir un ensayo **por** novela.

> *In my literature class I have to read three novels a month and write one essay per novel.*

8. to indicate the person(s) or object(s) *instead of, on behalf of, for the sake of,* or *in favor of* whom or what something is done.

> Como mi hermana estaba enferma, yo fui a trabajar **por** ella.

> *Since my sister was sick, I went to work for (instead of) her.*

> Mi candidato lucha **por** una mejor distribución de la riqueza. Voy a votar **por** él.

> *My candidate fights for (on behalf of) a better distribution of wealth. I am going to vote for (in favor of) him.*

9. to introduce the object of an errand after a verb of motion, such as **ir**, **venir**, **mandar**, **regresar**, **salir**, and **volver**.

> Me **mandaron** a la farmacia **por** remedios.

> *They sent me to the drugstore for medicines.*

> Fui **por** arroz al supermercado.

> *I went to the supermarket for rice.*

10. in common expressions:

por ahora *for the time being*

por cierto *of course*

por consiguiente *consequently*

por ejemplo *for example*

por eso *that's why*

por favor *please*

por fin *finally*

por lo menos *at least*

por lo tanto *therefore*

por más (mucho) que *however much*

por otra parte *on the other hand*

por poco *almost*

por supuesto *of course*

por último *finally*

> **Por más que** se queja, nadie le hace caso. **Por eso**, habla mucho menos ahora.

> *However much he complains, nobody pays attention to him. That's why he talks much less now.*

EJERCICIOS

C. Imagínese que Ud. va a México para las vacaciones de primavera. Explíquele a un/a amigo/a sus preparativos, usando **por** o **para**, según el contexto dado.

MODELO: Este fin de semana salgo _____ México _____ avión _____ pasar allí las vacaciones de primavera.
Este fin de semana salgo para México por avión para pasar allí las vacaciones de primavera.

1. Julia no me acompaña _____ estar ocupada en su trabajo.
2. Estaré en México _____ una semana; ésta será una buena oportunidad _____ practicar el idioma español.
3. Si todo sale bien, tendré todo preparado _____ el jueves; no me gusta dejar todo _____ el último día. _____ suerte ya tengo casi todo listo.
4. _____ lo que cuesta la excursión, los hoteles son muy buenos. Los arreglos fueron hechos _____ mi agente de viajes.
5. Voy a México porque es un sitio ideal _____ pasar las vacaciones. Me fascina pasar _____ los muchos sitios de interés histórico.
6. Fui _____ mis billetes ayer, pero mi agente todavía no los tenía.
7. Estoy leyendo un libro sobre México escrito _____ un célebre historiador mexicano.
8. Pasaré _____ lo menos tres días en varios pueblos pequeños; _____ mí es importante ver un poco de todo.

D. Trabajen en grupos de tres. Túrnense para inventar excusas a las preguntas que les hacen.

MODELO: E1: ¿Terminaste el trabajo, Roberto?
E2: *No, no lo terminé por sentirme enfermo.*
E1: *¿Y tú, Alicia?*
E3: *Yo no lo terminé por estar ocupada.*

1. ¿Contestaste todas las preguntas en tu último examen?
2. ¿Fuiste a todas tus clases la semana pasada?
3. ¿Recordaste el cumpleaños de tu madre?

4. ¿Hiciste todo lo que tenías que hacer en casa?
5. ¿Fuiste a tu trabajo durante el último fin de semana?
6. ¿Visitaste a tus padres como prometiste?

E. Conteste las siguientes preguntas de un/a compañero/a, usando **por** o **para** en su respuesta.

MODELO: ¿Por qué decidiste asistir a una universidad que está tan lejos de tu casa?
Vine aquí para ser más independiente.

1. ¿Quién toma apuntes por ti cuando faltas a clase?
2. ¿Por cuántos días vas a estar ocupado/a la semana que viene?
3. ¿En qué piensas especializarte? ¿Por qué?
4. ¿Por dónde te gusta caminar cuando quieres estar solo/a?
5. ¿Para cuándo tendrás lista la próxima tarea para esta clase?
6. ¿Cuántas páginas escribes por día cuando necesitas escribir un informe?
7. Para ti, ¿cuál es el problema más serio de la educación hoy?
8. ¿Qué lugar recomiendas para las vacaciones de primavera?

H. The structure verb + (preposition) + noun object

No preposition in Spanish versus preposition in English

In contrast to English, the frequently used verbs **buscar**, **escuchar**, **esperar**, **mirar**, **pagar**, and **pedir (i)** do not require a preposition before a direct object to complete their meaning. The preposition **a**, or personal **a**, must be used, however, when the direct object is a person. Notice the use of *for* and *at* in the English examples.

Miro la manifestación.	*I'm looking at the demonstration.*
Miro a los manifestantes, quienes **piden** reformas.	*I'm looking at the demonstrators, who are asking for reforms.*
—¿**Buscas a** alguien?	*Are you looking for someone?*
—Sí, **busco a** Teresa.	*Yes, I am looking for Teresa.*

Preposition in Spanish versus no preposition in English

In the case of some verbs, Spanish requires a preposition before a noun object, whereas English does not. The following are some of these verbs.

Verb + preposition *a*	**Verb + preposition *de***
acercarse a *to approach*	abusar de *to abuse*
asistir a *to attend*	acordarse (ue) de *to remember*
jugar (ue) a *to play [a game]*	cambiar de *to change*
parecerse a *to resemble*	carecer de *to lack*
renunciar a *to give up*	desconfiar de *to mistrust*
Verb + preposition *con*	disfrutar de/con *to enjoy*
casarse con *to marry*	dudar de *to doubt*
cumplir con *to carry out*	fiarse de *to trust*
Verb + preposition *en*	gozar de/con *to enjoy*
entrar en/a *to enter*	salir de *to leave [a place]*
fijarse en *to notice*	olvidarse de *to forget*
confiar en *to trust*	
influir en *to influence*	

Ayer **cambié de** opinión y no **asistí a** un congreso sobre Centroamérica.	*Yesterday I changed my mind and did not attend a conference on Central America.*
Ese señor **carece de** gusto. **Goza con** unas comedias francamente ridículas.	*That gentleman lacks any taste. He enjoys some utterly ridiculous comedies.*

Verbs with different prepositions in Spanish and English

Some Spanish verbs require a preposition that is not a direct translation of the preposition used in English. Compare the following frequently used verbs and prepositions with their English equivalents.

Verb + preposition *con*	**Verb + preposition *de***
contar (ue) con *to count on*	admirarse de *to be amazed at*
soñar (ue) con *to dream of*	depender de *to depend on*

Verb + preposition *de* (cont.)	Verb + preposition *en*
despedirse (i) de *to say good-by to*	consistir en *to consist of*
enamorarse de *to fall in love with*	pensar (ie) en *to think of/about*
hablar de *to talk about*	**Verb + preposition *por***
reírse (i) de *to laugh at*	decidirse por *to decide on*
servir (i) de *to serve as*	felicitar por *to congratulate on*
	inquietarse por/con *to worry about*
	preguntar por *to inquire about*

El éxito de nuestro plan **depende de** ti. **Contamos con** tu apoyo.

Te **felicitamos por** tu matrimonio. **Te enamoraste de** esa joven, **soñabas con** casarte con ella y ahora todo es realidad.

*The success of our plan **depends on** you. We **count on** your support.*

*We **congratulate** you **on** your marriage. You **fell in love with** that young lady, you **dreamed of** marrying her, and now it has all become reality.*

Vista del pueblo de Bolívar, Colombia. ¿Te gustaría pasar por este pueblo? ¿Cómo imaginas la vida en este pueblo situado entre las montañas?

Summary of important uses of *a*, *de*, *en*, *para*, and *por*

	Usage	Example
a	Direct object referring to people (personal **a**)	Invité **a** Adriana a nuestra fiesta.
	Indirect object	Le pasé el libro **a** tu compañero.
	Direction (*toward*)	Viajaremos **a** Río de Janeiro.
	Time (point in time)	El concierto es **a** las siete.
	Means, manner	Debes escribir el informe **a** máquina.
	Price, rate	Las manzanas están **a** $2 el kilo.
	Simultaneous action	**Al** llegar a casa, vi un accidente.
de	Origin, point of departure	Somos **de** Venezuela.
	Time (of day, dates)	Volvimos a las seis **de** la tarde.
	Possession, close association, authorship	Iré a la casa **de** mis padres. Leo una novela **de** Vargas Llosa.
	Contents	Bebió un vaso **de** vino.
	Material something is made of	Compré un escritorio **de** metal.
	Characteristics	Hable con el señor **de** la camisa azul.
en	Location (*in, on, at*)	Mi hermana está **en** Sevilla. Te veo mañana **en** la universidad.
	Time when something occurs	Estaré de vacaciones **en** julio.
	Means of transportation	Viajo **en** tren.
para	Destination	Salgo **para** Buenos Aires mañana.
	Purpose, goal	Ahorro dinero **para** comprar un coche.
	Time limit; fixed point in time	Veré a mi familia **para** Navidad.
	Implied comparison	Hace calor **para** este mes del año.
	Opinion	**Para** mí, la salud no tiene precio.
por	Cause, reason, motive	Él no vota **por** no tener dieciocho años.
	Agent of an action	El bandido fue detenido **por** la policía.
	Motion along or through a place	El ladrón entró **por** la ventana.
	Means of transportation	Prefiero viajar **por** avión.
	Duration	Estudié **por** cuatro horas.
	Exchange	Te cambio mi coche **por** el tuyo.
	Price, rate	Puedo caminar cuatro millas **por** hora.
	Beneficiary (on behalf of)	Hago este sacrificio **por** ti.
	Object of an errand	Pablo vino **por** su chaqueta.

F. Formen oraciones completas y lógicas, seleccionando elementos de cada columna.

MODELO: *Jorge y Elena abusan de la bondad de su abuelo.*

Mi mejor amiga	abusar	en	esta costumbre
Yo	entrar	por	la bondad de su abuelo
Tú y yo	depender	con	su hermana mayor
Mis abuelos	mirar	para	nuestra aventura
Tú	contar	de	una camisa bien planchada
Jorge y Elena	casarse	a	la sala de clase
	enamorarse	ø	Sara
	buscar		mí
	parecerse		la exhibición con interés
	olvidarse		una persona inteligente
	reírse		Alejandro

G. Complete las siguientes frases que describen la situación de Martina, quien se levantó tarde esta mañana y tuvo que darse prisa para llegar a clase a tiempo. Atención: a veces no se necesita poner ninguna preposición.

Martina depende _____ su despertador y normalmente puede contar _____ él, pero esta mañana el reloj no sonó. Al abrir los ojos a las siete y media, Martina miró _____ su reloj, se fijó _____ la hora con asombro, se acordó _____ su clase de las ocho y saltó de la cama. Entró corriendo _____ el cuarto de baño y como carecía _____ tiempo, renunció _____ la idea de ducharse antes de salir _____ la casa. Buscó _____ la ropa, se la puso y decidió que aunque parecía que no había dormido en toda la noche, tenía que asistir _____ clase porque tenía una prueba.

Más tarde Martina se rió _____ la situación con su compañera Patti. Las dos decidieron que esto le serviría _____ lección a Martina. Sin embargo, después de pensar _____ toda la situación, decidieron que el problema no había sido el despertador. Martina, quien está muy enamorada _____ Raúl, salió con él la noche anterior; conversando, no se fijaron _____ la hora y no se despidieron hasta medianoche. Patti le recordó a su amiga que primero tenía que cumplir _____ sus deberes académicos y que luego, durante los fines de semana, podía disfrutar _____ su vida social.

H. Divídanse en grupos e inventen breves presentaciones sobre alguna persona fascinante o curiosa. Usen varias expresiones verbales presentadas en esta sección sobre las preposiciones. Después, elijan a un miembro del grupo para presentar la narración al resto de la clase.

MODELO: *Yo me acuerdo de un señor que se parecía mucho a Abraham Lincoln. Cada vez que lo veía me admiraba de la semejanza. Una vez decidí acercarme a él para presentarme. Me río de esto ahora porque cuando le hablé, me contestó con una serie de insultos. Me despedí de él pensando que esto me servía de ejemplo: hubo un solo Lincoln.*

V. Spanish equivalents of *to realize*

1. In Spanish, several verbs are used to express the range of meanings of *to realize*. **Darse cuenta (de)** means *to realize* in the sense of being or becoming aware of something. **Comprender** is synonymous with **darse cuenta (de)** when it expresses understanding or realizing something that was not understood before.

No **nos dimos cuenta de** lo tarde que era.	*We didn't realize how late it was.*
Ella **se da cuenta de**l valor de la educación.	*She realizes the value of education.*
Yo **comprendo** (**me doy cuenta de**) lo importante que es asistir a la escuela.	*I understand (realize) how important it is to attend school.*

2. **Realizar** means *to realize* in the sense of accomplishing or achieving a goal or fulfilling a desire. **Llevar a cabo** also expresses realizing or accomplishing in the sense of carrying out or completing a goal or project.

Estudiaré para poder **realizar** mis ambiciones en el futuro.	*I will study so as to be able to accomplish my goals in the future.*
Es una tarea formidable, pero puedo **llevarla a cabo** en el plazo dado.	*It is a very large task, but I can accomplish it in the time given.*

EJERCICIOS

A. En parejas, túrnense para hacer y responder a las siguientes preguntas que un/a profesor/a le hace a un/a estudiante al hablar de un proyecto de investigación. Usen **darse cuenta de**, **comprender**, **realizar** o **llevar a cabo**.

MODELO: Profesor/a: ¿Cree Ud. que puede realizar un proyecto tan
                              ambicioso en tan pocas semanas?
            Estudiante: *Sí, estoy seguro/a de que puedo llevarlo a cabo si
                              encuentro los libros que necesito en la biblioteca.*

1. ¿Comprende Ud. que a veces es mejor limitar el enfoque de un estudio académico?
2. ¿Se da cuenta de que primero es necesario averiguar si otra persona ha hecho antes el mismo estudio?
3. ¿Se da cuenta de que su estudio requiere un análisis estadístico? ¿Puede llevar a cabo ese tipo de análisis?
4. Estoy seguro/a de que ciertas partes de su estudio requieren una presentación gráfica. ¿Tiene Ud. los conocimientos necesarios para llevarla a cabo?
5. ¿Tiene Ud. acceso a una computadora para ayudarlo/la a realizar los aspectos estadísticos y gráficos?
6. Como esta tarea es tan vasta, ¿qué le parece la idea de realizarla con otro estudiante?
7. ¿Se da cuenta del orden en que debe citar los diferentes datos de las obras de consulta que aparecerán en su bibliografía?
8. Yo siempre digo que la verdad está en el detalle. ¿Comprende lo que quiero decir con esto?

B. Una consejera académica conversa con un estudiante universitario. Complete su conversación, escogiendo entre los verbos presentados en esta sección.

MODELO: ¿_____ cuáles son los requisitos generales?
            Consejera: *¿Se da cuenta de cuáles son los requisitos*
                         generales?
            Estudiante: *Sí, creo que los comprendo bien.*

1. ¿Tiene Ud. metas que desea _____ este año?
2. ¿_____ Ud. de que los cursos de geología y de estadística son a la misma hora?
3. ¿Cree Ud. que puede _____ estos dos proyectos de investigación y todavía seguir trabajando por la noche?
4. ¿Ya _____ por qué es importante prepararse bien en matemáticas?
5. Veo que Ud. necesita ayuda en matemáticas; ¿_____ que la universidad tiene un laboratorio de práctica?
6. No se preocupe por ese examen de aptitud; ¿no _____ que esos exámenes no miden la motivación de uno?
7. ¿Le parece que el catálogo de la universidad nos ayuda a _____ nuestro deseo de informar bien a los estudiantes?
8. ¿_____ las ventajas de graduarse con dos especializaciones complementarias?

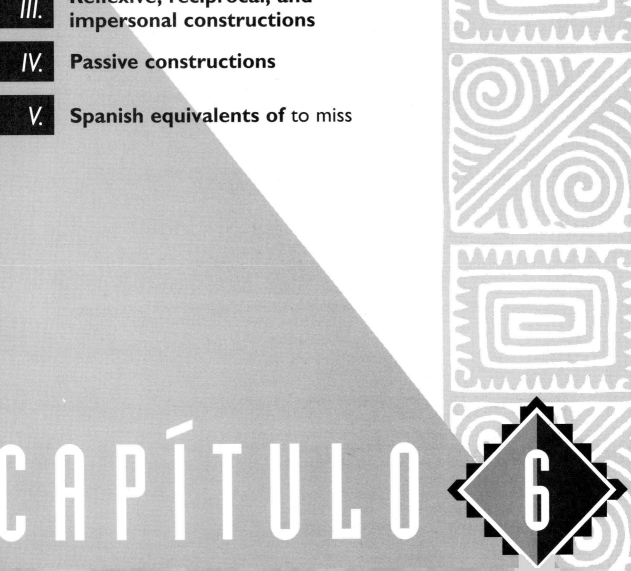

CAPÍTULO 6

1. The past participle

A. Forms

1. The past participle of regular verbs is formed by adding **-ado** to the stem of **-ar** infinitives, and **-ido** to the stem of **-er** and **-ir** infinitives.

-ar verbs	*-er* verbs	*-ir* verbs
aceptar	*establecer*	*decidir*
acept**ado**	establec**ido**	decid**ido**

When the infinitive stem of an **-er** or **-ir** verb ends in **a**, **e**, or **o**, a written accent is required on the **i** of the past participle ending **-ido**:

caer	caído	oír	oído
creer	creído	reír	reído
distraer	distraído	roer	roído
leer	leído	traer	traído

2. The following are some of the most common verbs with completely irregular past participles.

Infinitive	Past participle	Infinitive	Past participle
abrir	**abierto**	morir	**muerto**
cubrir	**cubierto**	poner	**puesto**
decir	**dicho**	resolver	**resuelto**
escribir	**escrito**	romper	**roto**
hacer	**hecho**	ver	**visto**
ir	**ido**	volver	**vuelto**

The past participles of verbs with stems similar to the ones in the preceding list have the same irregularities.

Model verb	Related verb	Irregular past participle
abrir	reabrir *to reopen*	reabierto
cubrir	descubrir *to discover*	descubierto
escribir	describir *to describe*	descrito
	inscribir *to inscribe, to register*	inscrito
	transcribir *to transcribe*	transcrito
hacer	deshacer *to undo*	deshecho
	rehacer *to redo*	rehecho
	satisfacer *to satisfy*	satisfecho
poner	componer *to compose*	compuesto
	imponer *to impose*	impuesto
	suponer *to suppose*	supuesto
volver	devolver *to return, to give back*	devuelto
	revolver *to stir*	revuelto

B. Uses

1. Together with the auxiliary **haber**, the past participle forms the perfect tenses. **Haber** agrees with the subject in person and number, but the past participle is invariable. (See *Section II* of this chapter on the perfect tenses for the conjugations of **haber**.)

No **hemos encontrado** trabajo todavía, pero **hemos tenido** varias entrevistas.	*We haven't found a job yet, but we've had several interviews.*
Me **han mandado** una solicitud, pero todavía no la **he llenado** porque hasta ayer tú no me **habías dado** todos los detalles.	*They have sent me an application form, but I haven't filled it out yet because until yesterday you had not given me all the details.*

2. Together with **ser**, the past participle forms the passive voice. The participle agrees in gender and number with the subject of the sentence. (See *Section IV* of this chapter on passive constructions.)

Muchos candidatos **fueron entrevistados** para el puesto, pero sólo uno **fue seleccionado**.	*Many candidates were interviewed for the position, but only one was selected.*
Esas casas **fueron diseñadas** por un arquitecto español.	*Those houses were designed by a Spanish architect.*

3. **Estar** + *a past participle* is used to express a condition or state that is the result of a previous action. The past participle agrees in gender and number with the subject. (See *Chapter 3, Section I* on **ser** and **estar** + *a past participle*.)

Rompí el jarrón de porcelana. El jarrón de porcelana **está** roto.	*I broke the china vase. The china vase is broken.*
Los gases de los vehículos contaminan el aire. El aire **está** contaminado.	*The fumes from vehicles contaminate the air. The air is contaminated.*
Solucioné tus dificultades. Tus dificultades **están** solucionadas.	*I solved your difficulties. Your difficulties are solved.*

4. The past participle can be used as an adjective. As such, it agrees in gender and number with the noun it modifies.

Conduzco un auto **alquilado**.	*I'm driving a rented car.*
La excursión **planeada** para el domingo próximo ha sido aplazada.	*The excursion planned for next Sunday has been postponed.*
Las cartas **publicadas** en el periódico de hoy son muy polémicas.	*The letters published in today's newspaper are very controversial.*

5. The past participle can also be used to introduce an adverbial phrase that expresses time or reason. If the participle has an object, that object comes after the participle.

Terminada la clase, los estudiantes abandonaron la sala.	*Once the class was finished, the students left the room.*
Recibido el mensaje, nos apresuramos en contestar.	*Once the message was received, we hastened to reply.*

REFRÁN

Hombre prevenido nunca fue vencido.

EJERCICIOS

A. Un estudiante universitario le cuenta una parte de su día a su hermana. Complete la descripción con el participio pasado de los verbos indicados entre paréntesis.

Isabel, ¡no te puedes imaginar el número de coches que vi _____ (estacionar) en los espacios _____ (dedicar) a los estudiantes! ¡Nunca he _____ (ver) tantos coches en un solo lugar! Estoy _____ (decidir) que de ahora en adelante voy a la universidad en autobús.

Una vez _____ (solucionar) el problema del estacionamiento, me fui al centro estudiantil donde encontré a varios amigos míos _____ (reunir) en la cafetería. Todos habían _____ (llegar) muy _____ (entusiasmar) por ser hoy el primer día de clases. Sin embargo, Alfredo parecía medio _____ (morir) de miedo; como sabes, él no sacó buenas notas el año pasado; está _____ (resolver) a trabajar más que antes.

Ah, te quería contar una cosa más. Parece que la administración ha _____ (tomar) en serio las quejas _____ (recibir) el año pasado con respecto a los laboratorios con computadoras. Han _____ (instalar) por lo menos dos laboratorios más y todas las máquinas funcionan bien. Ya ves: parecen _____ (resolver) las dificultades con los laboratorios; ¡ya veremos si para el año que viene estamos _____ (satisfacer) con el estacionamiento en la universidad!

B. Un/a estudiante cuenta su experiencia cuando trató de encontrar trabajo. Forme oraciones completas, según el modelo.

MODELO: abrir la carta / ver una invitación a una entrevista de empleo
Abierta la carta, vi una invitación a una entrevista de empleo.

1. leer la invitación / llamar a la secretaria para confirmar la cita
2. confirmar la cita / encontrar mi resumen profesional y ponerlo al día
3. preparar mi resumen / escribirlo a máquina de nuevo
4. hacer todos estos preparativos / salir para la entrevista
5. encontrar la oficina indicada / presentarme a la recepcionista
6. llenar los formularios necesarios / dejarlos con la recepcionista
7. aclarar algunos datos con la secretaria / entrar a entrevistarme con la directora
8. terminar la entrevista / descubrir que sólo buscaban un ayudante voluntario. ¡Qué vida!

Tejedora de Antigua, Guatemala, ciudad fundada en 1543. Siempre llaman la atención las bellas telas tejidas a mano por artesanos como la mujer de la fotografía.

C. Un/a estudiante que vive con otros en un apartamento vuelve a casa después de pasar una semana de vacaciones con sus padres en otra ciudad. Sus compañeros le enumeran las tareas que completaron mientras él/ella estaba ausente. Forme oraciones usando los sustantivos, **estar** y el participio pasado de los verbos.

MODELO: alfombras / lavar
Las alfombras están lavadas.

1. refrigeradora / reparar
2. ropa / planchar
3. todos los platos y utensilios / guardar
4. cuentas / pagar
5. pintor / contratar
6. flores / regar
7. camas / hacer
8. invitaciones a la fiesta / escribir
9. problemas con la electricidad / resolver
10. la dueña del apartamento / satisfacer

D. Usando el participio pasado de los verbos como adjetivo, invente una frase según el modelo, usando los elementos que se dan a continuación para describir posesiones de Ud. o de sus conocidos. Después de hablar de los objetos de la lista, añada otros que reflejen sus propias pertenencias favoritas.

MODELO 1: cuadro / pintar
Tengo un cuadro pintado por un brillante artista mexicano.

MODELO 2: sandalias de cuero / hacer
Dos compañeras mías tienen unas sandalias de cuero hechas en Centroamérica.

1. bolsa de mano / manufacturar
2. recuerdo especial / regalar
3. dos libros de poesía / publicar
4. novela española / autografiar
5. carta original del autor mexicano Carlos Fuentes / componer
6. una fotografía bellísima de El Alcázar / sacar
7. varios artefactos interesantes / descubrir
8. menú típico / traer
(Continúe, mencionando otros artículos personales.)

E. Organícense en pequeños grupos y túrnense para explicar algunos aspectos positivos o negativos de su trabajo actual (o uno que ha tenido en el pasado). No se olvide de mencionar qué trabajo es. Puede usar las frases que se dan a continuación u otras de su invención.

estar interesado/a

estar aburrido/a

estar satisfecho/a

participar en las decisiones tomadas

hacer caso de las quejas recibidas

hay empleados matriculados en la universidad

hay puestos desocupados

hay beneficios ofrecidos a todos

es un trabajo bien/mal pagado

hay evaluaciones escritas u orales

MODELO 1: *Trabajo de camarero en un restaurante del centro. Estoy satisfecho con mi puesto porque está en un lugar bien situado; también es un trabajo muy bien pagado.*

MODELO 2: *Mi trabajo es cajera en una sala de cine. Vi un anuncio publicado en el periódico y solicité el puesto. Una vez arreglada la entrevista, vi que era una buena situación para una estudiante matriculada en la universidad.*

II. The perfect tenses

The perfect tenses are formed by combining the auxiliary verb **haber** with the past participle of the principal verb. For the present perfect, the auxiliary verb **haber** is conjugated in the present tense; for the past perfect, **haber** is conjugated in the imperfect; and for the future perfect, in the future.

A. Forms

Present perfect	Past perfect	Future perfect
he trabajado	**había** trabajado	**habré** trabajado
has trabajado	**habías** trabajado	**habrás** trabajado
ha trabajado	**había** trabajado	**habrá** trabajado
hemos trabajado	**habíamos** trabajado	**habremos** trabajado
habéis trabajado	**habíais** trabajado	**habréis** trabajado
han trabajado	**habían** trabajado	**habrán** trabajado

1. Regardless of the gender or number of the subject of the perfect tense, the past participle is invariable; it always ends in -**o**.

> Felicia se **ha mudado** a Bogotá;   *Felicia has moved to Bogotá; his*
> sus padres no la **han visitado**   *parents haven't visited him yet.*
> todavía.

2. No word may come between **haber** and the past participle. Thus, object pronouns are placed before the auxiliary, as is the adverb **no** (**no** precedes object pronouns). Other adverbs, such as **ya**, **todavía**, and **recientemente**, may either precede the auxiliary or come after the past participle.

> Mi hermana no se **ha graduado**   *My sister has not graduated yet,*
> todavía, pero para mayo ya se   *but she will have already*
> **habrá graduado.**   *graduated by May.*
> **He pensado** en el trabajo de   *I've thought about the research*
> investigación que voy a hacer,   *paper I'm going to do, but I*
> pero no lo **he escrito** todavía.   *haven't written it yet.*

Mercado en Valencia, España. ¿Has visitado alguna vez un mercado semejante a éste, donde se encuentran antigüedades y objetos de segunda mano?

B. Uses

Use of the present perfect

1. The present perfect is used to refer to past events that have been completed prior to the present moment and that have some bearing on the present. (Consult *Chapter 2, Section II* for the use of **hacer** in ongoing events.)

Le **hemos enviado** a tu abogado los documentos que pidió. ¿Los **ha recibido** ya?	*We have sent your lawyer the documents he requested. Has he received them yet?*
Ha aumentado mucho últimamente el número de turistas en la zona.	*The number of tourists in the area has increased a lot lately.*

2. The present perfect is also used with time references such as **hoy, esta semana**, **este mes**, and **este año** when the reference is to a present time that has not yet ended. However, the simple preterit is used when the speaker views the action as finished and therefore detached from the current moment.

—Yo no **he visto** a Yolanda esta
mañana. ¿Tú la **has visto**?

*I haven't seen Yolanda this
morning. Have you seen her?*

—Sí, la **vi** muy temprano esta
mañana, pero ya se **fue**.

*Yes, I saw her very early this
morning, but she left.*

Usted no **ha recibido** ninguna
carta hoy.

*You haven't received any letters
today. (Mail delivery not over)*

Usted no **recibió** ninguna carta
hoy.

*You didn't receive any letters
today. (Mail delivery over)*

Use of the past perfect

The past perfect tense is used to show that a past action was completed prior
to the start of another past action (stated or implied) or prior to a specific time
in the past. (Consult *Chapter 2, Section II* for the use of **hacer** in actions continuing in the past.)

Ayer vi varias calles inundadas
porque la noche anterior **había
llovido** mucho.

*Yesterday I saw several flooded
streets because it had rained a
lot the night before.*

Ayer antes de las diez de la
mañana el correo ya **había
llegado**.

*Yesterday before 10 A.M. the mail
had already arrived.*

Use of the future perfect

The future perfect is used to show that a future action will have been completed prior to the start of another future action or prior to a specific time in
the future.

Yo volveré a casa el domingo y se
supone que mi compañero **habrá
llegado** el día anterior.

*I will return home Sunday, and it
is expected that my roommate
will have arrived the day
before.*

El viernes a más tardar ya **habrán
seleccionado** a los finalistas
para el puesto.

*By next Friday at the latest they
will have already selected the
finalists for the position.*

See *Chapter 10, Section I* for use of the conditional perfect in **si** clauses and
Chapter 9, Section I for use of the perfect tenses of the subjunctive.

EJERCICIOS

A. Una consejera de la universidad habla con un estudiante que quiere cambiar de especialización académica. Complete su diálogo con la forma apropiada del presente perfecto: **haber** + participio del pasado del verbo que aparece entre paréntesis.

Consejera:	Me informa la secretaria que Ud. está aquí porque _____ (decidir) cambiar de especialización.
Estudiante:	Sí, creo que me _____ (ir) mejor en mis clases de ciencias sociales que en las de ciencias naturales. Ahora quiero especializarme en historia.
Consejera:	Bueno, pero ¿_____ (pensar) bien su decisión? Es una decisión muy importante.
Estudiante:	Sí, la _____ (meditar) bien.
Consejera:	¿_____ (consultar) con algún profesor de su departamento actual?
Estudiante:	La verdad es que no; no _____ (conversar) con nadie.
Consejera:	¿_____ (ver) la lista de requisitos para su programa nuevo?
Estudiante:	Sí, _____ (leer) toda la información que hay sobre el programa de historia.
Consejera:	Bueno, está bien. ¿_____ (traer) la documentación necesaria?
Estudiante:	Sí, la _____ (poner) en este cuaderno.
Consejera:	Y, ¿_____ (acordarse) de llenar un formulario de solicitud para cambiar de especialización?
Estudiante:	¡Ay! ¡Me _____ (olvidar)! Lo puedo hacer inmediatamente.
Consejera:	Perfecto. Le deseo buena suerte en el programa de historia. _____ (ser) un placer ser su consejera durante su primer año en la universidad.
Estudiante:	Ud. siempre me _____ (dar) muchos consejos excelentes. Gracias por todo.

B. Las siguientes personas han hecho cosas que nunca habían hecho antes. Siga el modelo.

MODELO: Mario: reducir sus gastos personales / economizar antes
Mario ha reducido sus gastos personales; nunca había econo-
mizado antes.

1. mis sobrinos: recibir un préstamo de mi hermana / pedirle dinero a un pariente antes
2. Julia y Laura: mudarse de apartamento / vivir en un apartamento tan pequeño antes
3. (yo): cambiar de especialización académica / pensar en otra carrera que la de médico antes
4. (nosotros): cancelar nuestros planes para unas vacaciones en la playa / dejar de salir de vacaciones antes
5. Mónica: buscar ayuda para su clase de estadística / necesitar ayuda antes
6. (tú): dejar de jugar al golf durante el verano / hacer un sacrificio tan grande antes

C. En grupos de cuatro estudiantes, averigüen cuáles de las siguientes (u otras) actividades han hecho sus compañeros. Añadan otros detalles cuando sea posible.

MODELO: visitar un país extranjero
E1: *¿Has visitado un país extranjero?*
E2: *No, nunca lo he hecho; pero sí he visitado muchos estados diferentes.*

1. hacer paracaidismo
2. ver la última película de Clint Eastwood
3. ir a Nueva York
4. esquiar en las montañas de Colorado o Utah
5. ganar un premio en algún concurso
6. estar en un accidente automovilístico
(Inventen otras situaciones.)

D. En los mismos grupos de cuatro personas, cada estudiante debe expresarle al grupo dos cosas que nunca había hecho antes de tener dieciséis años, pero que ahora sí ha hecho. Formen dos frases distintas, como en el modelo. Al final de cada comunicación, otro estudiante del grupo debe resumir las dos actividades mencionadas en discurso indirecto.

MODELO: E1: *Antes de los dieciséis años yo nunca había manejado un coche, pero ahora manejo todos los días. Tampoco había estudiado una lengua extranjera, pero ahora estudio español.*

E2: *Tomás dijo que antes de tener dieciséis años nunca había manejado un coche ni estudiado una lengua extranjera.*

E. Diga para cuándo piensa Ud. que las siguientes cosas ya se habrán hecho. Dé tantos detalles como sea posible. Al terminar las actividades de la lista, añada otras.

MODELO: tú: comprarte un coche nuevo
Creo que en cuatro años me habré comprado un coche nuevo. Será un Jaguar o un Porsche.

1. tú: casarte, graduarte de la universidad, ganar un millón de dólares, sacar a bailar a Gloria Estefan.
2. tus padres: jubilarse, mudarse a otra casa, enviar más dinero, visitarte en la universidad.
3. tu mejor amigo/a: comprarte un regalo, limpiar su cuarto, sacar una nota sobresaliente en una clase, aprender a manejar bien.

F. ¿Qué habrán hecho Uds. en diez o quince años? Divídanse en grupos de cuatro personas. Cada estudiante debe hacer conjeturas sobre su propio futuro y el futuro de otro miembro del grupo. Pueden hablar de su trabajo, sus viajes, sus familias, sus vacaciones, su residencia u otros asuntos de su interés.

MODELO: *En quince años habré obtenido una posición de responsabilidad en un negocio internacional. También mi familia y yo habremos pasado vacaciones magníficas en varios países de Sudamérica. Jorge, creo que tú te habrás graduado de la universidad, por fin.*

G. Trabajando en pequeños grupos, túrnense para hacer entrevistas en las situaciones que aparecen a continuación y otras de su invención. Sigan el modelo.

MODELO: buscando empleo
E1: *Veo que ha trabajado en varios sitios.*
E2: *Sí, hasta ahora he tenido tres puestos diferentes. Primero, he trabajado de cajero/a en un restaurante …*

1. hablando con un/a consejero/a académico/a
2. comprando un coche
3. explicándole a su profesor/a sus dificultades con una tarea
4. describiéndole a un/a doctor/a sus síntomas

III. Reflexive, reciprocal, and impersonal constructions

A. Reflexives

Forms and position

Subject pronouns	Corresponding reflexive pronouns
yo	me
tú	te
él, ella; Ud.	**se**
nosotros/as	nos
vosotros/as	os
ellos, ellas; Uds.	**se**

Reflexive pronouns have the same positions as direct and indirect-object pronouns: they precede the conjugated verb in simple and compound tenses and in negative commands; they are attached to the end of the verb in affirmative commands; in a sequence of a conjugated verb followed by an infinitive or a present participle, they may be attached to the infinitive or to the present participle, or they may precede the conjugated verb. Reflexive pronouns also precede object pronouns when they all occur in the same sentence. (See *Chapter 4, Section III* for the position of object pronouns.)

Me levanto temprano; siempre **me** he levantado temprano.

I get up early; I have always gotten up early.

¡No **te** sientes aquí! ¡Siénta**te** en esa silla!

Don't sit here! Sit down on that chair!

Nos debemos controlar mejor/Debemos controlar**nos** mejor.

We should control ourselves better.

Sofía **se** lavó el pelo y ahora **se lo** está peinando/Sofía está peinándo**selo**.

Sofía washed her hair and is now combing it.

Uses

1. Reflexive pronouns are used to indicate that the direct or indirect object in a sentence is the same as its subject, thus showing that the subject both performs and receives the action. Observe the difference in meaning of the following nonreflexive and reflexive constructions.

Nonreflexive	Reflexive
Paco defiende a Tomás. **Lo** defiende. *Paco defends Tomás. He defends him.*	Paco **se** defiende. **Se** defiende. *Paco defends himself. He defends himself.*
Ana enoja a Rita. **La** enoja. *Ana makes Rita mad. She makes her mad.*	Ana se enoja. **Se** enoja. *Ana gets mad. She gets mad.*
Paco **le** lava la cara al bebé. *Paco washes the baby's face.*	Paco **se** lava la cara. *Paco washes his own face.*
Le compré un regalo a mi hermanita. *I bought a present for my little sister.*	**Me** compré un regalo. *I bought a present for myself.*

2. In the case of some verbs, the reflexive pronoun is an integral part of the verb and does not indicate that the action goes back to the subject. The pronoun **se** placed immediately after the infinitive identifies such verbs as reflexive.

abstenerse *to abstain*	ausentarse *to be absent*	quejarse *to complain*
arrepentirse (ie, i) *to repent*	dignarse *to deign*	rebelarse *to revolt*
atreverse *to dare*	jactarse *to boast*	suicidarse *to commit suicide*

Mi vecino **se queja** de su salud, pero no **se abstiene** de comer alimentos grasos y no **se atreve** a ir al médico.

My neighbor complains about his health, but he doesn't abstain from fatty foods and he doesn't dare go to the doctor.

3. Many verbs that indicate a change in body position, or a mental or physical change are reflexive in Spanish but not in English.

Change in body position	Mental change	Physical change
acostarse (ue) *to go to bed*	aburrirse *to get bored*	cansarse *to get tired*
agacharse *to crouch*	alegrarse *to become happy*	debilitarse *to weaken, to grow weaker*
arrodillarse *to kneel down*	avergonzarse (üe) *to be ashamed*	desmayarse *to faint*
hincarse *to kneel down*	enojarse *to get mad, angry*	enfermar (se) *to get sick*
inclinarse *to bow, to lean*	enorgullecerse *to be proud*	enrojecer (se) *to blush*
levantarse *to get up*	entristecerse *to become sad*	fatigarse *to get tired*
parar (se) *to stand up; to stop*	indignarse *to become indignant*	fortalecerse *to get strong*
sentarse (ie) *to sit down*	ofenderse *to feel offended*	resfriarse *to get a cold*
	preocuparse *to worry*	
	sorprenderse *to be surprised*	

Note that in the case of mental and physical change, the English equivalent is often *to become* or *to get* + an adjective. (See also *Chapter 3, Section V.*)

Los padres **se enojaron** porque el niño **se acostó** tarde.	*The parents got mad because the child went to bed late.*
El hombre **se inclinó** hacia adelante y luego **se desmayó**.	*The man leaned forward and then fainted.*

4. Other verbs change in meaning when used reflexively.

Nonreflexive	Reflexive
acercar *to bring near*	acercarse *to approach*
acordar (ue) *to agree on*	acordarse (ue) *to remember*
comportar *to entail; to endure*	comportarse *to behave*
enterar *to inform*	enterarse *to find out*

Nonreflexive (cont.)	Reflexive (cont.)
equivocar *to mistake (A for B)*	equivocarse *to be mistaken*
ir *to go*	irse *to leave*
llamar *to call*	llamarse *to be called (named)*
morir (ue, u) *to die*	morirse (ue, u) *to die (nonviolently)*
parecer *to seem*	parecerse *to resemble*
preguntar *to ask (a question)*	preguntarse *to wonder*

Acércate; **acerca** esa silla.
Come near me; bring that chair near.

Julia **se parece** a su mamá; **parece** que eso no le gusta mucho.
Julia resembles her mother; it seems that she doesn't like that too much.

5. The reflexive pronoun **se** is used in sentences that describe unintentional, unplanned occurrences that are the result of chance rather than of conscious decision. The person involved in the action or who inadvertently caused it to happen is viewed as the indirect object (the person to whom something happens); the inanimate object is the grammatical subject of the action and normally appears at the end of the sentence. The initial phrase beginning with **a** in the following diagram is optional. The verb is always in the third person singular or plural.

(*a* + noun/ pronoun)	Reflexive pronoun *se*	Indirect-object pronoun	Verb	Subject	
A mi hermano	se	le	perdió	el anillo.	*My brother lost his ring.*
A mí	se	me	rompieron	las gafas.	*I broke my glasses.*
	Se	nos	quebró	un jarrón.	*A vase broke on us/We broke a vase.*
	Se	te	olvidaron	las llaves.	*You forgot your keys.*

suceso ≠ fortuito

Verbs that are frequently used to express accidental or unplanned events include **acabar**, **caer**, **descomponer**, **ocurrir**, **olvidar**, **perder (ie)**, **quebrar (ie)**, and **romper**.

¡A Tano **se le ha ocurrido** una idea genial!	*Tano has come up with a brilliant idea!*
Se nos acabó la gasolina.	*We ran out of gas.*
Se me descompuso el coche.	*My car broke down on me.*

B. Reciprocals

1. The plural reflexive pronouns **nos**, **os**, and **se** are also used to indicate reciprocal actions. In English, *each other* or *one another* expresses reciprocal action. Some common verbs used in reciprocal constructions include **abrazarse**, **amarse**, **ayudarse**, **besarse**, **casarse**, **comprometerse**, **darse la mano**, **despedirse (i)**, **escribirse**, **felicitarse**, **saludarse**, and **telefonearse**.

Los tenistas **se dieron la mano** y **se felicitaron** después del partido.	*The tennis players shook hands and congratulated each other after the match.*
Mónica y Benito **se aman**; si no **se ven**, **se telefonean** o **se escriben**.	*Mónica and Benito love each other; if they don't see each other, they phone or write each other.*

2. Although structurally a reciprocal construction is identical to a reflexive construction with a plural subject, in actual communication the specific context or the meaning of the verb generally indicates which meaning (either reflexive or reciprocal) is intended. However, if clarification becomes necessary, phrases such as **uno/a/s a otro/a/s**, **entre sí**, or **mutuamente** may be used for the reciprocal construction, **a sí mismo/a/os/as** for the reflexive construction.

Los hermanos **se abrazaron**; pronto iban a **separarse**.	*The brothers embraced each other; they would soon part company.*
Los miembros del equipo **se miraron** con asombro cuando llegó el nuevo dueño. ¡Era una mujer!	*The team members looked at each other with astonishment when the new owner arrived. It was a woman!*

Los atletas **se miraron**.	*The athletes looked at themselves/at each other.*
Los atletas **se miraron unos a otros**.	*The athletes looked at each other.*
Los atletas **se miraron a sí mismos**.	*The athletes looked at themselves.*

C. Impersonal se

1. The pronoun **se** with a singular verb can be used to indicate that a sentence has an indefinite subject or that no individual in particular performs an action.

Se vive bien en este país.	*People live well in this country.*
Se dice que el presidente dimitirá.	*They say the president will resign.*
No **se permite** estacionar aquí.	*One is not allowed to park here. Parking is not allowed here.*

2. There are several English equivalents of the impersonal construction with **se**.

Se trabaja mucho en esta oficina.	***People*** *work a lot in this office.* ***They*** *(indeterminate) work a lot in this office.* ***One*** *works a lot in this office.* ***You*** *(indeterminate) work a lot in this office.*

3. The word **uno** is used to express an impersonal statement with reflexive verbs in order to differentiate between a personal subject (*he, she, you*) and the indefinite use of **se** (*one, people,* and so on.).

Se siente bien después de hacer ejercicio. (Él/Ella/Ud. se siente bien ...)	*He/She feels good after exercising. You feel good after exercising.*
Uno se siente bien después de hacer ejercicio.	*One feels good after exercising.*

See *Section IV* of this chapter for use of passive **se**.

La tenista argentina Gabriela Sabatini compitiendo en un torneo internacional. Se ha convertido en un ídolo de los amantes del tenis en todo el mundo. Dice que siempre se esfuerza por triunfar.

EJERCICIOS

A. Diga lo que hacen las siguientes personas antes o después de jugar al tenis.

MODELO: tú y yo: ponernos los zapatos de tenis
            Tú y yo nos ponemos los zapatos de tenis.

1. Pepita: quitarse el vestido y ponerse la ropa para tenis.
2. tú: ponerte los pantalones cortos y atarte el pelo
3. yo: comprarme un refresco y sentarme a descansar un momento
4. Carmen: ducharse en agua tibia y lavarse el pelo
5. Juan: afeitarse rápidamente y peinarse con cuidado
6. Inés y yo: ponernos ropa de calle y tomarnos una limonada

B. Explique lo que hicieron Ud. y otras tres personas la noche de una cena para reunir fondos para un programa de becas estudiantiles.

MODELO: Julia: vestirse / vestir a su hijita
Julia se vistió y luego vistió a su hijita.

1. Samuel y Julia: saludarse cordialmente / saludar al resto del grupo
2. Julia y yo: preguntarles a los organizadores el número de billetes vendidos / preguntarnos qué posibilidades teníamos de ganar suficiente dinero
3. (tú): informarte de la hora del comienzo / informar al equipo de meseros
4. (yo): mirarme en el espejo / mirar a mis compañeros
5. Samuel e Inés: presentarse al presidente de la universidad / presentar el presidente al resto del grupo
6. (tú): sentar al presidente y a su esposa / sentarte
7. (nosotros): felicitarnos unos a otros / felicitar a todos los que nos ayudaron

C. Divídanse en grupos de tres a cuatro estudiantes y túrnense para explicarles a sus compañeros de clase por lo menos dos mini-desastres que Ud. o un/a(os/as) conocido/a(os/as) ha(n) sufrido últimamente. Use verbos que expresan sucesos accidentales, tales como **perder**, **ocurrir**, **caer**, **acabar**, **descomponer**, **olvidar**, **quebrar** y **romper**.

MODELO: *No lo van a creer, pero ayer, al entrar a mi clase de matemáticas, se me cayeron las gafas y se me quebraron; luego recordé que se me había olvidado estudiar para el examen de ese día. ¡Qué desastre!*

D. Dos compañeros/as estudian química y también participan juntos/as en muchas actividades fuera de clase. En grupos de tres, háganse y contéstense preguntas, como en el modelo, sobre la cooperación que existe o no existe entre los/las compañeros/as. Respondan creativamente.

MODELO: (nombres) / llevarse bien trabajando en los proyectos de química, ¿no?
E1: *Alicia y Felipe, Uds. se llevan bien trabajando en los proyectos de química, ¿no?*
E2: *(Alicia): Sí, nos llevamos bastante bien.*
E3: *(Felipe): Aunque a veces nos gritamos cuando estamos cansados.*

1. (nombres) / telefonearse mucho para hablar de las tareas en la clase de química, ¿no?
2. (nombres) / darse consejos en el laboratorio de química, ¿no?
3. (nombres) / ayudarse frecuentemente con las tareas de clase, ¿no?
4. (nombres) / entenderse muy bien jugando al tenis, ¿no?

5. (nombres) / felicitarse con entusiasmo después de un partido de tenis, ¿no?
6. (nombres) / escribirse cartas durante el verano cuando no estudian juntos, ¿no?

E. Explique los reglamentos de un entrenador de básquetbol muy estricto, según el modelo. Al final de la lista, añada otros reglamentos.

MODELO: no hablar durante la práctica sin permiso
No se habla durante la práctica sin permiso.

1. no faltar a las sesiones de práctica
2. practicar sin distracciones
3. prohibir beber y comer en el gimnasio durante las sesiones
4. no entrar al gimnasio sin zapatos de básquetbol
5. llevar siempre el uniforme reglamentario
6. no poder salir a fiestas durante la temporada de básquetbol
7. dejar el vestuario limpio y ordenado después de ducharse
   (Añada otros reglamentos.)

F. Háganse preguntas para saber cómo se sienten sus compañeros en las siguientes circunstancias. Para las preguntas pueden usar expresiones como **¿Qué te pasa?**, **¿Qué les ocurre a Uds./ellos?** o **¿Qué le(s) sucede a ...?** En las respuestas, usen una de las expresiones que se dan a continuación u otras que seleccionen Uds.

aburrirse	enojarse	irritarse
alegrarse	entristecerse	ponerse furioso/a
avergonzarse	frustrarse	ponerse impaciente
deprimirse	impacientarse	preocuparse
divertirse	indignarse	sorprenderse

MODELO: cuando no poder terminar los ejercicios físicos
E1: *¿Qué te pasa, Ana, cuando no puedes terminar los ejercicios físicos?*
E2: *Pues, me irrito y también me preocupo un poco por mi salud.*

1. cuando llegar tarde a la clase
2. cuando estar muy cansado/a
3. cuando no tener nada que hacer
4. cuando poder hacer ejercicio regularmente
5. cuando ser felicitado/a por un/a profesor/a
6. cuando no cumplir una promesa por falta de tiempo
7. cuando gritarte un miembro de la familia
8. cuando llover tres días seguidos

G. Escoja uno de los ejemplos de la lista o invente otro y prepare una breve explicación sobre cómo vive o trabaja aquella persona. Al final de la presentación, conteste las preguntas que tengan sus compañeros.

> MODELO: un/a atleta sobresaliente en la universidad
> > E1: *Un/a atleta sobresaliente se levanta tempranísimo, se entrena más de dos horas antes de desayunar, se esfuerza por seguir una dieta equilibrada y no se siente frustrado/a de llevar una vida tan disciplinada.*
> > E2: *Pero, ¿por qué tiene que levantarse tan temprano?*
> > E1: *Porque quiere entrenarse antes de ocuparse de las clases y sus otras responsabilidades.*

un/a político/a famoso/a en todo el país

un/a célebre cantante de música popular

un/a estudiante graduado/a que termina el doctorado

un/a novelista de fama internacional

otra persona de su preferencia

H. Uno tras otro cada estudiante menciona una actividad que hace recíprocamente con otra persona. No repitan ninguna actividad.

> MODELO: E1: *Miguel y yo nos llamamos por teléfono antes de ir a clase para ver quién va a manejar.*
> > E2: *Pues, Olga y yo nos damos ánimo la una a la otra antes de ir a un examen de matemáticas.*
> > Etc.

IV. Passive constructions

A. Active versus passive constructions

1. The *active voice* is used when the subject performs the action expressed by the verb and the direct object is the element acted upon. This construction places the main focus of interest on the performer of the action (active subject) rather than on the receiver (direct object).

Active voice	Subject	Action	Element acted upon
	Cervantes	**escribió**	*El Quijote.*
	La directora	**despidió**	a varios empleados.

2. The *passive voice* is used when the element acted upon is the grammatical subject of the sentence. The direct object has been turned into a passive subject to show that the main focus of interest has shifted from the performer to the receiver of the action.

Passive voice	Element acted upon	Passive action	Agent
	El Quijote	**fue escrito**	por Cervantes.
	Varios empleados	**fueron despedidos**	por la directora.

Iglesia de la Compañía de Jesús, Quito, Ecuador, uno de los mejores ejemplos del arte barroco quiteño. Fue construida en el siglo XVII y está situada en la parte vieja de la ciudad.

3. The passive construction takes a form of **ser** + a past participle. The performer of the action (agent), if mentioned, is expressed by a prepositional phrase introduced by **por**.

<table>
<tr><td>Varios empleados **fueron despedidos por** la nueva directora.</td><td>*Several employees were fired by the new director.*</td></tr>
<tr><td>La ciudad de Lima **fue fundada** en el siglo XVI.</td><td>*The city of Lima was founded in the sixteenth century.*</td></tr>
</table>

4. The past participle in the passive construction functions as an adjective and, therefore, agrees in gender and number with the subject of the sentence.

<table>
<tr><td>La Iglesia de la Compañia de Jesús fue **construida** en el siglo XVII.</td><td>*The Church of the Jesuit Order was built in the seventeenth century.*</td></tr>
<tr><td>Todas las carreteras serán **reparadas** el próximo verano.</td><td>*All of the highways will be repaired next summer.*</td></tr>
</table>

B. Alternatives to the passive voice

The passive voice is used much less frequently in Spanish than in English. As a consequence, active alternatives such as the **se** construction, a verb in the third person plural, or the reversal of the normal *subject + verb + direct object* word order are generally preferred as substitutes.

Se construction

1. The pronoun **se** (without its reflexive meaning) is frequently used in situations in which the performer of the action is irrelevant, too indefinite to pinpoint, or unknown and, therefore, not mentioned. Note the several English equivalents of this **se** construction.

<table>
<tr><td rowspan="5">**Se gasta** más dinero hoy que antes.</td><td>*More money is spent now than before.*</td></tr>
<tr><td>*They (impersonal) spend more money now than before.*</td></tr>
<tr><td>*You (impersonal) spend more money now than before.*</td></tr>
<tr><td>*People spend more money now than before.*</td></tr>
<tr><td>*One spends more money now than before.*</td></tr>
</table>

2. The **se** construction is formed by the pronoun **se** + a verb in the third person. A noun referring to an inanimate object or objects, or to an anonymous person or persons functions as the subject of the **se** construction and normally follows the verb; the verb agrees with the subject.

Hoy **se publicó** sólo un artículo sobre la crisis financiera actual. Ayer **se publicaron** cinco artículos sobre el mismo tema.

Today only one article on the current financial crisis was published. Yesterday five articles on the same subject were published.

En esta oficina no **se necesita** sólo una secretaria; **se necesitan** tres por lo menos.

In this office they don't need just one secretary; at least three are needed.

ADIVINANZA

Vuela sin alas,
silba sin boca
y no se ve
ni se toca.

Respuesta al final del capítulo

3. A noun referring to a specific person or persons functions as the direct object of the **se** construction and is preceded by the preposition **a**; the verb is always conjugated in the third person singular.

Ayer **se entrevistó a** tres candidatos para el puesto vacante; esta mañana **se entrevistará a** uno solo.

Yesterday three candidates for the vacant position were interviewed; this morning only one will be interviewed.

4. Both passive **se** and impersonal **se** indicate that the performer of an action is unknown or irrelevant; thus, the distinction in meaning is minimal.

Se cultiva trigo aquí.

Wheat is grown here (passive). People grow wheat here (impersonal).

There is, however, a grammatical distinction: passive **se** is used with verbs that take a direct object, whereas impersonal **se** can be used with any type of verb. Also, passive **se** is used with verbs conjugated in the third person *singular or plural*; impersonal **se**, with verbs conjugated in the third person *singular only*. The table that follows summarizes the grammatical classification.

With verbs that take a direct object		
singular nonhuman noun	Aquí **se** cultiv**a** trigo.	passive or impersonal **se**
plural nonhuman noun	Aquí **se** cultiv**an** papas.	passive **se** only (plural verb)
singular or plural human noun	**Se** castig**ó** al criminal/a los criminales.	passive or impersonal **se**
With verbs that do not take a direct object		
	Se viv**e** bien aquí.	impersonal **se** only

Verb in the third person plural form

When the performer of an action is not mentioned, another alternative frequently used is an active construction with the indefinite third person plural form of the verb.

Construirán una nueva carretera en este lugar.	*They will build a new highway in this place./A new highway will be built in this place.*
No **permiten** estacionar aquí.	*Parking is not allowed here./They don't allow parking here.*
Necesitan una secretaria en la oficina. **Han entrevistado** a cinco personas para el puesto.	*They need a secretary in the office. They have interviewed five people for the position.*

Reversal of subject + verb + direct object word order

An active sentence in which normal word order (*subject + verb + direct object*) is reversed (*direct object + verb + subject*) is sometimes used rather than the passive voice. When this happens, a redundant direct-object pronoun must be added before the verb to show that what precedes it, though in an initial position, is not the subject but the direct object of the verb.

La elección para diputado la ganó el candidato independiente.	*The election for deputy was won by the independent candidate.*
Las elecciones municipales no **las** ganaron los socialistas.	*The municipal elections weren't won by the socialist candidates.*
A estos empleados los supervisa la señora Avendaño. **A aquéllos los** supervisa el señor Gutiérrez.	*These employees are supervised by Mrs. Avendaño. Those are supervised by Mr. Gutiérrez.*

EJERCICIOS

A. Cambie las siguientes noticias a la voz pasiva. Utilice el mismo tiempo verbal que aparece en la frase original.

MODELO: Los Tigres derrotaron a Los Patos ocho a siete.
Los Patos fueron derrotados por Los Tigres ocho a siete.

1. El Departamento de Lenguas inaugurará mañana el laboratorio de lenguas nuevo.
2. La universidad construyó una residencia para estudiantes casados.
3. Los oficiales del gobierno estudiantil han anunciado algunas reglas nuevas para la distribución del presupuesto.
4. El Senado del Profesorado aprobó la petición de los estudiantes.
5. Los miembros de la Asociación de Estudiantes de Negocios pronostican una rápida mejora económica.
6. Los departamentos de ciencias naturales cambiarán los requisitos para la graduación.

B. ¿Qué sabe Ud. de la historia y la cultura hispánicas? Forme oraciones completas y lógicas combinando un elemento de cada columna y usando la voz pasiva con un verbo en el pasado.

la novela *Don Quijote*	obtener	los romanos
el Premio Nobel	organizar–	el pueblo español
los sandinistas	vencer– *defeat*	Rita Moreno
Florida	grabar– *record*	César Chávez
un Oscar y un Tony	pintar	Rivera y Orozco

los trabajadores	premiar	Violeta Chamorro
el rey Juan Carlos	escribir	Gloria Estefan
la música bilingüe	traer a España	Ritchie Valens
"La bamba"	popularizar	Miguel de Cervantes
varios murales de México	coronar	Gabriel García Márquez
la corrida de toros	conquistar	Tony Peña
	fundar	Rubén Blades
		Juan Ponce de León

MODELO: *"La bamba" fue grabada por Ritchie Valens.*

C. Ud. contesta las preguntas de un/a compañero/a de trabajo para ponerlo/la al día sobre lo que ha pasado en el departamento mientras él/ella estuvo de vacaciones.

MODELO: anunciar tu promoción
E1: *¿Ya anunciaron tu promoción?*
E2: *Sí, se anunció hace dos días. (No, todavía no se ha anunciado.)*

1. instalar la computadora en mi despacho
2. remodelar la oficina del jefe
3. distribuir la información sobre los nuevos beneficios de salud
4. fijar nuevas metas para el trimestre que viene
5. firmar el contrato con los contratistas
6. resolver el desacuerdo entre nuestro departamento y el de publicidad

D. Explíquele a otra persona su opinión sobre la mejor manera de tener éxito en las siguientes actividades. Cada explicación debe incluir por lo menos tres consejos.

MODELO: jugar bien al golf
Para jugar bien al golf, primero, se compran buenos palos de golf, se practica casi todos los días y se aprende a tener mucha paciencia.

1. sacar una nota sobresaliente en biología
2. graduarse de la universidad en cuatro años
3. aprender a hablar un idioma extranjero
4. preparar una ensalada deliciosa
5. correr un maratón
6. pasar unas vacaciones magníficas

E. En grupos de tres, cada estudiante menciona por lo menos una cosa que se hace en cada uno de los siguientes lugares.

> MODELO: en un restaurante
>
> E1: *En un restaurante se piden varias comidas y bebidas.*
> E2: *También se conversa con los amigos sobre las actividades del día.*
> E3: *Muchas veces se lee el periódico durante la comida.*

1. en un mercado al aire libre
2. en un laboratorio de lenguas
3. en un concierto
4. en una clínica
5. en un partido de básquetbol
6. en una peluquería
7. en México
8. en Brasil

F. Un/a amigo/a ha vuelto a su universidad después de estar en otro país casi dos años. Su amigo/a tiene muchas preguntas. En parejas, túrnense para hacer y contestar las siguientes preguntas. Utilicen la variante para la voz pasiva que aparece en el modelo y mantengan el mismo tiempo verbal que aparece en la pregunta.

> MODELO: E1: ¿Quién ganó la última elección para senador de este estado?
> E2: *La elección la ganó un candidato independiente.*

1. ¿Qué equipo ganó la Serie Mundial el año pasado?
2. ¿Dónde se van a celebrar los próximos Juegos Olímpicos?
3. ¿Ganará las próximas elecciones estatales el partido republicano?
4. ¿Quién dirigió la película *Jurassic Park*?
5. ¿Quiénes hicieron tan popular el programa de Rush Limbaugh?
6. En su opinión, ¿qué estado tiene el mejor sistema de educación universitaria ahora?
7. ¿Quiénes compran la música de Sting?
8. ¿Por qué están construyendo edificios nuevos en el recinto universitario?

G. Escoja dos artículos o servicios que necesita y dos que quiere ofrecer y prepare anuncios según el modelo. Puede usar las sugerencias que aparecen a continuación u otras de su invención. Use verbos como **necesitar**, **solicitar**, **buscar**, **ofrecer** y **anunciar**.

Necesitar

tutor para una clase

clases de guitarra/español

revistas de segunda mano sobre . . .

libros de texto usados

Ofrecer

coche de segunda mano

llantas para la nieve

computadora portátil

discos compactos de música popular

MODELO 1: muebles para el patio
Se necesitan muebles para el patio de un jardín. Se busca un juego con parasol y con cuatro sillas por lo menos. Se paga bien. Preguntar por el Sr. Arredondo al 311-7733.

MODELO 2: sillón
Se ofrece un sillón en buenas condiciones. Se ha usado muy poco. Casi se regala; muy buen precio. Llamar al 337-9838 y preguntar por la Srta. González.

V. Spanish equivalents of to miss

The Spanish verbs and expressions **perder(se) (ie)**, **faltar**, **hacer falta**, **echar de menos**, and **extrañar** can each express the English verb *to miss* or *to be missing*, even though they may also have other meanings. Which verb is used depends upon the context. Note that although these five expressions are the ones most frequently used to express *to miss*, other verbs are also possible.

1. **Perder** is used to refer to missing a means of transportation or an opportunity. Some sense of responsibility for the loss is expressed or implied.

Llegué tarde al aeropuerto y **perdí** mi vuelo.	*I arrived late at the airport and missed my flight.*
A causa de su enfermedad, Marta **perdió** el entrenamiento.	*Because of her illness, Marta missed training.*

2. **Perderse** is used in the sense of missing an event, an activity, or a moment, especially something pleasant or exciting, or of special interest to the person(s) affected. **Perderse** expresses an emotional involvement or intensity that is lacking with **perder**.

Si vas a Miami, **te perderás** la cena de bienvenida para el nuevo director.	*If you go to Miami, you'll miss out on the banquet to welcome the new director.*
Lo malo es que **voy a perderme** el primer partido de fútbol de mi hijo.	*What's really bad is that I'll miss my son's first soccer game.*

3. **Faltar (a)** means *to miss* in the sense of simply not attending a class, an appointment, or some other event; no sense of responsibility is implied. **Faltar** is used to indicate that someone or something is not present.

¿Por qué **faltaron** tantos estudiantes a clase ayer?	*Why did so many students miss class yesterday?*
Fue una reunión muy caótica; en primer lugar, **faltaron** muchas sillas.	*It was a very chaotic meeting; in the first place, a lot of chairs were missing.*

4. **Hacer falta** is used to indicate that something is lacking, although desired or needed. **Hacer falta**, in the sense of *to miss* or *to be missing*, implies a certain degree of need for the absent person or thing.

Para mí, **hace falta** más comprensión de nuestro sistema económico.	*In my opinion, more understanding of our economic system is needed.*
Juan no estuvo allí; nos **hizo falta** su sentido del humor.	*Juan wasn't there; we missed his sense of humor.*

5. To miss someone or something in an emotional way is most often expressed with **echar de menos** or **extrañar**. Both suggest regret for the absence. Although **hacer falta** can also be used with this meaning, it occurs much less frequently.

Ya me gradué, pero **echo de menos** la rutina académica.	*I just graduated, but I miss the academic routine.*
También **extraño** mucho a mis compañeros de clase.	*I also miss my classmates a great deal.*
Parece que me **hace falta** el ambiente universitario.	*It seems that I miss the university environment.*

EJERCICIOS

A. En parejas, túrnense para hacer y responder creativamente a las siguientes preguntas. Utilicen **perder(se) (ie)**, **faltar**, **hacer falta**, **echar de menos** o **extrañar**.

MODELO: ¿No echas de menos a tus amigos de la escuela secundaria?
Claro, echo mucho de menos a los que decidieron asistir a otra universidad.

1. ¿Faltas a tus clases de vez en cuando?
2. ¿Qué te falta para ser completamente feliz?
3. ¿Te hace falta más tiempo a veces para hacer tus tareas?
4. ¿Te has perdido alguna buena fiesta por los estudios?
5. ¿Qué cosas echas de menos más de tu casa o familia?
6. ¿Has perdido alguna vez una clase buena por un conflicto de horas en el horario de clases?

B. Complete el siguiente diálogo con la forma apropiada de **perder(se)**, **faltar**, **hacer falta** o **echar de menos**, según el contexto.

Andrés: ¿Tuviste problemas ayer, Claudia? ¿Por qué _____ a la sesión de repaso?

Claudia: _____ porque _____ el autobús de las nueve.

Andrés: ¡Lo siento mucho! _____ una clase muy útil y todos tus amigos te _____.

Claudia: Gracias, Andrés. ¿Tomaste apuntes? ¿Me los prestas? Me _____ para prepararme bien para el examen final.

Andrés: Claro, te los presto ahora. La profesora dijo que las personas que _____ a la sesión debían consultar con los que estaban presentes.

Claudia: Andrés, creo que _____ más personas tan amables y cooperadoras como tú. Gracias.

Respuesta a la adivinanza, p. 206: el viento

CAPÍTULO 7

I. The forms of the present subjunctive

The subjunctive and the indicative are the two main verbal moods in Spanish. *Mood* is used to indicate the speaker's point of view regarding the action expressed. When a verbal action is presented as true to objective reality, the *indicative* mood is used to express it. On the other hand, when the action is presented as hypothetical, doubtful, not having any reality outside of the speaker's mind, or colored by the speaker's subjectivity, the *subjunctive* mood is chosen.

yo quiero que Ud abra la puerta

yo quería/quise que Ud. abriera la puerta.

A. Endings

1. All verbs use the following endings in the present subjunctive.

	-*ar* verbs	**-*er* and -*ir* verbs**
yo	**-e**	**-a**
tú	**-es**	**-as**
él, ella; Ud.	**-e**	**-a**
nosotros/as	**-emos**	**-amos**
vosotros/as	**-éis**	**-áis**
ellos, ellas; Uds.	**-en**	**-an**

2. Note that the present subjunctive endings are similar to the present indicative endings. The present subjunctive endings are characterized by a vowel shift: endings of **-ar** verbs all begin with the vowel **e**; endings of **-er** and **-ir** verbs all begin with the vowel **a**.

B. Normally derived stems

The present subjunctive stem of most verbs is formed by dropping the **-o** ending of the first person singular in the present indicative and adding the appropriate **-e** endings in the case of **-ar** verbs, and **-a** endings in that of **-er** and **-ir** verbs. This applies to regular verbs, to some verbs that have a spelling change in the present indicative, and to verbs that have an irregular first person in the present indicative. (See *Chapter 1, Section I* for verbs with spelling changes and for a more complete list of verbs with irregularities in the present indicative.)

	Present indicative: yo form	Present subjunctive
Regular verbs		
caminar	caminø	camine, camines, camine, caminemos, caminéis, caminen
beber	bebø	beba, bebas, beba, bebamos, bebáis, beban
decidir	decidø	decida, decidas, decida, decidamos, decidáis, decidan
Verbs with a spelling change in the present indicative		
continuar	continúø	continúe, continúes, continúe, continuemos, continuéis, continúen
conven**c**er	convenzø	convenza, convenzas, convenza, convenzamos, convenzáis, convenzan
ele**g**ir (i)	elijø	elija, elijas, elija, elijamos, elijáis, elijan
prote**g**er	protejø	proteja, protejas, proteja, protejamos, protejáis, protejan
distin**gu**ir	distingø	distinga, distingas, distinga, distingamos, distingáis, distingan
incluir	incluyø	incluya, incluyas, incluya, incluyamos, incluyáis, incluyan
Verbs with an irregular first person singular in the present indicative		
conocer	conozcø	conozca, conozcas, conozca, conozcamos, conozcáis, conozcan
hacer	hagø	haga, hagas, haga, hagamos, hagáis, hagan
oír	oigø	oiga, oigas, oiga, oigamos, oigáis, oigan
poner	pongø	ponga, pongas, ponga, pongamos, pongáis, pongan
salir	salgø	salga, salgas, salga, salgamos, salgáis, salgan
tener	tengø	tenga, tengas, tenga, tengamos, tengáis, tengan
traducir	traduzcø	traduzca, traduzcas, traduzca, traduzcamos, traduzcáis, traduzcan
ver	veø	vea, veas, vea, veamos, veáis, vean

Es necesario que **camines** más,
que no **bebas** tanto café y que
hagas lo que dice el médico.

*It's necessary for you to walk
more, not drink so much
coffee, and do what the doctor
says.*

Habla conmigo cuando **decidas**
comprar un coche. Es
importante que **elijas** un buen
modelo.

*Speak with me when you decide
to buy a car. It's important for
you to choose a good model.*

C. Irregularities

Spelling changes in the present subjunctive

Some verbs require a spelling change to preserve the pronunciation of the
final stem consonant. In the present subjunctive, these changes affect all persons. (Consult *Chapter 1, Section I* for verbs with a spelling change in the present indicative.)

Verbs affected	Spelling change	Model verb		Other verbs
-car	**c → qu**	sa**car**		atacar
		sa**que**	sa**que**mos	buscar
		sa**que**s	sa**qué**is	indicar
		sa**que**	sa**que**n	tocar
-gar	**g → gu**	lle**gar**		entregar
		lle**gue**	lle**gue**mos	jugar (ue)*
		lle**gue**s	lle**gué**is	pagar
		lle**gue**	lle**gue**n	rogar (ue)*
-zar	**z → c**	alcan**zar**		almorzar (ue)*
		alcan**ce**	alcan**ce**mos	comenzar (ie)*
		alcan**ce**s	alcan**cé**is	empezar (ie)*
		alcan**ce**	alcan**ce**n	lanzar
-guar	**u → ü**	averi**guar**		apaciguar
		averi**güe**	averi**güe**mos	atestiguar
		averi**güe**s	averi**güé**is	
		averi**güe**	averi**güe**n	

*These verbs are also stem-changing verbs, as discussed in the next section.

Es necesario que no **busques** excusas y que **pagues** tus cuentas.	*It's necessary for you not to look for excuses and for you to pay your bills.*
Es urgente que **averigüe** usted a qué hora llega el avión.	*It is urgent that you find out what time the plane is arriving.*

Stem-changing verbs in the present subjunctive

1. Stem-changing verbs ending in -**ar** and -**er** have the same pattern in the subjunctive as in the present indicative: the stem change affects all persons except for the **nosotros** and **vosotros** forms. (See *Chapter 1, Section I* for a more complete list of stem-changing verbs in the present indicative.)

	pensar (e → ie)		**volver (o → ue)**	
Model verb	piense		vuelva	
	pienses		vuelvas	
	piense		vuelva	
	pensemos		volvamos	
	penséis		volváis	
	piensen		vuelvan	
Other verbs				
	comenzar	perder	contar	poder
	defender	querer	devolver	recordar
	encender	recomendar	jugar	resolver
	entender	sentar(se)	oler (**hue**-)	soñar

2. Stem-changing verbs ending in -**ir** show the same changes in the present subjunctive as in the present indicative and an additional change (**e → i; o → u**) that affects the **nosotros** and **vosotros** forms. (See *Chapter 1, Section I* for a more complete list of stem-changing verbs in the present indicative.)

	preferir (e → ie, i)		dormir (o → ue, u)	pedir (i → i)	
Model verb	prefiera		duerma	pida	
	prefieras		duermas	pidas	
	prefiera		duerma	pida	
	prefiramos		durmamos	pidamos	
	prefiráis		durmáis	pidáis	
	prefieran		duerman	pidan	
Other verbs	adquirir	mentir	morir	conseguir*	reír**
	divertir	sentir		corregir*	seguir*
				elegir*	sonreír**

*These verbs have spelling changes in the present indicative as described in the table on p. 216.

****Reír** and **sonreír** conjugate in the present subjunctive as follows: ría, rías, ría, riamos, riáis, rían.

Quiero que **piense** en mi oferta y que **vuelva** mañana, si le interesa.	*I want you to think about my offer and to come back tomorrow, if it interests you.*
Me alegro que te **diviertan** tanto los cuadros de Dalí. ¡Pero es una vergüenza que te **duermas** en las conferencias sobre su arte!	*I'm glad Dalí's paintings amuse you so much. But it's a shame you fall asleep in the lectures about his art!*

Irregular verbs

The following six verbs are irregular in the present subjunctive. Note that the first person singular of the present indicative of these verbs does not end in **-o**.

haber	ir	saber	ser	dar*	estar*
haya	vaya	sepa	sea	dé	esté
hayas	vayas	sepas	seas	des	estés
haya	vaya	sepa	sea	dé	esté
hayamos	vayamos	sepamos	seamos	demos	estemos
hayáis	vayáis	sepáis	seáis	deis	estéis
hayan	vayan	sepan	sean	den	estén

Dar and **estar** are considered irregular because of the accent marks some of the forms carry. Although one-syllable words do not generally require a written accent, the first and third person singular forms of **dar (dé)** have an accent to distinguish them from the preposition **de**.

No creo que **haya** una conferencia aquí esta tarde.

I don't think there will be a lecture here this afternoon.

Es importante que el apartamento **sea** espacioso y que **esté** cerca de la universidad.

It is important that the apartment be spacious and that it be near the university.

A. Reemplace el sujeto con las palabras que aparecen entre paréntesis y cambie la forma del verbo, según el modelo.

MODELO: Es bueno que **tú** camines todos los días. (Antonio, nosotros)
Es bueno que Antonio camine todos los días. Es bueno que caminemos todos los días.

1. Josefina y Lourdes quieren que **yo** las ayude este fin de semana. (Maxi, Susana y yo, todos sus amigos, tú, vosotros)
2. Es necesario que **nosotros** vendamos estos libros antes de comprar otros. (yo, mi familia, ellas, tú, vosotras)
3. Es aconsejable que **ella** le escriba una carta a José para explicarle el incidente. (yo, vosotros, Uds., tú, Roberto y yo)
4. Elena siente que **su amigo** no pueda acompañarla esta vez. (el Sr. Vargas, sus hermanas, vosotras, tú, yo)
5. Martín pide que **tú** vayas con él esta noche. (todos nosotros, su novia, Uds., Daniel, yo)
6. Es importante que **vosotros** seáis flexibles. (tú, los profesores, yo, Concha, nosotras)

B. En parejas, hablen de lo que es importante que sus compañeros/as de cuarto hagan o no hagan. Usen algunas de las siguientes ideas u otras que se les ocurran.

lavar los platos

saber cocinar

hacer la cama

poner la ropa en su sitio

tener consideración hacia los demás

compartir las responsabilidades domésticas

preparar buenas comidas

pagar la cuenta de la electricidad

sacar la basura

hacer las compras

MODELO: E1: *Para mí, es importante (esencial, necesario) que mis com-*
pañeros de cuarto paguen el teléfono a tiempo.
E2: *Sí, y también es esencial que ...*

*L*a nevada de Francisco de Goya (1746–1828). ¿Qué emociones quiere el artista que sintamos cuando miramos este cuadro?

C. En parejas, túrnense para hacer el papel de un mesero o una mesera que pasa el peor día de su vida porque tiene que explicar que **siente** o **lamenta** que no pueda complacer a su cliente.

> MODELO: Cliente: ¿Se permite fumar en esta parte del restaurante?
> Mesero/a: *Lamento (Siento) que no se permita fumar en este restaurante.*

1. ¿Hay espacio para un grupo de diez personas?
2. ¿Tienen Uds. una mesa con vista al río?
3. ¿Ofrecen Uds. platos especiales para los que están a dieta?
4. ¿Se incluye el postre en el precio del plato especial del día?
5. ¿Se sirve desayuno durante todo el día?
6. ¿Pueden Uds. servirnos dos vasos de champán?

D. Uds. forman parte de un grupo de estudiantes que irá en viaje de estudios a España. Túrnense para expresar lo que esperan o desean (quieren) que haga el grupo durante el viaje.

> MODELO: poder conocer las pinturas de El Greco
> E1: *Espero que podamos conocer las pinturas de El Greco.*
> E2: *Yo también. Y, además, deseo que …*

1. pasar unas horas en el Museo Picasso en Barcelona
2. tener mucho tiempo libre en el Museo del Prado
3. ver las pinturas negras de Goya
4. hacer un viaje a El Escorial
5. ir al norte al País Vasco
6. conocer la catedral de Santiago de Compostela
7. visitar algunos pueblos pequeños de Andalucía en el sur
8. jugar al fútbol con unos españoles

E. Trabajen en grupos pequeños y ofrezcan tres o cuatro consejos para cada situación que aparece a continuación.

> MODELO: un amigo que no sabe qué hacer este fin de semana
> E1: *Recomiendo que compres el periódico para ver qué películas hay.*
> E2: *Te sugiero que vayas al baile que se da el viernes en la residencia estudiantil.*
> E3: *Está bien, pero yo te aconsejo que vengas a mi casa y que la limpies toda.*

1. un amigo que quiere bajar de peso
2. una amiga que quiere dejar de fumar
3. una amiga que está enojada con su compañera de cuarto

 II. **The subjunctive in noun clauses**

1. The subjunctive is used very frequently in Spanish, mostly in dependent clauses. A dependent clause is a group of words that contains a conjugated verb but that cannot stand alone as a sentence. Dependent clauses function as nouns (noun clauses), adjectives (adjective or relative clauses), or adverbs (adverbial clauses).

noun	Quiero ese **libro**. *I want that book.*
noun clause	Quiero **que me pases ese libro**. *I want you to pass me that book.*
adjective	¿Ves el puente **destruido** allí? *Do you see the destroyed bridge there?*
adjective clause	¿Ves el puente **que han destruido** allí? *Do you see the bridge they have destroyed there?*
adverb	Hablaremos **pronto**. *We'll talk soon.*
adverbial clause	Hablaremos **tan pronto como tú regreses**. *We'll talk as soon as you return.*

2. Generally, an expression that reflects doubt, disbelief, emotion, desires, or suggestions made to influence another person's actions is followed by the subjunctive in a dependent clause.

Indicative mood	Subjunctive mood
Sé que Raúl **estudia** inglés.	Dudo que Raúl **estudie** estadística.
I know that Raúl is studying English.	*I doubt that Raúl is studying statistics.*
Veo que **caminas** más cada día.	Te recomiendo que **camines** más.
I see that you are walking more every day.	*I recommend that you walk more.*
Es verdad que **viajaré** a España pronto.	Es estupendo que **visite** Madrid pronto.
It is true that I'll soon travel to Spain.	*It is great that I'll soon visit Madrid.*

This section deals with the main uses of the subjunctive in noun clauses. See *Chapter 8, Section III* for use of the subjunctive in adjective clauses and *Chapter 9, Section III* for use of the subjunctive in adverbial clauses.

Museo Nacional de Antropología y Arqueología, Lima, Perú. A quienes les interesa la historia peruana les aconsejan que visiten este museo.

A. Attempting to influence behavior

1. The subjunctive is used in a dependent clause after a verb or an expression that shows an attempt to influence someone's behavior or attitude. Verbs and expressions of influence may be as strong as commands or demands, or as mild as recommendations, suggestions, and pleadings. Expressions of desire or hope are also means of influencing. In each case, the subject of the main verb expresses the desire or preference that someone do something or that something take place.

Te exijo que **vuelvas** a la una.	*I demand that you come back at one o'clock.*
Voy a pedirle al camarero que nos **traiga** la cuenta.	*I am going to ask the waiter to bring us the check.*
Mi doctor quiere que **deje** de fumar.	*My doctor wants me to quit smoking.*
Es esencial que nos **respetemos** los unos a los otros.	*It is essential for us to respect one another.*

The following are some of the most common expressions used to reflect attempts at influencing behavior.

aconsejar *to advise*	pedir (i) *to ask, to request*
decir *to say, to tell*	permitir *to allow*
dejar *to let, to allow*	preferir (ie, i) *to prefer*
desear *to wish, to desire*	prohibir *to prohibit, to forbid*
esperar *to hope*	querer *to want*
exigir *to require*	recomendar (ie) *to recommend*
hacer *to have (someone do something)*	rogar (ue) *to beg*
mandar *to order*	sugerir (ie, i) *to suggest*
es esencial *it is essential*	es necesario *it is necessary*
es importante *it is important*	es preciso *it is necessary*
es mejor *it is better*	es urgente *it is urgent*

2. Verbs of communication such as **decir, escribir, indicar, insistir,** or **repetir (i)** are followed by the indicative if they simply convey information, but they require the subjunctive in the dependent clause when they express attempts at influencing.

Information: Indicative	Influencing: Subjunctive
Mi supervisor me dice que **tendré** vacaciones en un mes.	Tomás me dice que **vaya** a Acapulco para mis vacaciones.
My supervisor tells (informs) me that I will have my vacation in a month.	*Tomás tells (orders, suggests) me to go to Acapulco on my vacation.*
Carolina insiste en que yo **soy** un mentiroso.	Carolina insiste en que yo **diga** la verdad.
Carolina insists (states again) that I am a liar.	*Carolina insists (demands) that I tell the truth.*

3. Notice in the following examples that influencing requires that the subject of the main clause be different from that of the subordinate verb. If this is not the case, the infinitive should be used.

Different subjects: Subjunctive	Same subject: Infinitive
Elena quiere que **su hija vaya** a Ecuador este verano.	Elena **quiere ir** a Ecuador este verano.
Elena wants her daughter to go to Ecuador this summer.	*Elena wants to go to Ecuador this summer.*
Esper**o** que **tú colabores** en el proyecto.	**Espero colaborar** en el proyecto.
I hope you will collaborate on the project.	*I hope to collaborate on the project.*

B. Emotional response and subjective viewpoint

1. The subjunctive is used in a dependent clause after verbs or expressions that convey an emotional response or a subjective viewpoint regarding the information contained in the dependent clause.

Me alegro de que **puedas** visitarnos este fin de semana.	*I'm glad you will be able to visit us this weekend.*
Me molesta que ese señor **hable** en voz tan alta.	*It bothers me that that gentleman speaks in such a loud voice.*

Me sorprende que no
encuentres trabajo todavía.

*I'm surprised that you haven't
found a job yet.*

The following are some common verbs used to express an emotional reaction.

alegrar(se) *to be happy*

deplorar *to deplore*

gustar *to please*

lamentar *to regret*

molestar *to bother*

quejarse *to complain*

sentir (ie, i) *to be sorry*

sorprender *to surprise*

Especies de las Islas Galápagos. Es increíble que existan animales en estas islas que sólo se encuentran en este lugar.

2. Impersonal expressions that may indicate emotion, subjectivity, the coloring of facts with one's own view, opinions, and prejudices also use the subjunctive in a dependent clause. The following are some common impersonal expressions of this type.

es agradable *it is nice*	es lamentable *it is a pity*
es bueno *it is good*	es malo *it is bad*
es curioso *it is odd, unusual*	es natural *it is natural*
es deplorable *it is deplorable*	es normal *it is normal*
es estupendo *it is great*	es raro *it is strange*
es extraño *it is strange*	es una lástima *it is a pity*
es increíble *it is unbelievable*	es vergonzoso *it is shameful*

Es increíble que **esté** nevando en pleno verano.	*It's incredible that it's snowing in the middle of the summer.*
Es extraño que **venga** tan poca gente a estos conciertos.	*It's strange that so few people come to these concerts.*
Es estupendo que **vayas** a estudiar a España el semestre próximo.	*It's great that you are going to study in Spain next semester.*

3. After verbs of emotion, the infinitive is used instead of the subjunctive if the subject of the main verb is the same as that of the dependent clause.

Different subjects: Subjunctive	Same subject: Infinitive
Lament**o** que **Roberto tenga** que irse hoy.	**Lamento tener** que irme hoy.
I regret that Roberto has to leave today.	*I regret having to leave today.*
Sient**o** que **mi hermanito siga** interrumpiendo nuestra conversación.	**Siento tener** que interrumpir nuestra conversación.
I'm sorry my little brother keeps interrupting our conversation.	*I'm sorry to have to interrupt our conversation.*

C. Doubt, disbelief, and denial

1. The subjunctive is used in a dependent clause after all expressions of doubt, uncertainty, disbelief, or denial regarding the information contained in the dependent clause.

Dudo que tu hermano **quiera** vivir con tus padres. Él es muy independiente.	*I doubt that your brother wants to live with your parents. He is very independent.*
Es posible que **llueva** esta tarde.	*It is possible that it will rain this afternoon.*
Niego que la situación **sea** como tú la pintas.	*I deny that the situation is the way you paint it.*

2. Notice the contrast between some common expressions of doubt and disbelief, which are followed by the subjunctive, and expressions of certainty and belief, which are followed by the indicative.

Indicative: Belief/certainty	Subjunctive: Disbelief/doubt
creer *to believe*	no creer
no dudar *to not doubt*	dudar
estar seguro *to be sure*	no estar seguro
no negar (ie) *to not deny*	negar
pensar (ie) *to think*	no pensar
es claro *it is clear*	no es claro
es cierto *it is certain*	no es cierto
es evidente *it is evident*	no es evidente
es indudable *it is without doubt*	no es indudable
es seguro *it is sure, certain*	no es seguro
es verdad *it is true*	no es verdad

Es evidente que mi primo **es** uno de los sospechosos, pero **no es evidente** que **sea** culpable.	*It is evident that my cousin is one of the suspects, but it is not evident that he is guilty.*
Pienso que **deben** reducir el presupuesto militar, pero **no pienso** que lo **deban** eliminar.	*I think they should reduce the military budget, but I do not think they should eliminate it.*
Estoy seguro de que te **graduarás**. **No estoy seguro** de que te **gradúes** en mayo próximo.	*I am sure you will graduate. I am not sure you will graduate next May.*

3. In interrogative sentences, the speaker's intent, viewpoint, or attitude determines whether the subjunctive or the indicative is to be used in the dependent clause after expressions of certainty and belief. When the speaker wishes to convey some degree of doubt or disbelief or when the question is about something unknown, the subjunctive is used; otherwise, the indicative.

Speaker doesn't know: Indicative	Speaker is doubtful: Subjunctive
¿Estás seguro de que esa chica **es** soltera?	¿Estás seguro de que esa chica **sea** soltera?
Are you sure that girl is single? (I don't know.)	*Are you sure that girl is single? (I doubt it.)*
¿Crees que tu candidato **ganará** la elección?	¿Crees que tu candidato **gane** la elección?
Do you think your candidate will win the election? (I don't have an opinion.)	*Do you think your candidate will win the election? (I don't think he will.)*

Summary of the uses of the subjunctive in noun clauses

Influencing behavior	Te **sugiero** que **confíes** en tus compañeros.
Emotional reaction to facts	**¡Es una lástima** que no **puedas** venir a mi fiesta!
Subjective viewpoints, opinions	Es la una de la tarde. **Es extraño** que esas tiendas **estén** cerradas.
Doubt, disbelief, and denial	**Dudo** que esa chica **sea** soltera. Además, **no creo** que se **interese** por ti.

EJERCICIOS

A. Hagan el papel de un/a profesor/a que explica las reglas y las responsabilidades de los estudiantes de su clase. Al final, en parejas, digan qué es importante en su clase de español.

MODELO:1   llegar puntualmente a la clase
           Es importante (necesario, preciso, esencial) que Uds. lleguen
           puntualmente a la clase.

1. preparar las tareas todos los días
2. no faltar a clase
3. leer con cuidado el programa del curso
4. saber en qué días caen los exámenes
5. establecer una rutina de trabajo eficaz
6. ser respetuosos de las opiniones de los demás
7. ir al laboratorio una vez a la semana
8. ver los tres videos suplementarios
9. elegir pronto un tema para el trabajo de investigación
10. escribir los informes a máquina

MODELO 2:   *Es necesario (obligatorio) que participemos activamente en las*
            actividades orales de la clase.

B. Complete las siguientes frases con el presente de indicativo o subjuntivo,
según el contexto.

MODELO: Marta sabe que yo _____ (estudiar) español, pero quiere que
          (yo) _____ (estudiar) francés también.
          Marta sabe que yo estudio español, pero quiere que estudie
          francés también.

1. Fernando cree que nosotros _____ (pasar) mucho tiempo en la
   playa; no cree que (nosotros) _____ (pasar) bastante tiempo en la
   biblioteca.
2. Ella _____ (ir) pronto a Acapulco, pero es imposible que (ella)
   _____ (ir) antes del fin del semestre.
3. Comprendo que la secretaria _____ (llegar) a las nueve, pero prefiero que (ella) _____ (llegar) a las ocho y media.
4. Veo que tú _____ (hacer) ejercicio a veces, pero deseo que (tú) lo
   _____ (hacer) casi todos los días.
5. Es verdad que yo _____ (viajar) a España, pero no es verdad que
   (yo) _____ (viajar) con un grupo organizado.
6. Mi profesora me dice que yo _____ (aprender) bastante bien, pero
   también me recomienda que (yo) _____ (aprender) más rápido si
   quiero sacar una A en la clase.
7. Espero que tú _____ (trabajar) con todos los miembros del grupo;
   ya sé que (tú) _____ (trabajar) bien con Elisa.
8. Ana María me informa que Uds. _____ (venir) para la Navidad; ¡no
   saben cuánto me alegro de que (Uds.) _____ (venir) a pasar unos
   días con nosotros!

9. Me molesta que Benjamín _____ (contar) tantos chismes; me parece que (él) siempre los _____ (contar).
10. El boletín meteorológico informa que _____ (ir) a nevar el sábado y domingo próximos; es lamentable que _____ (ir) a nevar para el fin de semana.

C. En grupos de tres, hagan comentarios acerca de la situación socio-económica actual. Ojo: a veces se emplea el subjuntivo, otras el indicativo y otras el infinitivo. Completen las siguientes frases según el modelo.

MODELO: reducir el déficit
          E1: Es necesario que el presidente _____.
              Es necesario que el presidente reduzca el déficit.
          E2: Sí, él quiere _____.
              Sí, él quiere reducirlo.
          E3: Yo creo que lo _____.
              Yo creo que lo reducirá.

1. pagar más impuestos
   —Me parece que debemos _____.
   —No es necesario que _____.
   —Estoy seguro de que _____.
2. proteger el medio ambiente
   —¿Cuándo aprenderemos a _____?
   —Yo creo que las nuevas leyes lo _____ bastante bien.
   —Es dudoso que esas leyes lo _____ tanto como tú crees.
3. ponerse de acuerdo con los vecinos del norte y del sur
   —Es importante que nosotros _____.
   —Yo creo que dentro de poco muchas compañías _____.
   —El Congreso trata de _____.
4. resolver el problema de los residuos tóxicos
   —No creo que nadie _____.
   —No tienes razón. La ciencia nos ayudará a _____.
   —Sí, pronto la sociedad _____.
5. ser más conscientes de nuestra interrelación con las plantas y los animales
   —Veo que muchos _____.
   —Yo no veo mejoría; muy pocos se esfuerzan por _____.
   —Pues, es mi deseo que todos _____.

D. Piense en su propia vida diaria y complete las siguientes frases para reflejar las frustraciones que siente a veces por falta de tiempo o por exceso de trabajo. Ojo: en algunas frases se usa el infinitivo, en otras se usa el verbo conjugado.

MODELO 1:   Temo que Tony y yo . . .
Temo que Tony y yo no podamos hacer el viaje con Uds.; te-nemos un examen el lunes.

MODELO 2:   Temo . . .
Temo no poder hacer las compras hoy; es necesario que ter-mine la composición para la clase de inglés.

1. Siento mucho que mis amigos . . .
   Siento mucho . . .
2. Espero que . . .
   Espero . . .
3. Me molesta . . .
   Me molesta que la gente . . .
4. Mi hermano deplora que su jefe . . .
   Mi hermano deplora . . .
5. Lamentamos que la profesora . . .
   Lamentamos . . .

E. Ud. y dos o tres de sus compañeros hablan de las películas del último año. Opinen sobre las siguientes ideas usando expresiones como **es bueno, es malo, es estupendo, es horrible, es curioso, me sorprende, me alegro, creo, no creo, es cierto, es verdad, dudo** y **niego.**

MODELO: Hay mucha variedad en las películas hoy día.
      E1: *Sí, y también es maravilloso que puedan poner efectos especiales tan realistas.*
      E2: *En mi opinión, es curioso que . . .*

1. Hay mucha violencia en las películas. Debe haber más censura.
2. Las películas de aventuras siempre son populares.
3. No hay muchos papeles buenos para las mujeres hoy.
4. Las nuevas películas de Disney no son tan buenas como las antiguas.
5. Los actores jóvenes son más interesantes que los de años pasados.
6. Es ridículo que les paguen tanto a los actores.

F. Túrnense para dar varios consejos para las siguientes situaciones. Usen verbos como **aconsejar, recomendar, sugerir** o **rogar.**

MODELO: un/a amigo/a dice que está muy cansado/a todo el tiempo
Te aconsejo que dejes de trabajar tantas horas fuera de la escuela, que tomes un día libre todas las semanas para diver-tirte y que consultes a tu médico para ver si estás enfermo/a ahora.

1. un/a compañero/a desea sacar buenas notas este semestre
2. unos amigos quieren saber cómo conseguir un buen trabajo

3. un/a amigo/a quiere aprender a cocinar
4. un/a amigo/a piensa casarse antes de terminar los estudios
5. un/a estudiante de otro país quiere saber cómo encontrar un buen apartamento

G. En grupos de tres o cuatro, expresen sus reacciones a las siguientes opiniones. Usen verbos o expresiones como **creer, no creer, estar seguro/a, no estar seguro/a, dudar, esperar, querer, es preciso, es mejor, es posible, es verdad** u otros de su propia selección.

MODELO: El gobierno puede resolver nuestros problemas.
E1: *Yo estoy seguro/a de que el gobierno puede resolver algunos de nuestros problemas más serios.*
E2: *Yo dudo que el gobierno pueda resolver nuestros problemas.*
E3: *Es imposible que el gobierno pueda resolver todos nuestros problemas, pero sí creo que puede contribuir en parte.*

1. La prensa dice la verdad.
2. Es importante explorar el espacio.
3. La planificación familiar es esencial en el mundo de hoy.
4. La música popular de hoy es excelente.
5. El disco compacto es más práctico que el disco del pasado.
6. Debemos formar más alianzas económicas con los países de Latinoamérica.

H. En grupos de tres o cuatro, expresen sus sentimientos o quejas con respecto a los temas que siguen. Usen verbos como **molestar, sorprender, frustrar, alegrar, deplorar, lamentar, sentir, gustar** y **quejarse.**

MODELO: los restaurantes / permitir fumar
E1: *Me molesta muchísimo que en algunos restaurantes todavía permitan que los clientes fumen.*
E2: *A mí no. Me gusta que lo permitan en espacios especiales.*
E3: *Pues, me alegro de que en algunos restaurantes ya no lo permitan en ninguna parte.*

1. los peatones / no respetar los semáforos
2. el gobierno / no dejar tomar alcohol a los menores de dieciocho años
3. los profesores / dar exámenes los viernes
4. los vendedores / hacer llamadas telefónicas a la casa por la noche
5. los políticos / comenzar sus campañas tantos meses antes de la elección
6. las revistas / poner tanto énfasis en la esbeltez de las mujeres

III. The subjunctive in independent clauses

The subjunctive is found mainly in dependent clauses; in a few instances, however, the subjunctive is found in independent clauses:

1. in set exclamations, such as **¡Viva(n)!** and **¡Muera(n)!**, or in sentences that express desire or hope, in which a main verb such as **espero** is implied.

¡Viva la revolución!	*Long live the revolution!*
¡Mueran los traidores!	*Death to traitors!*
Que te mejores. (Espero que te mejores.)	*I hope you get better.*
Que te diviertas.	*Have a good time.*

2. to express wishes after **ojalá** *(may God [Allah] grant)*. In modern usage, **ojalá** is the equivalent of *I hope*.

Ojalá (que) el sol **salga** pronto.	*I hope the sun comes out soon.*
Ojalá (que) **consiga** el puesto que solicité.	*I hope I get the position I applied for.*

La fortaleza de El Morro, San Juan de Puerto Rico. Quizá sea la plaza fuerte colonial mejor conservada.

3. to emphasize doubt or uncertainty in independent clauses after **probablemente** (*probably*) and **a lo mejor**, **acaso**, **quizá(s)**, and **tal vez** (*maybe, perhaps*). Use of the indicative after these words implies a greater likelihood that what follows will take place.

Less doubtful: Indicative	More doubtful: Subjunctive
Federico no vino a clase. **Quizá está** enfermo. *Federico did not come to class. He is sick, maybe.*	Federico no vino a clase. **Quizá esté** enfermo. *Federico did not come to class. Maybe he is sick.*
Probablemente Jorge **escribe (escribirá)** un ensayo sobre Borges. *Jorge is probably writing (will probably write) an essay on Borges.*	**Probablemente** Jorge **escriba** un ensayo sobre Borges. *Jorge will probably write an essay on Borges.*
A lo mejor Raquel **está** enfadada. *It's likely that Raquel is mad.*	**A lo mejor** Raquel **esté** enfadada. *It could be that Raquel is mad.*

4. The subjunctive is also used in independent clauses to express indirect commands intended for a third person or persons. (See p. 242 in this chapter for indirect commands.)

—Sara quiere que le pases su trabajo a máquina.
—Que lo **haga** ella. Yo no tengo tiempo.

Sara wants you to type her paper.

Let her do it. I don't have the time.

Summary of the subjunctive in independent clauses

In set exclamations and in expressions in which a verb like **espero** is implied	¡**Viva** el candidato progresista! **Que te mejores.**
After **ojalá**	**Ojalá** (que) te **den** el puesto que pediste.
After **quizá(s)**, **tal vez**, **acaso**, **a lo mejor**, **probablemente** to emphasize doubt or uncertainty	**Probablemente** Ramón **esté** de vacaciones. **Quizá** todo **se solucione** sin mayor problema.
In indirect commands	Yo no voy a tomar notas por ti; **que las tome** tu compañero de cuarto.

EJERCICIOS

A. Mencione Ud. dos cosas que piensa hacer esta semana, quizá. Use **quizá(s)** o **tal vez** en sus oraciones.

MODELO: *El viernes quizá salga con mi novia/o para ver una película; y después del cine, tal vez nos divirtamos un poco en algún salón de baile.*

B. En grupos de tres o cuatro personas y empleando **tal vez**, **a lo mejor**, **quizá(s)** o **probablemente**, cada estudiante inventa una explicación para cada una de las siguientes situaciones. Luego, decidan qué explicaciones son mejores y compártanlas con otro grupo.

MODELO: Ud. y un compañero llegan a clase y ven que ni la profesora ni los demás estudiantes están presentes.
E1: *Tal vez sea un día de fiesta.*
E2: *Probablemente trabajen todos en el laboratorio.*
E3: *A lo mejor los relojes estén descompuestos.*

1. Ud. entra en un café popular con sus amigos y ve que nadie tiene comida ni bebidas en la mesa.
2. Daniel llega tarde al trabajo y ve que hay cinco empleados nuevos en la oficina; uno de ellos está sentado en su propio escritorio.
3. Ofelia, una estudiante, recibe una carta del presidente de la universidad en la que la invita a reunirse con él en dos días.
4. Martín le dice a Ud. que su mejor amigo no piensa ir a su fiesta esta noche.

C. Usando **ojalá**, exprese dos deseos, uno afirmativo y el otro negativo, para las siguientes situaciones futuras.

MODELO: el baile de esta noche
Ojalá que la música sea buena y que la entrada no cueste demasiado dinero.

1. el clima para sus próximas vacaciones
2. las tareas de español para este fin de semana
3. las clases del próximo semestre
4. la película que va a ver con un/a amigo/a esta semana
5. la cita que va a tener con un/a chico/a que conoció hace poco tiempo
6. el partido de básquetbol en el que su equipo jugará contra el mejor equipo de la liga

IV. Direct and indirect commands

A. Direct commands

With *usted*, *ustedes*, and *tú*

1. The **usted** and **ustedes** forms of affirmative and negative commands, as well as negative **tú** commands, are expressed with the corresponding present subjunctive forms of the verb. Affirmative **tú** commands take the same form as the third person singular present indicative.

	-*ar* verbs *comprar*		-*er* verbs *vender*		-*ir* verbs *decidir*	
	Affirmative	**Negative**	**Affirmative**	**Negative**	**Affirmative**	**Negative**
Ud.	compre	no compre	venda	no venda	decida	no decida
Uds.	compren	no compren	vendan	no vendan	decidan	no decidan
tú	**compra**	no compres	**vende**	no vendas	**decide**	no decidas

Señor Gálvez, **venda** su moto.   *Mr. Gálvez, sell your motorcycle.*
Muchachos, **decidan** pronto   *Boys, decide soon what you want*
    qué quieren hacer.   *to do.*
Ana, no **decidas** hoy.   *Ana, don't decide today.*
Juan, **compra** pan.   *Juan, buy bread.*

2. The following verbs have irregular forms for the affirmative **tú** command.

decir	**di**	salir	**sal**
hacer	**haz**	ser	**sé**
ir	**ve**	tener	**ten**
poner	**pon**	venir	**ven**

Sé bueno. **Ve** al comedor y **pon**   *Be good. Go to the dining room*
    la mesa.   *and set the table.*
Haz un esfuerzo. **Di** todo lo que   *Make an effort. Say everything*
    recuerdas. Pero **no digas**   *you remember. But don't tell*
    mentiras.   *any lies.*

REFRÁN

Haz buena
harina y no
toques la bocina.

3. Use of the subject pronoun is optional with all Spanish commands. The subject pronoun, if there is one, follows the verb: it is used for emphasis, to indicate contrast, or as a matter of courtesy.

Espere (usted) por favor; lo atiendo de inmediato.	*Please wait; I'll help you right away.*
—¿Dónde debo firmar esta solicitud de crédito?	*Where should I sign this credit application?*
—Firme **usted** aquí, por favor.	*Sign here, please.*

When enumerating a series of commands, a sentence may use the subject pronoun with the first command, but omit it thereafter.

Suba (usted) al tercer piso, **busque** la oficina de presupuesto y **hable** con el señor Gómez.	*Go up to the third floor, look for the budget office, and speak to Mr. Gómez.*

4. In affirmative commands, reflexive and object pronouns are attached to the verb, forming a single word. When pronouns are attached to a command form, a written accent is required when the stressed syllable is the third or fourth from the end. Note that a command form such as **dé** retains the written accent whether or not pronouns are attached.

¿Ves ese documento que está a tu derecha? **Pásamelo**, por favor.	*Do you see that document on your right? Pass it to me, please.*
La llamaré mañana, señora. **Déme** su número de teléfono, por favor y **dígame** a qué hora puedo llamar.	*I will call you tomorrow, madam. Give me your telephone number, please, and tell me what time I can call.*

5. In negative commands, reflexive and object pronouns precede the verb and remain separate words.

Entiendo la situación perfectamente. No **me la expliques**.	*I understand the situation perfectly. Don't explain it to me.*
Necesitas llegar temprano a la oficina mañana; no **te levantes** tarde.	*You need to arrive at the office early tomorrow; don't get up late.*

With *vosotros*

1. To form the affirmative **vosotros** command, the -**r** of the infinitive is replaced by -**d**: **comprar → comprad**. The negative **vosotros** command is identical to the second person plural of the present subjunctive. Remember that **vosotros** is primarily used in Spain; in Hispanic America **ustedes** forms are used for familiar plural commands.

-*ar* verbs *comprar*		-*er* verbs *vender*		-*ir* verbs *decidir*	
Affirmative	**Negative**	**Affirmative**	**Negative**	**Affirmative**	**Negative**
comprad	no compréis	vended	no vendáis	decidid	no decidáis

No **uséis** este aparato de inmediato. **Leed** las instrucciones primero.	*Don't use this machine right away. Read the directions first.*
Hablad con Julio personalmente; no **llaméis** por teléfono.	*Speak with Julio personally; don't call on the phone.*

2. As with other command forms, reflexive and object pronouns follow and are attached to affirmative **vosotros** commands; they precede the verb in negative commands. When pronouns are attached to an affirmative command, a written accent may be required on the stressed syllable of the stem to reflect proper stress.

La grabadora se descompuso. **Mandadla** a reparar. **No la reparéis** vosotros mismos.	*The tape recorder broke down. Send it to be repaired. Don't repair it yourselves.*
Cuando llegue el contrato, **enviádmelo** prontamente.	*When the contract arrives, send it to me promptly.*

3. When the reflexive pronoun **os** is attached to an affirmative **vosotros** command, the final **d** of the verb is dropped and a written accent is added to the **i** of -**ir** verbs: **limpiad, limpiaos; poned, poneos; vestid, vestíos**. Exception: **id, idos**.

No os **vayáis** tan temprano.
Idos más tarde. **Quedaos**
unos minutos más.

Don't leave so early. Leave later.
Stay a few more minutes.

With *nosotros*

1. In a command with **nosotros**, which corresponds to the English word *let's* + a verb, the speaker invites another person or a group to participate in an activity or a type of behavior. A **nosotros** command can be expressed either with **vamos a** + an infinitive or, more commonly, with the **nosotros** form of the present subjunctive.

Vamos a comprar pan francés
para el picnic/**Compremos**
pan francés para el picnic.
Juguemos al voleibol esta tarde.

Let's buy French bread for our
picnic.

Let's play volleyball this
afternoon.

No escuchemos música clásica;
escuchemos jazz.

Let's not listen to classical music;
let's listen to some jazz.

2. Reflexive and object pronouns follow and are attached to the present subjunctive **nosotros** form in affirmative commands; they precede the verb in negative commands. As with **Ud.** and **Uds.** commands, a written accent is required when the stressed syllable is the third or fourth from the end. (Note in the last two examples that when the pronoun **se** or the reflexive pronoun **nos** is attached to a **nosotros** command, the final **s** of the verb is dropped: **apuremos** + **nos** ⇢ **apurémonos.**)

Allí va Beatriz. **Llamémosla.**
Hablémosle del concierto del
sábado.
David no tiene la culpa. No **lo**
critiquemos. No **lo**
ofendamos.
Miguel no ha visto este anuncio
sobre cámaras fotográficas;
mostrémoselo.
Estamos atrasados. **Apurémonos**.

There goes Beatriz. Let's call her.
Let's talk to her about
Saturday's concert.
It's not David's fault. Let's not
criticize him. Let's not offend
him.
Miguel hasn't seen this ad about
cameras; let's show it to him.

We are late. Let's hurry.

3. The present indicative, not the present subjunctive, is used to express an affirmative **nosotros** command with **ir** (*to go*) and **irse** (*to leave*).

—**Vamos** de compras al centro.
—Sí, **vámonos** ya. Pero **no**
vayamos a la zapatería.

Let's go shopping downtown.
Yes, let's leave now. But let's not
go to the shoe store.

B. Indirect commands

1. Direct commands are addressed directly to a particular person or persons. Indirect commands are intended to be conveyed to a third person or persons and are formed by **que** + a third person singular or plural verb form in the present subjunctive. (See pp. 225 in this chapter for use of the subjunctive after verbs of influencing.)

No puedo ir al aeropuerto contigo. **Que te acompañe Jaime**; él tiene la tarde libre.
Yo no voy a firmar esa petición. **Que la firmen los otros**.

I can't go to the airport with you. Let Jaime go with you; he has the afternoon free.
I am not going to sign that petition. Let the other people sign it.

2. Object pronouns precede the verb in indirect commands. The subject (that is, the person or persons who are supposed to carry out the indirect command) follows the verb or verb phrase.

—¿Quién puede escribir estas facturas?
—**Que las escriba Inés**; ella tiene mucha experiencia. Por favor, **que no se ocupe Benito** de ellas; la última vez hizo muchos errores.

Who can write these invoices?

Let Inés write them; she has a lot of experience. Please, don't let Benito take care of them; last time he made many mistakes.

EJERCICIOS

A. Ud. es muy exigente y le molesta cuando ve que su compañero/a de apartamento daña varios aparatos domésticos o no hace las cosas como Ud. cree que deben hacerse. Déle instrucciones al respecto y use pronombres cuando sea posible.

MODELO: no poner tanto detergente en la lavadora / usar menos o vas a dañar la máquina
No pongas tanto detergente en la lavadora; usa menos o vas a dañar la máquina.

1. no dejar agua en la plancha / vaciarla al terminar de planchar
2. no meter un cuchillo en la tostadora para sacar el pan / sacarlo con los dedos
3. no hacer las cuentas mentalmente / hacerlas con la calculadora
4. no encender tantos aparatos a la vez / ahorrar electricidad
5. no dar golpes al televisor / ajustarlo usando los botones
6. no subir tanto el volumen del equipo estereofónico / bajarlo un poco para no molestar a los vecinos
7. no dejar abierta la puerta al salir / cerrarla con llave
8. no salir de la casa sin hacer la cama / tratar de mantener la casa en orden

B. Hoy está Ud. a cargo de un grupo de niñitos y niñitas de nivel primario. Indique las órdenes que necesita dar para que hagan o no hagan las acciones representadas en el dibujo. Dé primeramente órdenes al grupo usando el pronombre **Uds.**; en seguida, use el pronombre **tú** para dar órdenes individuales. Puede usar verbos como **escuchar**, **escribir**, **dibujar**, **empujar**, **tocar (el tambor)** u otros de su elección.

MODELOS: Uds. *Escuchen una historia. (Pongan el tocadiscos y escuchen la historia de "Los tres cochinitos".)*

Tú *Escucha una historia. (Pon el tocadiscos y escucha la historia de "Los tres cochinitos".)*

C. En grupos de tres, un/a estudiante hace el papel de una persona que les enseña a otras dos personas a preparar un taco. Usen el vocabulario que aparece a continuación u otro de su elección. Después de la presentación sobre el taco, los demás estudiantes deben enseñarles a sus compañeros a hacer un taco de otra manera o a preparar una ensalada, un sandwich u otra comida que Ud. escoja.

agregar	carne molida
calentar (ie)	cebolla
cortar	lechuga
freír (i)	queso
lavar	salsa
mezclar	tomate
picar	tortillas para tacos
poner	
sacar	

MODELO: *Saquen todos los ingredientes, laven la lechuga y los*
tomates, …

D. Trabajando en parejas, túrnense para hacer el papel de dos amigos que no se ponen de acuerdo en lo que quieren hacer durante una tarde libre. Uno propone una actividad y el otro la rechaza y propone otra en su lugar.

MODELO: escuchar los discos compactos nuevos que compré
E1: *Escuchemos los discos compactos nuevos que compré.*
E2: *No, no los escuchemos ahora; caminemos al parque y*
tomemos el sol.

1. tomar un café expresso
2. visitar el pueblo vecino
3. ir de compras al nuevo almacén
4. probarnos unos zapatos de tenis
5. hacer una salida al campo
6. jugar al voleibol

E. Ud. tiene ganas de descansar este fin de semana, pero uno de sus compañeros/as de cuarto tiene otros planes. Conteste sus preguntas, empleando un mandato indirecto.

MODELO: E1: ¿Por qué no me acompañas a hacer el lavado?
E2: *Yo no, que te acompañe Martín.*

1. Me ayudarás a hacer las compras, ¿no es verdad?
2. ¿Quieres pasar a buscar el cortacésped? Ya está reparado.
3. ¿Nos llevas al estadio en tu coche?
4. ¿Quieres buscar un regalo de cumpleaños para Sergio?
5. ¿Tienes ganas de almorzar conmigo en la pizzería Queso Triple?
6. Las ventanas están sucias. ¿Me haces el favor de lavarlas?

F. Trabajen en grupos de tres o cuatro estudiantes. Cada persona del grupo debe darle por lo menos dos consejos (afirmativos y negativos) a un amigo (imaginario) que se encuentra en las siguientes situaciones.

MODELO: no tener suficiente dinero para comprar el coche que quiere
Deposita tu dinero en el banco y no salgas a divertirte tanto con los amigos.

1. sentirse un poco enfermo/a
2. no saber si ir al cine o a una fiesta
3. olvidarse del cumpleaños de la madre
4. estar a punto de perder el trabajo por llegar tarde tres veces
5. pelearse con el/la novio/a dos días consecutivos
6. encontrar un perro perdido

V. *Trabajar, funcionar,* and similar verbs

Several Spanish verbs may be used to express the variety of meanings possible in the English terms *to work* and *to operate.* The most frequently used are **trabajar** and **funcionar.**

1. **Trabajar** is used to express *to work* in the general sense of doing physical labor or fulfilling the requirements of a job.

En algunas familias los dos padres **trabajan** para pagar las cuentas.

In some families both parents work in order to pay the bills.

Adela **trabajó** allí tres años antes de comenzar a **trabajar** en la Compañía Sandoval.

Adela worked there three years before beginning to work at the Sandoval Company.

2. Several verbs in Spanish may be used to express putting into motion or operating a machine or device. **Conducir** (preferred in Spain) or **manejar** (preferred in Latin America) is used more frequently with means of land transportation (motorcycle, car, bus, etc.). **Operar** and **hacer funcionar** are used more frequently with other types of machines and devices.

Ana **conduce (maneja)** un coche sport.	*Ana drives (operates) a sports car.*
Dudo que la niña sepa **hacer funcionar** este aparato.	*I doubt the girl knows how to run (work) this device.*
Ojalá que pronto me dejen **operar** esta máquina.	*I hope they soon let me operate (work) this machine.*

3. The verbs most frequently used to refer to the functioning of a machine or device are **funcionar** and **andar**. **Caminar** and **marchar** are used to a lesser degree. **Funcionar** may also refer to the performance of a system or program.

Llama a la sección de reparaciones; no **funciona** bien este teléfono.	*Call the repair department; this telephone is not working properly.*
A mí me parece que los programas de servicios sociales **funcionan** bien aquí.	*It seems to me that social programs work well here.*
Compremos otra caja registradora; ésta nunca **anda** bien.	*Let's buy another cash register; this one never works well.*

4. **Hacer trabajar** is used to express the idea of making someone else work.

Rodolfo dejó de trabajar allí porque creía que lo **hacían trabajar** demasiado.	*Rodolfo stopped working there because he thought they made him work too much.*

EJERCICIOS

A. Complete la frase con una de las palabras o expresiones presentadas en esta lección.

1. ¿Cuándo empezaron Uds. a _____ para la Compañía Sandoval?
2. Si no _____ bien tu telefax, llévalo al taller de reparaciones.
3. ¿Puedes ayudarme a _____ la lavadora nueva?
4. Mi única queja es que el patrón nos _____ demasiadas horas; prefiero tener más tiempo libre.

5. No pude preparar la cena; de repente la estufa dejó de _____.
6. Hacía diez años que yo _____ allí antes de cambiar de empleo.
7. Voy de compras; mi reloj ya no _____ bien.
8. No sé si puedo _____ este coche; es demasiado grande y el tablero de mandos es muy complicado.

B. En parejas, háganse y contesten las siguientes preguntas según su propia experiencia.

MODELO: E1: ¿Te hacen trabajar mucho en las clases?
  E2: *Claro, nos hacen trabajar durante las noches y los fines de semana.*

1. ¿Cuánto tiempo hace que sabes hacer funcionar una computadora?
2. ¿Funcionan bien los relojes electrónicos? Y el reloj que tienes ahora, ¿qué tal funciona?
3. De los trabajos que has tenido, ¿en cuál te hacían trabajar más? ¿Te gustaba trabajar allí?
4. ¿Crees tú que el sistema educativo funciona bien? ¿Qué parte funciona mejor?
5. ¿A qué edad empezaste a manejar? ¿Qué tipo de vehículo prefieres manejar?
6. De los amigos que tienes, ¿quién trabaja más? ¿Por qué trabaja tanto?
7. ¿Has llegado tarde a la escuela o al trabajo porque tu despertador no andaba bien? ¿Qué pasó?
8. ¿Prefieres operar un cortacésped a motor o uno manual? ¿Por qué?

CAPÍTULO 8

I. The imperfect subjunctive

A. Forms

1. The stem of the imperfect subjunctive of all verbs is formed by dropping -**ron** from the third person plural form of the preterit.

2. The imperfect subjunctive has two sets of endings. The -**ra** endings are used more frequently both in Spain and in Hispanic America; the -**se** endings are used primarily in Spain and are more common in the written than in the spoken language. Notice that first and third person singular forms are identical and that first person plural forms have a written accent.

	-ar verbs comprar	*-er* verbs entender	*-ir* verbs vivir
Stem	ellos compra~~ron~~	ellos entendie~~ron~~	ellos vivie~~ron~~
	-ra endings		
	compra**ra**	entendie**ra**	vivie**ra**
	compra**ras**	entendie**ras**	vivie**ras**
	compra**ra**	entendie**ra**	vivie**ra**
	comprá**ramos**	entendié**ramos**	vivié**ramos**
	compra**rais**	entendie**rais**	vivie**rais**
	compra**ran**	entendie**ran**	vivie**ran**
	-se endings		
	compra**se**	entendie**se**	vivie**se**
	compra**ses**	entendie**ses**	vivie**ses**
	compra**se**	entendie**se**	vivie**se**
	comprá**semos**	entendié**semos**	vivié**semos**
	compra**seis**	entendie**seis**	vivie**seis**
	compra**sen**	entendie**sen**	vivie**sen**

3. All verbs that have changes in spelling, stem changes, or irregular stems in the third person plural form of the preterit maintain that same irregularity in the imperfect subjunctive. (Consult *Chapter 2, Section I* for a more complete list of irregularities in the preterit.)

Verb	Preterit: *ellos* form	Imperfect subjunctive
leer	le**y**eron	yo le**y**era (le**y**ese)
dormir (ue, u)	d**u**rmieron	yo d**u**rmiera (d**u**rmiese)
mentir (ie, i)	m**i**ntieron	yo m**i**ntiera (m**i**ntiese)
pedir (i)	p**i**dieron	yo p**i**diera (p**i**diese)
dar	dieron	yo diera (diese)
decir	**dij**eron	yo dijera (dijese)
estar	**estuv**ieron	yo estuviera (estuviese)
hacer	**hic**ieron	yo hiciera (hiciese)
poder	**pud**ieron	yo pudiera (pudiese)
querer	**quis**ieron	yo quisiera (quisiese)
saber	**sup**ieron	yo supiera (supiese)
tener	**tuv**ieron	yo tuviera (tuviese)
venir	**vin**ieron	yo viniera (viniese)

El profesor nos pidió que **leyéramos** un cuento de José Donoso y que **hiciéramos** un resumen.	*The professor asked us to read a short story by José Donoso and to do a summary.*
Nunca pensé que **estuvieras** tan ocupada que no **pudieras** venir a verme.	*I never thought you'd be so busy that you couldn't come to see me.*

4. The verbs **ir** and **ser**, which have identical forms in the preterit, also have identical forms in the imperfect subjunctive; context determines which verb is meant.

	Preterit: *ellos* form	Imperfect subjunctive
ir	ellos fueron (al cine)	yo fuera (fuese) al cine
ser	ellos fueron (felices)	yo fuera (fuese) feliz

Ricardo me pidió que no **fuera** antipático y que **fuera** al cine con él ayer.

Ricardo asked me not to be disagreeable and to go to the movies with him yesterday.

B. Uses of the imperfect subjunctive

1. The imperfect subjunctive is used under the same circumstances as the present subjunctive when the situation referred to is in the past. In independent clauses, it is used after **ojalá, quizá(s), probablemente, a lo mejor**, and in indirect commands. In noun clauses, it is used to attempt to influence other people's behavior and to report emotional reactions to facts, subjective viewpoints, or doubts.

Present subjunctive	Imperfect subjunctive
Es lamentable que no **tengas** tiempo para visitar a tu familia. *It is regrettable that you don't have time to visit your family.*	Era lamentable que no **tuvieras** tiempo para visitar a tu familia. *It was regrettable that you didn't have time to visit your family.*
Me han recomendado que **trabaje** menos y que **descanse** más. *They have recommended that I work less and rest more.*	Me recomendaron que **trabajara** menos y que **descansara** más. *They recommended that I work less and rest more.*
En este puesto será muy importante que yo **aumente** las ventas. *In this job, it will be very important that I increase sales.*	En mi último puesto era muy importante que yo **aumentara** las ventas. *At my last job, it was very important that I increase sales.*
Me sorprende que nadie **haga** preguntas. *I'm surprised that nobody asks questions.*	Cuando estaba en mi primer año de secundaria, me sorprendía que nadie **hiciese** preguntas. *When I was in my first year of high school, I was surprised that nobody would ask questions.*

Refer to *Chapter 7, Section III* for use of the present subjunctive in independent clauses; see *Chapter 7, Section II* for use of the present subjunctive in noun clauses; *Chapter 9, Section III* for use of the present subjunctive in adverbial clauses; and p. 269 in this chapter for use of the subjunctive in adjective clauses.

2. The imperfect subjunctive, with -**ra** endings only, is used with **deber**, **poder**, and **querer** to phrase a statement or a question in an especially polite way. The conditional tense can also be used for this purpose. (See *Chapter 4, Section II* for use of the conditional to express politeness.)

¿**Pudiera (Podría)** Ud. indicarme cómo llegar a la oficina de correos?	*Could you tell me how to get to the post office?*
Quisiera (Querría) entrevistarme con el director del periódico.	*I would like to have an interview with the director of the newspaper.*

3. The imperfect subjunctive is also used to express contrary-to-fact or highly unlikely circumstances.

¡Ojalá que yo **tuviera** bastante dinero para viajar!	*I wish I had enough money to travel! (The speaker doesn't have it.)*
Si **pudiera**, te ayudaría.	*If I could, I would help you. (But I can't.)*
Si **llegaras** temprano esta tarde, podríamos ir a casa de Carolina.	*If you were to arrive early this afternoon, we could go to Carolina's house. (It's highly unlikely that the person will arrive early.)*
¿No te gusta mi peinado? Me miras como si **viniera** de otro planeta.	*You don't like my hairdo? You're looking at me as if I came from another planet. (The speaker isn't from another planet.)*

▶ C. Sequence of tenses

The choice between the present subjunctive and the imperfect subjunctive is determined by the tense of the main verb.

Main clause (indicative)	Subordinate clause (subjunctive)
Present Present perfect Future	Present subjunctive Imperfect subjunctive
Imperfect Preterit Conditional	Imperfect subjunctive

1. If the verb of the main clause is in either the present, the present perfect, or the future tense, any subjunctive tense is possible in the subordinate clause, provided that the combination is logical. The present subjunctive is most common, however.

Dudo que él **viva** aquí ahora. Dudo que él **viviera** aquí el año pasado.	*I doubt he lives here now. I doubt he was living here last year.*
Es imperativo que **estés** aquí antes de las tres.	*It is imperative that you be here before three.*
Le pediré a Rodrigo que me **traiga** unas aspirinas del supermercado.	*I will ask Rodrigo to bring me some aspirin from the supermarket.*
Elena nunca ha negado que **seamos** amigas.	*Elena has never denied that we are friends.*

Mimetism de la pintora mexicana Remedios Varos (1908–1963). Según tu opinión, ¿qué reacción quería la artista que tuviéramos cuando viéramos a la mujer que ocupa el centro del cuadro?

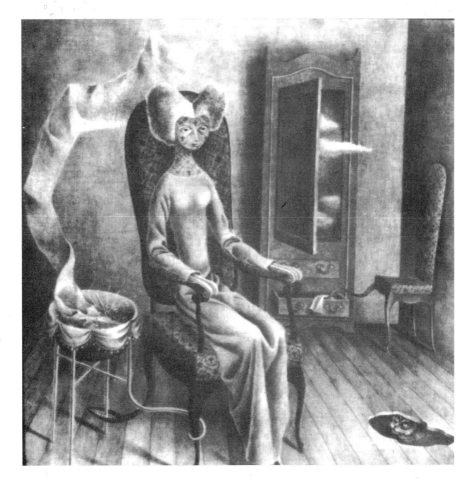

2. If the verb in the main clause is in any of the past tenses or in the conditional, the imperfect subjunctive is used in the subordinate clause.

Cuando era niño, temía que
  mis padres se **divorciaran**.

*When I was a child, I feared that
  my parents would get a
  divorce.*

Lamenté que no **pudieras** venir
  al casamiento de mi hermana.

*I regretted that you couldn't come
  to my sister's wedding.*

¿Qué tal si le hacemos una
  pequeña fiesta a Teresa?
  Preferiría que **fuera** una
  sorpresa. Me gustaría que no
  le **dijeran** nada a ella.

*How about if we have a small
  party for Teresa? I would prefer
  that it be a surprise. I'd like for
  you not to say anything to her.*

Anoche hubo disturbios en el
  centro y fue necesario que
  interviniera la policía.

*Last night there were disturbances downtown, and it was
  necessary for the police to
  intervene.*

See *Chapter 9, Section I* for use of the perfect tenses of the subjunctive.

EJERCICIOS

A. Todo el mundo le ha pedido algo a Ud. hoy. Exprésele esto a otra persona, según el modelo.

MODELO: mi hijo: llevarlo al colegio y pasar a buscarlo por la tarde
          (rogar)
          Mi hijo me rogó que lo llevara al colegio y que lo pasara a buscar por la tarde.

1. Olivia: ir al correo y comprarle sellos (pedir)
2. mi esposo/a: devolverle a Rosie sus libros (decir)
3. Tony y Luis: pasar por su casa y consultarles acerca del problema nuevo (recomendar)
4. Martín: acompañarlo a su lección de piano (exigir)
5. Susana y Roberto: ayudarlos a hacer las compras (pedir)
6. Sara: tener más paciencia durante esta parte del proyecto (sugerir)
7. una profesora mía: hablarle de mi trabajo de investigación (aconsejar)
8. dos primos míos: hacerles varios favores este fin de semana (insinuar)

B. Ud. y dos amigos/as buscan un apartamento, pero tienen diferentes opiniones sobre lo que quieren. Han visto varios apartamentos y ahora discuten sus preferencias. Usen algunas de las siguientes ideas y otras originales. Empiecen cada oración con un verbo como **(me) gustaría**, **preferiría**, **recomendaría** o **querría**.

MODELO: E1: *Me gustaría que alquiláramos el apartamento con gimnasio.*
E2: *Preferiría que buscáramos un apartamento más barato que ése.*
E3: *Pues, yo recomendaría que viéramos más apartamentos antes de escoger.*

seguir buscando algo económico

conseguir un apartamento cerca de la universidad

encontrar un sitio con lavadora

alquilar un apartamento con aire acondicionado

tener un apartamento en una zona tranquila

buscar un apartamento próximo a la parada del autobús

obtener un lugar con piscina

informarse más sobre las diferentes opciones

vivir más lejos del centro de la ciudad

Partido de fútbol en Sevilla, España. Cuando eras niño/a, ¿era importante que practicaras deportes? ¿Qué deportes practicabas? Y ahora, ¿a qué deportes juegas?

C. Termine las siguientes frases con **como si**, según el modelo. Puede completar las frases usando las posibilidades sugeridas a continuación o sus propias expresiones.

> ganar mucho dinero
>
> no sentirse bien
>
> no tener ningún cuidado
>
> no tener problemas económicos
>
> ir a recibir una promoción
>
> preferir estar en otro lugar
>
> querer salir inmediatamente
>
> saberlo todo
>
> ser un/a atleta profesional

MODELO: Benito me trata como si . . .
          Benito me trata como si no me conociera.

1. Uds. se portan como si . . .
2. Tu prima corre como si . . .
3. Tú andas despreocupado/a como si . . .
4. Tomás gasta dinero como si . . .
5. Tus hermanos juegan al béisbol como si . . .
6. Mi primo Aníbal habla como si . . .
7. Mi novio/a actúa como si . . .
8. Mi jefe se sonríe como si . . .
9. Elena da discursos como si . . .

D. Diga cómo se sintió Ud. al enterarse de las noticias que aparecen a continuación. Use expresiones como **me sorprendió**, **me alegró**, **me molestó**, **me entusiasmó**, **me gustó**, **me asustó**, **me enojó**, **me pareció estupendo**, **me decepcionó** u otras similares.

MODELO: Su entrenador de tenis dijo que Ud. no podía continuar en el equipo.
          Me enojó mucho que mi entrenador me dijera que no podía continuar en el equipo.

1. Un amigo fue a una película sin invitarlo/la.
2. Sus padres le prestaron dinero para comprar un coche.
3. Su tía le regaló varios discos compactos para su cumpleaños.
4. No fue posible arreglar la computadora.
5. Su primo Martín no le devolvió el dinero que Ud. le había prestado.

6. Una amiga y Ud. ganaron quinientos dólares en la lotería.
7. Ud. se cayó y se fracturó el brazo.
8. Un buen vendedor le vendió un televisor nuevo que no necesitaba.

E. En parejas, túrnense para decir qué dirían en las siguientes situaciones. Usen **deber**, **querer** y **poder** en estas expresiones de cortesía. A continuación aparecen dos modelos posibles.

MODELO 1: Ud. quiere cambiar una máquina de afeitar en una tienda.
Perdone, señorita. ¿Pudiera Ud. cambiarme esta máquina de afeitar por otra diferente?

MODELO 2: Ud. compra billetes para un concierto muy popular y quiere obtener un buen asiento.
Quisiera comprar dos billetes en la primera fila, si me hace el favor.

1. Ud. quiere comprar una lavadora automática a un precio especial, pero la venta especial se venció ayer.
2. Ud. y una amiga desean devolver una camisa, pero se les olvidó traer el recibo.
3. Ud. necesita que le reparen su coche, pero no tiene mucho tiempo.
4. Ud. habla con su consejero/a académico/a porque no entiende muy bien qué se debe hacer para cambiar de especialización.
5. Ud. le sugiere a un amigo que es necesario que él estudie mucho para el próximo examen de matemáticas.
6. Ud. habla con la dueña de su apartamento sobre una estufa que no funciona bien.

F. En parejas, túrnense para hacer y contestar preguntas sobre las siguientes situaciones hipotéticas.

MODELO: suspender la clase de español hoy
E1: *¿Qué harías si suspendieran la clase de español hoy?*
E2: *Si suspendieran la clase de español hoy, yo saldría a comer. ¡Tengo más hambre que un león!*

1. poder (tú) salir de vacaciones mañana
2. ganar (tú) el premio gordo de la lotería
3. tener (tú) citas con dos chicos/as para la misma noche
4. llegar a visitarte tus padres sin aviso
5. ver (tú) a tu novio/a del brazo con otra persona
6. estar abandonado/a (tú) en una isla inhabitada
7. recibir (tú) un cheque en el trabajo por una cantidad mucho mayor que tu salario
   (¿otra situación?)

G. Usando la expresión **ojalá (que)**, cada estudiante expresa algo de su vida que le gustaría que fuera diferente. Piense, por ejemplo, en sus amigos o familia, en su casa, en la ciudad donde vive o en su trabajo.

MODELO: E1: *Ojalá que mis hermanos vivieran más cerca de mí.*
          E2: *Ojalá yo supiera hablar bien otra lengua.*

H. Mencione actividades a las que sus amigos lo/la invitaban a participar cuando Ud. era niño/a. Use frases como **me gustaba (me daba mucho gusto)**, **me agradaba**, **me fascinaba**, **me alegraba** y **me parecía estupendo**.

MODELO: *Me gustaba que mis amigos vinieran a jugar a mi casa.*
          Me agradaba mucho que me invitaran al cine los sábados por la tarde.

II. Relative pronouns

A. Relative pronouns and restrictive and nonrestrictive relative clauses

1. Relative pronouns introduce dependent adjective (or relative) clauses. Both the pronoun and the rest of the adjective clause refer back to an antecedent. The antecedent is a noun or pronoun found in the main clause. In contrast to English, the relative pronoun cannot be omitted in Spanish.

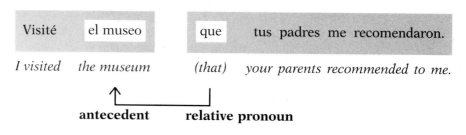

main clause	dependent clause (= adjective or relative clause)
Visité el museo	que tus padres me recomendaron.
I visited the museum	*(that) your parents recommended to me.*

antecedent   relative pronoun

2. Within the relative clause the relative pronoun can function as a subject, a direct or an indirect object, or the object of a preposition.

Subject	Busco el camino **que va al parque**. *I am looking for the road that goes to the park.*	= **el camino** va al parque
Direct object	Leí el libro **que tú me diste**. *I read the book (that) you gave me.*	= tú me diste **el libro**
Indirect object	No veo al empleado **a quien le pedí información**. *I don't see the employee from whom I requested information.*	= le pedí información **al empleado**
Object of a preposition	Tú no conoces a la señora **de quien hablamos**. *You don't know the woman we're talking about.*	= hablamos **de la señora**

3. As in English, a dependent clause introduced by a relative pronoun can be either restrictive or nonrestrictive. A restrictive clause gives information necessary to identify an antecedent and is essential to the meaning of the sentence. It is not set off by commas.

Los empleados **que llegaron atrasados** fueron amonestados por el supervisor.	*The employees who arrived late were admonished by the supervisor. (Only those employees who were late were admonished.)*
El joven **que entró** es mi primo Rubén.	*The young man who came in is my cousin Rubén.*

A nonrestrictive clause gives parenthetical, nonessential information about a specific antecedent and is set off by commas.

Los empleados, **que llegaron atrasados**, fueron amonestados por el supervisor.	*The employees, who arrived late, were admonished by the supervisor. (All employees were late, and they were all admonished.)*
Rubén, **quien vive en Colorado**, es primo mío.	*Rubén, who lives in Colorado, is a cousin of mine.*

B. The relative pronoun *que*

1. The relative pronoun **que** (*that, which, who, whom*) refers back to both personal and nonpersonal antecedents. **Que**, which is used in both restrictive and nonrestrictive relative clauses, is the relative pronoun used most frequently.

El médico **que** me examinó es muy joven.	*The doctor who examined me is very young.*
El chico **que** conocí ayer vivió muchos años en Venezuela.	*The boy I met yesterday lived in Venezuela for many years.*
Están reparando la autopista **que** lleva a la capital.	*They are repairing the freeway that leads to the capital.*
El remedio **que** me recetaron no surte efecto.	*The remedy they prescribed for me is ineffective.*
El alcalde, **que** ha tenido un excelente desempeño, se presentará a la reelección.	*The mayor, who has had an excellent record, will seek reelection.*
Esas montañas, **que** están cubiertas de nieve todo el año, son difíciles de escalar.	*Those mountains, which are covered with snow year-round, are hard to climb.*
Esta novela, **que** acabo de comprar, es interesantísima.	*This novel, which I have just bought, is most interesting.*

2. When referring back to a nonpersonal antecedent, **que** is used after the common prepositions **a**, **de**, **con**, and **en**. In contrast to English, the preposition always precedes the relative pronoun in Spanish.

Los exámenes **a que** me sometí fueron muy rigurosos.	*The exams I underwent were very rigorous.*
El tema **de que** trata ese programa no te interesará.	*The topic that program deals with will not interest you.*
No es mucho el dinero **con que** contamos.	*The money we are counting on is not much.*
Los detalles **en que** te fijas son nimios.	*The details to which you pay attention are trivial.*

C. The relative pronoun *quien(es)*

1. The relative pronoun **quien(es)** (*who, whom*) refers only to people and agrees with its antecedent in number.

La señora a **quien** saludaste esta mañana es mi vecina.	*The lady you greeted this morning is my neighbor.*
No te asocies con personas a **quienes** no respetas.	*Don't associate with people you do not respect.*

2. As the personal subject of a nonrestrictive clause, **quien(es)** is used interchangeably with **que**. **Quien(es)** cannot be the subject of a restrictive clause; **que** is used instead, as in the last two examples.

Esteban, **quien (que)** odia la ciudad, acaba de comprarse una casa en el campo.	*Esteban, who hates the city, has just bought himself a house in the country.*
Los empleados, **quienes (que)** trabajaron durante el fin de semana, recibirán un sobresueldo.	*The employees, who worked during the weekend, will receive a bonus.*
Los empleados **que** trabajaron durante el fin de semana recibirán un sobresueldo.	*The employees who worked during the weekend will receive a bonus.*
La policía detuvo al hombre **que** asaltó el Banco Industrial.	*The police arrested the man who robbed the Industrial Bank.*

3. **Quien(es)** can be used after simple prepositions.

No conozco a la chica **a quien (con quien, de quien)** hablabas ayer.	*I don't know the girl to whom (with whom, about whom) you were talking yesterday.*
No he escogido al candidato **por quien** voy a votar.	*I have not chosen the candidate for whom I am going to vote.*
Mónica, **con quien** salía a menudo durante mis años universitarios, vendrá a visitarme.	*Mónica, with whom I used to go out frequently during my university years, will come to visit me.*

D. The relative pronouns *el cual* and *el que*

1. **El cual** (*which, who, whom*) and **el que** (*which, who, whom*) may be used to refer to both personal and nonpersonal antecedents. They agree in gender and number with the antecedent.

Mi vecina, con **la cual** me entiendo muy bien, está ahora de vacaciones.	*My neighbor, with whom I get along very well, is on vacation now.*
Los parques de la ciudad, **los que** se mantienen muy limpios, están llenos de gente los fines de semana.	*The city parks, which are kept very clean, are full of people on weekends.*

2. **El cual** may be used instead of **que** or **quien** in nonrestrictive relative clauses, although this use is less common. However, when more than one noun, each of a different gender or number, precedes the relative pronoun, **el cual** is used instead of **que** or **quien** in order to avoid ambiguity.

Mi cuñado, **el cual (quien, que)** se encuentra en Europa, dice que nos ha comprado muchos regalos.	*My brother-in-law, who is in Europe, says that he has bought many presents for us.*
La novia de mi hermano, **la cual (quien, que)** estudia arquitectura, trabaja para una compañía multinacional.	*My brother's fiancée, who (the fiancée) studies architecture, is working for a multinational company.*
El periódico de la ciudad, **el cual** se fundó en 1895, tiene instalaciones modernas.	*The newspaper of our city, which (the newspaper) was founded in 1895, has modern equipment.*

3. **El que** may also be used in nonrestrictive clauses, usually with the meaning of *the one(s) who* or *the one(s) that*. With this use it is not interchangeable with **el cual**. Notice the difference in meaning in the following examples.

Mi hermana, **la que** se interesa en los negocios, es ahora la propietaria de la Mueblería La Mundial. (*There may be more than one sister.*)	*My sister, the one that is interested in business, is now owner of the La Mundial Furniture Store.*
Mi hermana, **la cual** se interesa en los negocios, es ahora la propietaria de la Mueblería La Mundial. (*There is only one sister.*)	*My sister, who is interested in business, is now owner of the La Mundial Furniture Store.*

4. **El que** is often used to refer to an unexpressed antecedent when that antecedent has been mentioned previously or when context makes it clear.

—¿Has visto antes a ese hombre?	*Have you seen that man before?*
—¿**El que** lleva una boina vasca?	*The one who is wearing a Basque beret?*
El que* se esfuerza triunfará.	*The one who tries harder will succeed.*

*Note: **Quien** or **quienes** may replace a form of **el que** when the understood noun is a person or persons: **Quien se esfuerza triunfará** (*He who tries harder will succeed*). **Quien** is preferred in generic statements like proverbs: **Quien adelante no mira, atrás se queda** (*He who does not look ahead, lags behind*).

5. **El cual** and **el que** may both be used after simple and compound prepositions, though **el cual** is more common. Only **el cual** is used after compound prepositions in nonrestrictive clauses. (See Summary Chart on p. 265.)

Todavía creo en las causas **por las cuales (por las que)** lucho.
I still believe in the causes for which I fight.

¿Qué te parece si nos juntamos en la puerta del almacén **frente al cual (frente al que)** estacionaste el coche?
How about meeting at the door of the store across from which you parked your car?

No encuentro el libro **encima del cual** dejé la cartera.
I can't find the book on top of which I left my purse.

Hay varios problemas **sobre los que** nadie quiere hacer comentarios.
There are several problems about which nobody wants to comment.

Ese estudiante, **delante del cual** me siento en clase, quiere ser astrónomo.
That student, in front of whom I sit in class, wants to be an astronomer.

6. The neuter relative pronoun **lo que** is used in restrictive relative clauses to refer to an indefinite antecedent. In this usage, **lo que** corresponds to the English word *what*, in the sense of *that which*.

—No me has dicho **lo que** quieres de regalo de cumpleaños.
You haven't told me what you want as a birthday present.

—**Lo que** quiero es que me des una sorpresa.
What I want is for you to surprise me.

REFRÁN

Lo que se aprende en la cuna siempre dura.

7. The neuter relative pronouns **lo cual** and **lo que** may be used in nonrestrictive relative clauses to refer to an antecedent that is an entire clause. In this usage, they correspond to the English pronoun *which*.

Lupe no ha hablado con nadie esta mañana, **lo cual (lo que)** es muy extraño. ¿Sabes qué le pasa?
Lupe hasn't spoken with anyone this morning, which is very strange. Do you know what's the matter with her?

Las tasas de interés siguen bajando, **lo que (lo cual)** nadie parece entender.
Interest rates keep on going down, which nobody seems to understand.

E. The relative pronoun *cuyo*

The relative pronoun **cuyo** (*whose, of which*) expresses possession. **Cuyo** precedes the noun that is possessed and agrees with that noun in gender and number. In questions, however, **de quién**, not **cuyo**, expresses *whose*.

Hoy hablé con el vecino **cuya hija** estudia contabilidad.	*Today I spoke with the neighbor whose daughter studies accounting.*
Hay pocos partidos políticos **con cuyos principios** yo concuerdo.	*There are few political parties whose principles I agree with.*
Esta librería, **cuyo dueño** es amigo mío, tiene un buen surtido de libros en español.	*This bookstore, whose owner is a friend of mine, has a good selection of books in Spanish.*
Borges, **cuyas historias** leo una y otra vez, es uno de mis autores favoritos.	*Borges, whose stories I read over and over again, is one of my favorite authors.*
¿**De quién** es esa novela?	*Whose novel is that?*

Summary of the uses of relative pronouns

Que, *quien, el cual,* and *el que* in restrictive relative clauses

As subject: que	El muchacho **que** entró trabaja aquí. Voy a la tienda **que** está en la esquina.
As direct object: que, a quien	No me gustó el chico **a quien (que)** conocí ayer. Me desagradó el museo **que** visité ayer.
As indirect object: a quien, al que, al cual	Ése es el empleado **a quien (al cual, al que)** le pasé las llaves. Devolví el libro **al que (al cual)** le faltaban hojas.
After **a, de, con, en**: que/quien,* el cual, el que	Regálale algo bonito a la muchacha **con quien (con la cual, con la que)** sales. Debes comprarte la cámara **de que (de la cual, de la que)** te hablé.
After other simple prepositions: el cual, el que, quien	Ése es el jefe **para el cual (para el que, para quien)** trabajo. No abandonaré los principios **por los cuales (por los que)** lucho.
After compound prepositions: el cual, el que	Ésa es la muchacha **detrás de la cual** me siento en clase. Vamos hacia la tienda **frente a la cual (frente a la que)** dejamos el auto.

*Que refers to things or ideas; **quien** refers to personal antecedents.

Summary of the uses of relative pronouns (cont.)

Que, quien, el cual, and que in nonrestrictive relative clauses

As subject:
que, quien, el cual

Mis padres, **que (quienes, los cuales)** están en Buenos Aires, vendrán a verme pronto.

El periódico local, **que (el cual)** fue fundado hace cincuenta años, ha ganado muchos premios.

As direct object:
que, quien, el cual, el que

Admiro mucho a Cortázar, **a quien (al cual, al que)** leo a menudo.

El zoológico, **que (el cual)** visitamos ayer, es grandísimo.

As indirect object:
a quien, al cual, al que

Raúl, **a quien (al cual, al que)** no le gustan los apartamentos, se comprará una casa grande.

Esta novela, **a la cual (a la que)** la censura le ha quitado unas páginas, se vende muy bien.

After simple prepositions:
el cual, el que, quien

Ese poeta, **con quien (con el cual, con el que)** converso a menudo, dará un recital mañana.

Este pueblo, **del cual (del que)** seguramente has oído hablar, es muy antiguo.

After compound prepositions:
el cual (el que)

Ese estudiante, **delante del cual** me siento en clase, se especializa en bioquímica.

Voy a caminar hacia el estadio, **detrás del cual** dejé el coche.

Possessive relative pronoun

cuyo, -a, -os, -as

Hay pocos candidatos **cuyos programas** políticos aplaudo.

Buñuel, **cuyas películas** he visto más de una vez, era un director genial.

EJERCICIOS

A. En parejas, túrnense para hacer el papel de una persona que no conoce a nadie en la fiesta y que le pregunta a su amigo/a por las personas que se ven en la ilustración que sigue. Use pronombres relativos en su pregunta.

MODELO: E1: *¿Cómo se llama (Quién es) el hombre que está bailando con mi amiga?*
E2: *Se llama (Es) Jaime.*

B. En parejas, túrnense para hacer los papeles que se representan a continuación. Usen un pronombre relativo con preposición como en el modelo.

MODELO: (yo) / ver a un amigo tuyo anoche
E1: *Vi a un amigo tuyo anoche.*
E2: *¿Sí? ¿Quién es el amigo mío a quien viste?*

1. mi compañera de cuarto / conocer a un pariente tuyo anteayer
2. mis hermanas / trabajar para una vecina tuya ayer
3. tu primo / hablar mal de unos compañeros míos
4. un ladrón / asaltar a un profesor mío anoche
5. Mónica / salir anoche con un hombre diferente
6. (nosotros) / conversar con una persona muy famosa en la fiesta
7. Alfonso / insultar a uno de tus amigos
8. (yo) / escoger al candidato por quien quiero votar

C. Una mujer que busca casa le envía una carta a su hermana, en la cual le
describe una casa que le fascinó. Lea la descripción que sigue y seleccione
el pronombre relativo más apropiado de entre los que se dan en negrita
entre paréntesis.

Hace poco fui a ver una casa antigua **(que, a la cual, lo que)** una familia rica había remodelado. ¡Era preciosa! En la sala, por ejemplo, había unos muebles **(quienes, que, de los cuales)** sin duda eran antigüedades de gran valor. Había una vendedora en la sala **(la que, quien, a quien)** yo había conocido en otra oportunidad y **(de quien, por quien, la que)** yo te he escrito en otra ocasión. Además, estaban presentes el dueño de la casa con sus hijos, **(el cual, los cuales, quien)** casi no molestaban nada con sus juegos y con **(los que, quien, el cual)** me entendí bien.

En seguida entré en la cocina, **(de la cual, la que, quien)** acababan de pintar de un color alegre. En la cocina había una estufa, por **(la que, quien, lo cual)** yo daría bastante dinero. Las puertas de madera del armario, frente **(a que, a las cuales, al que)** me quedé por varios minutos, me parecían casi obras de arte. En ese momento recordé **(el que, las que, lo que)** había visto en algunas de las mansiones de Louisiana.

Por la ventana de la cocina se veían las flores del jardín, **(que, las cuales, quien)** estaban preciosas. Por desgracia, en ese momento entraron dos adultos, **(quienes, el que, cuyo)** hijo de seis o siete años estaba impaciente por concluir la visita.

En fin, yo tardaría otra hora en describirte todo **(la que, lo que, que)** vi allí. Volví a la puerta principal, cerca de **(que, la cual, quien)** había dejado el abrigo y me junté con la vendedora, **(la cual, que, a quien)** me referí antes. Ella me habló del interés **(cuyo, lo cual, que)** tienen los dueños de vender la casa. ¡Cuánto me gustaría vivir en una casa así!

D. Rodolfo y David conversan mientras van al centro donde los espera María. Complete sus oraciones con el pronombre relativo más apropiado. En algunos casos hay más de un pronombre posible.

1. —Rodolfo, ¿sabes dónde está la parada del autobús _____ va al centro?
   —Está por allí, cerca de aquel hombre _____ fuma una pipa.
2. —¡Andamos perdidos! ¿Por qué no le pides ayuda a ese hombre con _____ habla el chico de la bicicleta?
   —¿A él? Se ve más perdido que nosotros. Voy a buscar a un policía; a ver, ¿dónde está el policía a _____ vi hace poco?
3. —Oye, David, ¿conoces a la mujer de _____ hablaba todo el mundo en la fiesta anoche?
   —No la reconocí al principio, pero luego recordé que es Augusta, _____ trabaja con Francisco.

4. —Cerca de aquí hay una buena pizzería _____ nombre no recuerdo.
   —Mira, allí está. Es una pizzería _____ usa ingredientes frescos
   solamente. Tengo hambre.

5. —Oye, ¿te fijaste en el nombre de la mueblería delante de _____
   paró el autobús?
   —¿No fue la misma mueblería de _____ se quejó tu papá en una
   carta a la prensa?

6. —Dicen que la policía llegó muy pronto a aquella carnicería dentro
   de _____ se cometió un robo ayer.
   —Sí; y, ¿sabes?, al pobre propietario, _____ tiene un hijo en nuestra
   universidad, lo asaltaron hace sólo seis meses.

7. —No sé nada más del robo; te he dicho absolutamente todo _____
   averigüé.
   —Está bien. Voy a hablar con Jaime, _____ madre estaba cerca de
   allí cuando sucedió.

8. —Mi amigo Ricardo compró un pasaje en esa agencia de viajes; va a
   visitar a sus hermanos, _____ viven en San Antonio.
   —Pues, yo conozco muy bien a una de las agentes _____ trabaja allí.
   Ella es _____ estuvo en mi clase de computación.

9. —Vámonos; aquélla es la tienda enfrente de _____ María nos iba a
   esperar. Por lo menos eso es _____ me dijo esta mañana.
   —De acuerdo. Y luego vamos a los almacenes La Estrella, _____
   quedan muy cerca de aquí.

E. Un/a amigo/a suyo/a quiere comprar un coche usado y le pide ayuda. Su
amigo/a le hace preguntas usando expresiones como **¿Qué te parece(n)...?,
¿Qué opinas de...?** o **¿Te gusta(n)...?** y Ud. responde empleando pronombres relativos en las respuestas. Puede usar el vocabulario que aparece a
continuación u otro de su elección.

con cambio manual/automático

con/sin aire acondicionado

con cinturón de seguridad/bolsas de aire

para dos/cuatro pasajeros

con pocos/muchos kilómetros

MODELO: E1: *¿Te gustan los coches con cambios manuales?*
          E2: *Francamente, prefiero los que tienen cambios
              automáticos.*

F. En grupos de tres personas, túrnense para expresar su opinión sobre los siguientes aspectos de hacer un viaje. Use frases como **lo que me fastidia, lo que me enoja, lo que me molesta, lo que me pone furioso/a, lo que me fascina, lo que me gusta, lo que me alegra** y **lo que me sorprende** para comunicar su punto de vista.

MODELO: hacer los planes
           E1: *Lo que me fastidia es hacer los planes; hay que tomar tantas decisiones.*
           E2: *Pues, precisamente lo que me fascina a mí es hacer los planes. Uno goza pensando en las aventuras futuras.*
           E3: *Cuando hago los planes, lo que me molesta a mí es la frustración de no poder comenzar el viaje inmediatamente.*

1. leer los folletos y libros de guía
2. consultar al/a la agente de viajes
3. arreglar el itinerario
4. tener un itinerario rígido
5. ir con más de dos personas
6. viajar en coche; viajar en avión
7. descubrir lugares y personas interesantes
8. pasar muchas horas al sol
9. volver y encontrar mucho trabajo que hacer
10. pagar las cuentas que llegan más tarde
    (otra idea suya)

III. The subjunctive in adjective clauses

1. Subordinate clauses introduced by a relative pronoun and modifying a noun (the antecedent) are called adjective or relative clauses. (See the diagram on p. 258 of this chapter.) The nature of the antecedent determines whether to use the subjunctive or the indicative in an adjective clause. If the antecedent is specific and known to exist, the indicative is used in the adjective clause; if the antecedent is unknown and may or may not exist, the subjunctive is used.

Known antecedent: Indicative	Unknown antecedent: Subjunctive
Busco a la secretaria que **trabaja** en este piso. *I am looking for the secretary who works on this floor.*	Busco una secretaria que **domine** el español y el inglés. *I am looking for a secretary who is fluent in Spanish and English.*
Aquí hay alguien que **entiende** de mecánica. *Here is someone who understands mechanics.*	¿Hay alguien aquí que **entienda** de computadoras? *Is there anyone here who understands computers?*
Yo vivía en una ciudad que no **estaba** contaminada. *I used to live in a city that was not polluted.*	Me gustaría vivir en un pueblo que no **estuviera** contaminado. *I would like to live in a village that was not polluted.*

Note: The personal **a** is often not used before a direct object that is indefinite or whose existence is unknown. The personal **a** is always used, however, before the indefinite words **alguien**, **alguno**, **nadie**, and **ninguno**.

Busco dependientes que tengan experiencia.	*I'm looking for salespeople who have experience.*
Necesito encontrar **a alguien** que me reemplace durante mis vacaciones.	*I need to find someone who can replace me during my vacation.*
¿Recuerdas **a algunos** de los compañeros con quienes nos reuníamos los jueves?	*Do you remember some of the friends with whom we used to get together on Thursdays?*

2. The subjunctive is also used in adjective clauses that modify an antecedent that is nonexistent or unknown within the speaker's realm of experience.

No conozco a nadie que se **interese** por la astronomía.	*I don't know anyone who is interested in astronomy.*
Aquí no hay nada que **valga** la pena comprar.	*There is nothing here that is worth buying.*
Ayer no recibí ninguna carta que **trajera** noticias importantes.	*Yesterday, I didn't get a single letter that brought important news.*

3. Use of the subjunctive or the indicative in an adjective clause may depend upon context.

Mi mejor vendedor pide un aumento del 10 por ciento. No me importa lo que **tengo** que pagarle.	*My best salesperson is asking for a 10 percent raise. It doesn't matter what I have to pay him.* (**Lo** *refers to a known amount; use of the indicative implies that the speaker knows how much to pay.*)
Necesitamos otro vendedor urgentemente. No me importa lo que **tenga** que pagarle.	*We need another salesperson urgently. It doesn't matter what I (may) have to pay him.* (**Lo** *refers to an unknown amount.*)
Tranquilízate. Haré lo que tú **dices**.	*Calm down. I'll do what you say.*
Tranquilízate. Haré lo que tú **digas**.	*Calm down. I'll do whatever you (might) say.*

EJER**C**I**C**I**O**S

tarea para miércoles: discuta ¿cuál es la moraleja del cuento del Conde Lucanor? 3-4 oraciones

A. Exprese los pensamientos de Jorge, quien todavía no está seguro de lo que le va a regalar a su novia Rosita. Use el tiempo apropiado del subjuntivo o del indicativo, según el contexto.

MODELO: Quiero algo que _____ (ser) especial y que le _____ (indicar) cuánto la quiero.
Quiero algo que sea especial y que le indique cuánto la quiero.

1. Sé que Rosita tiene un sombrero que _____ (hacer) juego con su abrigo nuevo; quizá esta tarde yo pueda encontrar un par de guantes que le _____ (parecer) bonitos.
2. Querría encontrar unas perlas que _____ (ser) atractivas y que no _____ (costar) demasiado.
3. Se me olvidó que ella ya tiene unos pendientes de plata que _____ (llevar) a menudo.
4. Rosita quería una blusa de seda que _____ (ir) con su traje azul, pero las blusas eran muy caras y no encontré ninguna que me _____ (gustar).
5. El mes pasado mencionaba con frecuencia que desearía tener figurillas de cristal que _____ (ser) muy delicadas y que _____ (tener) aspecto oriental.
6. En estos momentos necesito hablar con alguien que me _____ (ayudar) a encontrar algo que a Rosita le _____ (gustar).

7. Ya no puedo esperar más; voy a comprar la primera cosa bonita que _____ (encontrar).
8. Creo que voy a regalarle esta pulsera que _____ (parecerse) a otra mucho más cara.

B. Escriba una conclusión para cada oración y luego compare su versión con las de sus compañeros de clase.

MODELO: Busco un/a compañero/a de cuarto que . . .
Busco un/a compañero/a de cuarto que no me diga lo que tengo que hacer.

1. Parece imposible encontrar un mecánico que . . .
2. Necesito hablar con mi profesor/a de español; es una persona que . . .
3. Cuando yo era niño/a, tenía un/a amigo/a que . . .
4. No sé nada de computadoras; quisiera encontrar a alguien que me . . .
5. Tengo un cuadro que . . .
6. Mi ilusión es que algún día voy a encontrar un/a novio/a que . . .
7. La semana pasada fui de vacaciones, pero no pude encontrar a nadie que me . . .
8. En mi trabajo conozco a una chica que . . . pero no hay ninguna que . . .
9. Para tu cumpleaños quiero comprarte un regalo que . . .
10. Ayer no recibí ninguna carta que . . .

C. Trabajando en grupos de tres, túrnense para expresar las características que **busca**, **necesita** o **quiere** en las cosas o las personas que se presentan a continuación. Una vez terminada esta primera actividad, repitan el ejercicio cambiando el enfoque al pasado con **buscaba**, **necesitaba** o **quería**.

MODELO 1:   una casa
Necesito una casa que sea bastante grande, pero que no cueste mucho dinero.

MODELO 2:   una casa
Quería una casa que estuviera cerca de mi trabajo y que tuviera un bonito jardín.

1. un/a médico/a
2. un coche
3. un/a compañero/a de cuarto
4. un/a profesor/a
5. un/a esposo/a
6. un sistema estereofónico
7. un/a amigo/a
8. un regalo
    (¿Puede inventar más?)

Puerto Varas, Chile, con el volcán Osorno al fondo. En esta zona del sur del país todavía quedan volcanes activos. La gente espera que no haya daños cuando ocurra una erupción en el futuro.

D. En parejas, inventen diálogos breves usando las expresiones que se dan a continuación. Uno de los estudiantes hace el papel de una persona que está de mal humor y que responde negativamente a todas las preguntas. Use palabras como **nada**, **nadie** o **ninguno**.

MODELO: encontrar algún libro / valer la pena leer
              E1: *¿Encontraste algún libro que valiera la pena leer?*
              E2: *No, no encontré ninguno que valiera la pena leer.*

1. comprar alguna revista / querer leer durante el viaje
2. conocer a alguien / tener interés en tus pasatiempos favoritos
3. recibir algún mensaje / traerte buenas noticias
4. ver algo en el menú / querer comer
5. descubrir un lugar / parecerte bueno para hacer camping
6. aprender una canción / ser apropiada para la fiesta del sábado
7. saber el nombre de una persona / poder ayudarte con la compra de un coche
8. recibir algo para tu cumpleaños / hacerte feliz

E. Divídanse en grupos de dos o tres. Describan sus deseos respecto a los siguientes temas, usando expresiones como **quiero**, **deseo** o **tengo ganas de**. Sean imaginativos/as y traten de incluir en cada respuesta dos frases descriptivas con dos verbos distintos.

MODELO: encontrar una tienda de ropa que . . .
   E1: *Quiero encontrar una tienda de ropa que tenga un surtido excelente y que ofrezca crédito sin interés.*

1. ir a un parque que . . .
2. votar por un candidato/a que . . .
3. comprar un automóvil que . . .
4. trabajar para un/a jefe/a que . . .
5. conseguir un trabajo que . . .
6. regalarles a mis padres algo que . . .
7. ver una película que . . .
8. hacer un viaje que . . .
   (¿Puede Ud. inventar otro?)

F. Con un/a compañero/a, inventen mini-diálogos sobre las diferentes personas interesantes que conocen o que no conocen. Usen las sugerencias que se dan y luego continúen con otras más personalizadas.

MODELO: saber hablar ruso
   E1: *¿Conoces a una persona que sepa hablar ruso?*
   E2: *Sí, conozco a varias personas que saben hablar ruso. (No, no conozco a nadie que sepa hablar ruso.)*

1. querer hacer paracaidismo
2. ser atleta profesional
3. viajar a otros países como parte de su trabajo
4. tener un BMW
5. sacar notas sobresalientes en matemáticas
6. no enfermarse nunca
7. venir a la universidad en autobús
8. no comer carne
   (¿otras personas?)

G. Describa la ciudad donde vive y luego otra donde le gustaría vivir. Puede usar algunas de las siguientes características u otras más representativas de sus propias ideas.

MODELO: (no) ser muy pequeña / oportunidades económicas / problemas con la seguridad pública
Vivo en una ciudad que es muy pequeña y que no tiene muchas oportunidades económicas.
Me gustaría vivir en una ciudad que no tuviera problemas con la seguridad pública.

1. (no) estar cerca del mar / cerca de otra ciudad grande / en las montañas
2. (no) tener transporte público / un clima caluroso / una economía vigorosa
3. (no) ser cara / capital del estado / rural
4. (no) ofrecer buenos restaurantes / una buena selección de viviendas / oportunidades para los jóvenes
   (¿otras características?)

Spanish equivalents of to save

Ahorrar, **guardar**, and **salvar** are the main equivalents of the English verb *to save*.

1. **Ahorrar** usually refers to saving money or time, often conveying the idea of storing up something. In a reflexive construction, it is used in the sense of sparing oneself something or saving time or work.

Trato de **ahorrar** el 10 por ciento del dinero que gano.	*I try to save 10 percent of the money I earn.*
Martín dice que **ahorra** tiempo si se organiza bien antes de escribir.	*Martín says that he saves time if he gets well organized before writing.*
Me ahorré mucho trabajo aprendiendo la manera correcta de pintar una casa.	*I saved a great deal of work by learning the correct way to paint a house.*

2. **Guardar** expresses *to save* in the sense of putting aside or keeping something for someone.

El cómico **guardó** la mejor historia para el final.	*The comedian saved the best story for the end.*
Le estoy **guardando** un asiento a Tere.	*I'm saving a seat for Tere.*

3. **Salvar** means *to save* in the sense of rescuing someone or something from danger, harm, or destruction.

A pesar del peligro del diluvio, pudieron **salvar** a toda la gente.	*In spite of the danger from the flood, they managed to save all the people.*
Ese doctor le **salvó** la vida a mi hijo.	*That doctor saved my son's life.*
Tu llegada me **salvó** del aburrimiento que sentía.	*Your arrival saved me from the boredom I was feeling.*

EJERCICIOS

A. En parejas, túrnense para hacer los papeles de una persona que quiere abrir una cuenta y del/de la empleado/a del banco que la atiende.

MODELO: E1: He decidido ahorrar una parte de mis ganancias; ¿qué me aconseja?
E2: *Bueno, es más fácil ahorrar si se acostumbra a hacerlo todos los meses.*

1. ¿Puedo ahorrar dinero y ganar interés con una cuenta de cheques?
2. ¿Tiene Ud. consejos para los que nunca han podido ahorrar dinero antes?
3. ¿Tienen Uds. un sistema de depósitos electrónicos para los que quieren ahorrarse molestias?
4. Si uso el depósito electrónico, ¿me mandarán recibos? Me gusta guardarlos.
5. ¿Tienen Uds. cajas de seguridad para guardar documentos valiosos?

B. Llene cada espacio en blanco con la forma apropiada de uno de los verbos estudiados en esta sección.

1. —¿Pudieron _____ del diluvio los artefactos del museo?
—No todos. Si has _____ el periódico de hoy, puedes leer todos los detalles en la sección sobre cultura.

2. —¿Cómo puedes _____ dinero con tantos gastos en restaurantes, ropa y películas?

—Pero, Claudio, no _____ ni un centavo. Ojalá pudiera _____ como tú lo haces.

3. —Escucha, Juanito, no puedo tolerar ni una palabra más de este conferenciante. Salgo por un momento. ¿Me _____ el asiento?

—Claro, como siempre; tú te _____ un mal rato y yo me quedo aquí más aburrido que una ostra.

4. —¿Dónde _____ tú los papeles y los recibos importantes?

—Pues, yo me _____ mucho tiempo y me _____ de muchos dolores de cabeza dándoselo todo a mi hermana mayor. Ella es mucho más organizada que yo.

5. —¡No me gusta escribir! ¿Qué me recomiendas para _____me de esta tarea para mi clase?

—Lo mejor para _____ mucho esfuerzo y problemas es escoger un tema limitado, estudiarlo con atención y luego pensar bien en la organización de las ideas.

CAPÍTULO 9

I. The perfect tenses of the subjunctive

A. Forms

Present perfect	Past perfect (-ra)	Past perfect (-se)
haya terminado	hubiera terminado	hubiese terminado
hayas terminado	hubieras terminado	hubieses terminado
haya terminado	hubiera terminado	hubiese terminado
hayamos terminado	hubiéramos terminado	hubiésemos terminado
hayáis terminado	hubierais terminado	hubieseis terminado
hayan terminado	hubieran terminado	hubiesen terminado

1. The present perfect subjunctive is formed with the present subjunctive of the auxiliary verb **haber** + a past participle. (See *Chapter 6, Section I* for regular and irregular past participles.)

> Es posible que Ricardo **haya decidido** cancelar su viaje.
>
> Lamento que **hayas perdido** tus documentos y que no los **hayas recuperado** todavía.

> *It is possible that Ricardo has decided to cancel his trip.*
>
> *I regret that you have lost your documents and that you have not recovered them yet.*

2. The past perfect subjunctive is formed with the imperfect subjunctive of **haber** + a past participle. Either the -**ra** or -**se** endings of the imperfect subjunctive of **haber** may be used; however, the -**ra** endings are more common, especially in the spoken language.

> Como no llegabas, temíamos que **hubieras tenido** un accidente.
>
> Enrique se alegró de que sus hermanos no **hubieran dejado** los estudios.
>
> Nos dijeron que no había nadie que **hubiera venido** a trabajar el sábado.

> *Since you didn't arrive, we were afraid that you had had an accident.*
>
> *Enrique was happy that his brothers had not abandoned their studies.*
>
> *They told us that there was nobody who had come to work on Saturday.*

Los *moai* de la Isla de Pascua, posesión de Chile en el océano Pacífico. ¿Quién piensas que haya construido estas inmensas figuras?

B. Uses

Use of the present perfect subjunctive

The present perfect subjunctive may be used in a dependent clause that requires the subjunctive. The main verb may be in the present, present perfect, future, or future perfect, or in a command form.

Espero que **hayas dormido** bien anoche.	*I hope you slept well last night.*
No conozco a nadie que **haya visitado** la Islas de Pascua.	*I don't know anybody who has visited Easter Island.*
Nos ha sorprendido que Uds. **hayan firmado** un contrato tan desventajoso para su empresa.	*We are surprised that you have signed a contract so disadvantageous for your company.*
Estoy seguro de que más adelante dudaremos que esta aventura extraordinaria **haya sucedido**.	*I am sure that later on we will doubt that this extraordinary adventure has ever happened.*

Espera que el doctor te **haya comunicado** los resultados del examen primero; preocúpate después.	*Wait until the doctor has told you the results of the exam first; then worry.*

Use of the past perfect subjunctive

The past perfect subjunctive may be used in dependent clauses that require the subjunctive. The main verb may be in the past (preterit, imperfect, past perfect) or in the conditional or conditional perfect.

Cuando visitamos a tu tío ayer, se quejó de que sus hijos lo **hubieran abandonado**.	*When we visited your uncle yesterday, he complained that his children had abandoned him.*
No era verdad que nosotros no **hubiéramos respetado** el contrato.	*It wasn't true that we had not respected the contract.*
Hasta ese momento los detectives habían dudado de que el sospechoso **hubiera cometido** el crimen.	*Up until that moment, the detectives had doubted that the suspect had committed the crime.*
Habríamos preferido que Ud. no **hubiese llamado** a la policía primero.	*We would have preferred for you not to have called the police first.*

See *Chapter 10, Section I* for use of the past perfect subjunctive in contrary-to-fact **si** clauses.

EJERCICIOS

A. Antes del comienzo del primer semestre del año académico, muchos estudiantes buscan alojamiento. Complete las oraciones para expresar la situación, usando el presente perfecto del subjuntivo.

MODELO: Espero que antes del comienzo del semestre Lupe y yo _____ (encontrar) un apartamento con dos dormitorios.
Espero que antes del comienzo del semestre Lupe y yo hayamos encontrado un apartamento con dos dormitorios.

1. Es una vergüenza que los dueños _____ (subir) los alquileres otra vez.
2. Siento mucho que algunos estudiantes no _____ (poder) encontrar un buen lugar todavía.
3. Es probable que Ruth _____ (empezar) su búsqueda un poco tarde.
4. A mis padres les disgusta que yo _____ (pagar) tanto dinero por un apartamento tan pequeño.
5. Es una suerte que mi hermano y yo _____ (encontrar) un lugar cerca de la universidad.
6. Los funcionarios de la universidad se alegran de que los constructores _____ (construir) una nueva residencia para los estudiantes.
7. Es lamentable que a Rita no le _____ (gustar) el cuarto.
8. ¿Te complace que tu hermana _____ (alquilar) un cuarto más barato que el que tuviste el año pasado?

B. Ud. acaba de volver a su casa después de haber asistido a una reunión de ex-alumnos de su escuela secundaria. No había visitado su escuela desde hacía veinte años. Complete las oraciones para hablar de esa experiencia.

MODELO: Me extrañó que algunos compañeros no _____ (cambiar) mucho.
Me extrañó que algunos compañeros no hubieran cambiado mucho.

1. Fue una lástima que muchos maestros no _____ (poder) asistir.
2. Me pareció increíble que la ciudad _____ (crecer) tanto.
3. Para todos fue maravilloso que el cómico de la clase no _____ (perder) su sentido del humor.
4. A todos nos dolió que el edificio _____ (deteriorarse) y que las autoridades no lo _____ (reparar).
5. Todos esperábamos que el café donde nos reuníamos no _____ (desaparecer); sentimos que _____ (convertirse) en una panadería.
6. A todos nos gustó muchísimo que los organizadores _____ (decorar) el gimnasio con motivos de nuestra época de estudiantes.

C. Manuel iba a reunirse con varios amigos frente al Cine Sarasota, pero todavía no ha llegado. Trabajando en parejas y usando los siguientes dibujos como punto de partida, cada estudiante hace conjeturas sobre las posibles razones por su tardanza, comenzando sus frases con **Es posible, Es probable** o **Puede ser**.

MODELO: E1: *Es posible que se haya olvidado de la hora de la cita.*
E2: *O, peor, puede ser que no se haya acordado de la cita.*

D. Diga cómo expresaría Ud. sus sentimientos personales en las siguientes situaciones. Puede usar expresiones como **me sorprende que, me molesta que, siento que, qué lástima (triste) que, lamento mucho que, ojalá que, qué bueno, qué bien que, me alegra que**.

MODELO: Una amiga tuvo un accidente automovilístico.
            ¡Qué lástima que Evangelina haya tenido un accidente! Ojalá que no haya sufrido ningún golpe serio.

1. Un compañero de estudios perdió su trabajo.
2. Una amiga abandonó los estudios universitarios.
3. Un amigo cayó a la cama con una terrible influenza el día de un examen final.
4. Un vecino ganó diez mil dólares en un concurso en su trabajo.
5. Un miembro de su familia declaró tener una especialización en psicología clínica.
6. Una persona que conoce en su trabajo recibió un ascenso después de cinco años con la compañía.

E. Por interés cívico, Ud. participó en una reunión sobre los problemas de transporte público en su ciudad. Converse sobre este tema con otra persona que no pudo asistir a la reunión. Su compañero/a puede usar expresiones como **me dijeron que, oí por la radio que, vi en la televisión que, supimos que, me enteré de que** o **leí en el periódico que**. Ud. puede usar **me alegró que, me frustró que** u otras expresiones similares.

MODELO: Se propusieron varias soluciones.
    E1: *Oye, me dijeron que se habían propuesto varias soluciones.*
     ¿Es verdad?
    E2: *Sí, y me alegró muchísimo que se hubieran propuesto tantas soluciones interesantes.*

1. El director dio mucho tiempo para preguntas y comentarios del público.
2. Decidieron dedicar más fondos al estudio de la circulación de tráfico.
3. Los participantes no apoyaron más restricciones sobre los automóviles.
4. Se discutió por muy poco tiempo la contaminación causada por los autobuses.
5. Los participantes insistieron en volver a reunirse dentro de un mes.
6. Se anunció otra reunión para dentro de poco tiempo.

F. En grupos de tres o cuatro, cada estudiante menciona dos deseos que espera que se hayan realizado de aquí a cinco años. Piense primero en algo personal y luego en algo relacionado con la sociedad en general.

MODELO: *Ojalá que dentro de cinco años mis compañeros y yo hayamos conseguido buenos puestos profesionales. También es mi deseo que se haya reducido el problema del desempleo nacional.*

En seguida, repita el ejercicio hablando de deseos que tenía hace cinco años.

MODELO: *Pues, en aquellos días yo esperaba que mi padres me hubieran regalado un coche y ¡así resultó! De igual manera, yo deseaba que la inflación se hubiera reducido.*

II. Sequence of tenses

In sentences with dependent clauses, there must be a logical correlation between the tense of the main verb and that of the dependent verb. The following are the most common combinations.

A. Main verb and dependent verb in the indicative

1. When both the main verb of a sentence and that of the dependent clause are in the indicative, the tenses combine freely, provided that the combination is logical.

> A veces **pienso** que la paz **será** siempre inalcanzable.

> *I sometimes think that peace will always be unattainable.*

> **Dijeron** que les **habían robado** el coche y que los vecinos **pensaban** que los culpables **podrían** ser unos muchachos que **trabajan** en el supermercado.

> *They said that their car had been stolen and that the neighbors thought that the culprits could be some boys who work at the supermarket.*

2. Command forms may combine with the present, the future, the past, or the conditional.

> **Dime** qué **haces** en este momento / **harás** mañana / **hiciste** ayer / **hacías** ayer a las dos / **harías** con un millón de dolares.

> *Tell me what you are doing now / will do tomorrow / did yesterday / were doing yesterday at two o'clock / would do with a million dollars.*

B. Main verb in the indicative, dependent verb in the subjunctive

1. If the main verb in the sentence is in the present, present progressive, present perfect, future, or future perfect indicative, or is a command, the verb in the dependent clause may be in the present, the present perfect, the imperfect, or the past perfect subjunctive. In the latter two cases, the event expressed by the dependent clause occurred prior to that of the main clause.

Main verb (indicative)	Dependent verb (subjunctive)
Present	
Present progressive	Present
Present perfect	Present perfect
Future	Imperfect
Future perfect	Past perfect
Command	

Vamos por una zona de escuela. Te **aconsejo** que **disminuyas** la velocidad.	*We are going through a school zone. I advise you to slow down.*
Dudo que mis vecinos **hayan salido** de la ciudad este fin de semana.	*I doubt that my neighbors have gone out of town this weekend.*
Estoy esperando que el mecánico **termine** de arreglar el coche para volver al trabajo.	*I'm waiting for the mechanic to finish fixing the car in order to return to work.*
Será bueno que **aumenten** el número de parques de estacionamiento público.	*It will be good if they increase the number of public parking lots.*
Siempre me **ha sorprendido** que muy pocos **entiendan** de educación bilingüe.	*I have always been surprised by the fact that very few people understand bilingual education.*
No **esperes** que yo te **solucione** tus problemas.	*Don't expect me to solve your problems.*
Lamento que mi carta nunca te **llegara**.	*I'm sorry my letter never reached you.*
Niego que para esa fecha yo ya **hubiera comenzado** a fumar.	*I deny that by that date I had already started smoking.*

2. If the main verb is in any of the past tenses, or in the conditional or the conditional perfect, the verb of the dependent clause must be either in the imperfect subjunctive or the past perfect subjunctive.

Main verb (indicative)	Dependent verb (subjunctive)
Imperfect	
Past perfect	
Preterit	Imperfect
Conditional	Past perfect
Conditional perfect	

Todos **pidieron** que **construyeran** más parques en la ciudad.	*Everybody requested that they build more parks in the city.*

Mi hermana **quería** trabajar para una compañía que se **especializara** en biotecnología.

My sister wanted to work for a company that specialized in biotechnology.

Hasta hace poco, los contribuyentes todavía se **quejaban** de que les **hubieran aumentado** los impuestos.

Until recently, taxpayers were still complaining that their taxes had been raised.

Le dije a Tito que me **había molestado** que nadie me **hubiera advertido** la cancelación de la reunión.

I told Tito that it had bothered me that nobody had warned me about the cancellation of the meeting.

Sería bueno que **resolvieran** pronto el problema del desempleo juvenil.

It would be good if they would soon solve the problem of youth unemployment.

Escena en Buenos Aires, Argentina. ¿Qué problemas enfrentan las personas que viven en los centros urbanos grandes? ¿Vives en una ciudad grande o pequeña? ¿Qué problemas tiene tu ciudad?

A. Exprese opiniones sobre la delincuencia, reemplazando las expresiones en negrita por las que aparecen entre paréntesis. Haga los cambios necesarios en las cláusulas subordinadas, usando el subjuntivo o el indicativo, según el contexto.

MODELO: **Creo** que las víctimas tienen derechos. (creía, es bueno, era bueno)
Creía que las víctimas tenían derechos.
Es bueno que las víctimas tengan derechos.
Era bueno que las víctimas tuvieran derechos.

1. **Me parece** que el número de crímenes tiene relación con el estado de la economía. (me parecía, dudo, dudaba, digo, dije)
2. La policía no **permite** que la gente se junte por la noche en el centro de la ciudad. (permitía, permitirá, permitió, permitiría, va a permitir, ha permitido nunca)
3. **Es** importante que tengamos programas de educación para los delincuentes. (era, fue, será, ha sido, va a ser, sería)
4. Nos **gustaría** que se resolvieran las disputas sobre el presupuesto para la seguridad pública. (gusta, informaron, alegró, parece, pareció, entusiasma, entusiasmó)

B. A pesar de ser sábado, Samuel ha pasado un día muy ocupado. Para entender algo de su día, ponga los verbos en la forma que corresponda al contexto.

Al levantarse, Samuel pensaba que hoy _____ (ir) a ser un día como todos los otros. Sabía que _____ (ser) necesario que su compañero de cuarto y él _____ (hacer) algunas compras en el supermercado. También él quería buscar un abrigo que _____ (poder) usar durante los días más fríos del invierno. Después de entrar en una tienda de ropa, Samuel encontró a una dependiente que lo _____ (ayudar) mucho. Durante su conversación Samuel descubrió que la dependiente _____ (ser) aficionada al teatro. Sin vacilar, él decidió que la _____ (invitar) a ver una comedia esa misma noche, y lo _____ (hacer). Pobre Samuel. Corrió por toda la ciudad, pero no pudo encontrar ningún lugar que todavía _____ (tener) boletos. Pero todo resultó bien. Samuel le explicó a su amiga que no _____ (quedar) entradas, y ella lo _____ (entender) sin problemas. En vez de ir al teatro, ellos decidieron ir a un restaurante que _____ (servir) comida de la India. Mañana voy a aconsejarle a Samuel que _____ (obtener) entradas al teatro antes de hacer invitaciones. Yo espero que en el futuro él _____ (usar) más juicio en situaciones semejantes. Pienso que sería mejor que él _____ (conocer) a una persona más de treinta minutos antes de invitarla a salir, ¿no lo crees?

C. Divídanse en grupos de dos o tres estudiantes. Hablen de los cambios que ocurren con el transcurso del tiempo, terminando las siguientes frases de una forma lógica.

MODELO: Cuando yo tenía cinco años, quería que mis padres _____.
Ahora, quiero que mis padres _____.
Cuando yo tenía cinco años, quería que mis padres me acompañaran a todos los lugares. Ahora, quiero que mis padres me permitan vivir independientemente.

1. En el primer año de la universidad, me gustaba que mis amigos _____. Ahora me parece preferible que ellos _____.
2. Hoy es muy fácil que nosotros _____. En el siglo pasado era imposible que la gente _____.
3. El día de mi primera cita me pareció importante que _____. Ahora me parece más importante que _____.
4. Antes, cuando tenía que hablar frente a otras personas, yo temía que el público _____. Ahora, sin muchos temores, sólo considero que _____.
5. Cuando yo era niño/a y mis padres decían que era hora de acostarme, me parecía que _____. Ahora, en cambio, me parece que _____.
6. En esta etapa de mi vida, es bueno que todos los días yo _____. A los diez años, me parecía mejor que _____.
7. Hoy conozco a muchas personas que _____. Años atrás, no conocía a nadie que _____.
8. ¿Sabes que hoy me ha sorprendido que tú _____? Cuando éramos compañeros/as en la escuela superior, no me sorprendía que tú _____.

9. Hace años, cuando visitaba a mis abuelos, me quejaba de que
_____. Ahora que están muertos, me quejo de que _____.

10. En años anteriores yo pensaba que la paz _____. Ojalá que en el
futuro la paz _____.

D. Imagínese que Ud. le escribe a un/a amigo/a sus impresiones de la película
futurística *Locura en los cielos*, que vio hace varios días. Complete las oraciones de un modo apropiado dentro de la lógica del contexto.

Pues, yo _____ (haber) decidido no ver esa película, pero Julieta y
Andrés _____ (insistir) en que yo los _____ (acompañar), de manera
que _____ (ir). Puede ser que ésa _____ (haber) sido una de las peo-
res decisiones que yo _____ (haber) tomado este año. Pues, a contar.
Primero _____ (salir) un grupo de científicos totalmente locos que
_____ (querer) hacer experimentos sobre la trayectoria de las órbitas
de varios planetas. A pesar de que uno de ellos, Antonio Cuerdo, les
_____ (aconsejar) que no lo _____ (hacer), siguieron adelante y
_____ (establecer) estaciones con inmensos cohetes en seis planetas
y tres lunas diferentes. _____ (Ser) imposible que el pobre Antonio
los _____ (convencer) del peligro de lo que _____ (hacer). Claro,
como siempre, _____ (haber) una hermosa mujer, la novia de
Antonio, que _____ (estar) en gran peligro. Al final, Antonio y su
novia _____ (lograr) destruir la estación de mando de los villanos.
Entiéndeme, no es que no me _____ (gustar) las películas futurísti-
cas; lo que _____ (pasar) es que *Locura en los cielos* no _____ (ser)
más que un melodrama de los más ridículos. La próxima vez,
cuando Julieta y Andrés me _____ (pedir) que los _____ (acompañar) al cine, voy a leer lo que _____ (decir) los críticos primero.

E. Invente dos oraciones, que luego compartirá con sus compañeros,
mostrando sentimientos tanto positivos como negativos con respecto a un
solo suceso. Puede usar tiempos del presente o del pasado como en el
modelo. Algunos temas posibles son (1) conseguir un trabajo nuevo, (2)
recibir una invitación a dar un discurso importante, (3) salir de vacaciones
en dos semanas, (4) necesitar conseguir otro coche, (5) llegar pronto al
final del semestre académico, (6) tener pronto una cita con su jefe/a de trabajo. Si puede, invente otras situaciones similares.

MODELO: *Mi novia/o está contenta/o de que yo haya conseguido un buen*
           trabajo, pero sintió mucho que yo tuviera que trabajar los fines
           de semana durante los primeros meses.
           Mi novia/o se alegró de que yo hubiera conseguido un buen tra-
           bajo, pero ahora no le gusta que yo trabaje a menudo durante
           los fines de semana.

The subjunctive in adverbial clauses

1. An adverbial clause modifies the verb of the main (independent) clause of a sentence and is introduced by conjunctions such as **cuando**, **como**, **aunque**, and **porque**. An adverbial clause conveys information about the time, place, manner, condition, cause, purpose, or result of the main action. An adverbial clause may also express a supposition or uncertainty about the main action.

Saldré de viaje **cuando termine el semestre**.	*I will leave on a trip when the semester is over.*
Aunque pierda dinero, no aceptaré esas condiciones.	*Even though I may lose money, I will not accept those conditions.*
Regamos el césped con regularidad **para que no se seque**.	*We water the lawn regularly so that it will not dry up.*

2. Both the indicative and the subjunctive are used in adverbial clauses. The indicative is used to express an action, an event, or a situation that does happen, has happened, or is certain to happen. The subjunctive is used if an adverbial clause conveys doubt, uncertainty, or possibility, or if the adverbial clause refers to an action that has not yet taken place. Compare the use of the indicative and the subjunctive in the following adverbial clauses.

Llevo abrigo porque **hace** frío.	*I'm wearing an overcoat because it is cold.*
Llevaré abrigo cuando **haga** frío.	*I will wear an overcoat when it is cold.*
Como **estaba** enferma, no fue a trabajar.	*Since she was sick, she didn't go to work.*
Aunque yo **tuviera** fiebre, yo iría a trabajar.	*Even though I might have a fever, I would go to work.*

A. Conjunctions always followed by the indicative

1. The indicative is always used in an adverbial clause that gives the reason for a situation or for the occurrence of an action or event.

No pudimos cenar en el restaurante Neptuno porque **estaba** cerrado por reparaciones.	*We were unable to have dinner at the Neptuno Restaurant because it was closed for repairs.*

Ya que no **podré** asistir a la
boda de Yolanda, le he enviado
un regalo por correo.

*Since I will not be able to attend
Yolanda's wedding, I have
mailed her a present.*

Como no le **bajaba** la fiebre a mi
hija, la llevé al médico.

*Since my daughter's temperature
did not go down, I took her to
the doctor.*

2. The following are some of the conjunctions that indicate reason or cause.

como *since* puesto que *since, because*

porque *because* ya que *since, because*

B. Conjunctions always followed by the subjunctive

1. The subjunctive is always used in an adverbial clause to refer to an event
that has not yet taken place at the time indicated by the tense of the main
verb. Consequently, the subjunctive is always used after the following conjunctions.

a fin de que *in order that* con tal (de) que *provided that*

a menos (de) que *unless* en caso de que *in case*

a no ser que *unless* para que *so that*

antes (de) que *before* sin que *without*

Dame tu dirección antes de que
te **olvides**.

*Give me your address before you
forget.*

Necesito verte para que
planeemos las actividades de
la próxima reunión.

*I need to see you so that we may
plan the activities of our next
meeting.*

En caso de que **vengas** en
dirección a mi casa, tráeme el
disco compacto que me
prometiste.

*In case you are coming toward
my house, bring me the
compact disc you promised
me.*

A menos que **ocurra** un milagro,
voy a salir mal en mi examen
de cálculo.

*Unless there is a miracle, I am
going to flunk my calculus
exam.*

2. Infinitives follow **antes de**, **después de**, **para**, and **sin** when the subject of
the main verb is the same as the subject of the dependent clause.

(handwritten note in top margin) S sint. con este uso de subjuntivo

Estudio para aprender.	*I study so that I learn.*
Almorzaremos antes de ir a clase.	*We'll eat lunch before going to class.*

C. Conjunctions followed by either the indicative or the subjunctive

Conjunctions of time

1. The following conjunctions of time may be followed by either the indicative or the subjunctive.

cuando *when*	hasta que *until*
después (de) que *after*	mientras que *while; as long as*
en cuanto *as soon as*	tan pronto como *as soon as*

Cuando **voy** a Sevilla, me alojo en casa de unos amigos.	*When I go to Seville, I stay at some friends' house. (I do this on a regular basis.)*
Cuando **vaya** a Sevilla, me alojaré en casa de unos amigos.	*When I go to Seville, I will stay at some friends' house. (I have not yet gone to Seville.)*
Partiré tan pronto como **pueda**.	*I'll leave as soon as I can.*

2. Conjunctions of time that refer to habitual events, present or past, or to actions that have taken place in the past are followed by the indicative.

Tan pronto como **termino** de trabajar, tomo el metro y regreso a casa. Antes, cuando **terminaba** de trabajar, iba a un café con los amigos.	*As soon as I finish working, I catch the metro and return home. Before, when I finished working, I used to go to a coffeehouse with my friends.*
Después de que **tomé** esa medicina, me sentí bien en seguida.	*After I took that medicine, I felt well right away.*

REFRÁN

Cuando el diablo no tiene qué hacer, con el rabo mata moscas.

3. Conjunctions of time that refer to future or anticipated events are followed by the subjunctive.

<table>
<tr><td>Mientras Ud. siga este régimen, no tendrá problemas de peso.</td><td>As long as you keep to this diet, you will not have problems with your weight.</td></tr>
<tr><td>Estaré en la ciudad hasta que se acabe el semestre, pero en cuanto termine el último examen, saldré para la casa de mis padres.</td><td>I will be in town until the semester is over, but once I finish my last exam, I will leave for my parents' home.</td></tr>
</table>

De modo que, de manera que

The conjunctions **de modo que** (*so that*) and **de manera que** (*so that*) may convey two different meanings: the result of an action or the purpose of an action. They are followed by the indicative to imply result and by the subjunctive to imply purpose. When used to imply purpose, **de modo (manera) que** is synonymous with **para que**.

<table>
<tr><td>Me apuré de modo que terminé pronto. (result: indicative)</td><td>I hurried up so that I finished soon.</td></tr>
<tr><td>Apúrate de modo que termines pronto. (purpose: subjunctive)</td><td>Hurry up so that you may finish soon.</td></tr>
<tr><td>Hablé en voz alta de modo que todos me oyeron/oyeran.</td><td>I spoke in a loud voice so that everyone heard me/could hear me.</td></tr>
</table>

Aunque, a pesar (de) que

1. The conjunctions **aunque** (*although, even though, even if*) and **a pesar (de) que** (*in spite of*) are followed by the indicative to introduce facts or situations viewed as facts.

<table>
<tr><td>Aunque necesito una nevera, no compraré una todavía.</td><td>Even though I need a refrigerator, I won't buy one yet.</td></tr>
<tr><td>A pesar de que estaba lloviendo, Susana y yo jugamos al tenis.</td><td>In spite of the fact that it was raining, Susana and I played tennis.</td></tr>
</table>

2. When **aunque** or **a pesar de que** introduces a clause that expresses a supposition or a conjecture, the conjunction is followed by the subjunctive.

Aunque los cuchillos eléctricos **faciliten** las tareas de la cocina, no voy a comprar uno porque creo que son peligrosos.	*Even though electric knives may simplify chores in the kitchen, I'm not going to buy one because I think they are dangerous.*
Aunque tuviera dificultades económicas en el futuro, nunca les pediría dinero prestado a mis padres.	*Even though I might have economic hardships in the future, I would never ask my parents for money.*

3. The verb in the clause introduced by **aunque** may be conjugated in the subjunctive if it refers to a fact that the speaker considers irrelevant to the main
point being made in the sentence.

Sé que es tarde, pero **aunque sea** tarde, voy a llamar a Gonzalo porque necesito hablar con él urgentemente.	*I know it's late, but even though it is late, I will call Gonzalo because I need to talk with him urgently.*

Como, donde, según

The conjunctions **como** (*as, in any way*), **donde** (*where, wherever*), and **según**
(*according to*) are used in adverbial clauses referring to place and manner.
The indicative is used in clauses that refer to a specific, known place or manner; the subjunctive is used to refer to a nonspecific or unknown place or
manner.

¿Coloco el paquete **donde** tú me **pediste**?	*Do I place the package where you asked me to? (a specific place)*
Colócalo **donde haya** lugar.	*Place it wherever there's room. (any place)*
¿Lo coloco **como** me **dijiste**, de costado?	*Do I place it the way you told me, on its side? (a specific way)*
Colócalo **como quieras**, no importa.	*Place it any way you want; it doesn't matter. (any way)*

Summary of the indicative versus the subjunctive in adverbial clauses

Conjunctions	Followed by	Examples
como (*reason*) porque puesto que ya que	Indicative: reason	**Como necesito** ahorrar dinero, vivo con mis padres. Haré ese trabajo **porque** me **pagarán** bien.
a fin de que a menos (de) que a no ser que antes (de) que con tal (de) que en caso (de) que para que sin que	Subjunctive: not yet realized	Te acompañaré al cine **a menos de que deba** trabajar sobretiempo. Vámonos a casa **antes de que comience** a nevar. Salí de la conferencia **sin que** nadie se **diera** cuenta.
cuando después (de) que en cuanto hasta que mientras (que) tan pronto como	Indicative: occurs, occurred *or* Subjunctive: anticipated, not realized	**Cuando vengo** a este centro comercial, siempre paso por la tienda de música. **Cuando venga** a este centro comercial otra vez, pasaré más tiempo en la tienda de ropa. Te llamaré **en cuanto esté** libre.
a pesar de que aunque	Indicative: fact *or* Subjunctive: supposition, conjecture; irrelevant fact	**Aunque hace** frío, no llevo abrigo. **Aunque haga** frío mañana, iré a jugar al tenis. **Aunque tuviera** mucho dinero, seguiría trabajando.
de manera que de modo que	Indicative: result *or* Subjunctive: purpose	Ella enuncia claramente **de modo que** todos la **entienden**. Enuncia claramente, por favor, **de modo que** todos te **entiendan**.
como (*manner*) donde según	Indicative: specific, known *or* Subjunctive: nonspecific, unknown	Deja ese paquete **donde** te **indiqué**. Deja ese paquete **donde encuentres** lugar.

EJERCICIOS

A. Con un/a compañero/a, diga cuándo va a hacer Ud. las siguientes cosas.

MODELO: hacer la tarea
  E1: *¿Cuándo vas a hacer la tarea?*
  E2: *Voy a hacerla cuando vuelva de la tienda.*

1. cortar el césped
2. salir de vacaciones
3. pagar las cuentas
4. visitar a tus parientes
5. ir al laboratorio de lenguas
6. limpiar la casa
7. mirar la televisión
8. jugar al tenis

B. Repita el Ejercicio A, expresando las mismas acciones con dos puntos de vista diferentes: (1) cuándo hace Ud. estas cosas normalmente y (2) cuándo las hizo la última vez.

MODELO: hacer la tarea
  E1: *¿Cuándo haces la tarea?*
  E2: *Normalmente la hago cuando llego a casa, pero ayer la hice cuando fui a la biblioteca.*

C. Ud. es una persona de necesidades sencillas que no les tiene mucha fe a las novedades tecnológicas. Exprese sus ideas, combinando las siguientes frases con la conjunción indicada y usando el indicativo o el subjuntivo, según el contexto.

MODELO: Antes teníamos varios aparatos en casa. Me cansé de arreglarlos constantemente. (hasta que)
  Antes teníamos varios aparatos en casa hasta que me cansé de arreglarlos constantemente.

1. No tengo necesidad de máquinas. Prefiero no complicarme la vida. (porque)

2. No uso ni batidora ni abrelatas eléctricos. Los métodos antiguos sirven perfectamente. (puesto que)

3. Mi familia insiste en que yo use un horno de microondas. Yo puedo ahorrar mucho tiempo. (para que)

4. No voy a comprar una refrigeradora nueva todavía. La mía está vieja y medio descompuesta ahora. (aunque)

5. Mi hermana está segura de que voy a comprar una cafetera eléctrica. Vamos mañana a una tienda de descuentos. (cuando)

6. Llevaré una vida tranquila. Sigo con mis costumbres actuales. (mientras)

7. Es posible que cambie de opinión. Los aparatos duran más tiempo. (cuando)

8. Pero supongo que hay poca posibilidad de que yo me convenza. Soy una persona de ideas bien definidas. (ya que)

D. Complete las siguientes frases, expresando el propósito de cada acción. Use **para que** o **a fin de que**, y cuidado: a veces se necesita usar el tiempo presente y otras veces, el tiempo pasado.

MODELO: Mi amiga me prestó su grabadora …
Mi amiga me prestó su grabadora para que yo pudiera tener música en mi fiesta esta noche.

1. La jefa de un amigo le permite asistir a un programa especial de clases . . .

2. Mi hermana me regaló cincuenta dólares . . .

3. Mi profesor de matemáticas me dio un día extra para esta tarea . . .

4. Mi vecino riega el césped todos los días . . .

5. Mis padres compraron un abrigo muy grueso . . .

6. Cuando mi mamá sintió un poco de fiebre, fue al médico inmediatamente . . .

7. Le voy a explicar el problema a mi papá . . .

8. Yo le dije la verdad a mi novia . . .

E. Varios amigos le piden favores a Ud. o le hacen invitaciones, pero, como Ud. está muy ocupado/a estos días, les explica cuándo y en qué circunstancias podría hacer lo que quieren. Contésteles las preguntas y use algunas de las siguientes conjunciones: **cuando, tan pronto como, después (de) que, en cuanto, con tal (de) que, aunque, a menos (de) que.**

MODELO: E1: ¿Me dejas llevar tu diccionario a casa?
E2: *Supongo que sí. Puedes hacerlo con tal que me lo devuelvas si lo necesito.*

1. ¿Me ayudas a armar la nueva mesa de trabajo que compré?
2. ¿Tienes ganas de acompañarme al centro esta tarde?
3. ¿Cuándo podrás pasar por mi casa para ver el nuevo televisor que compré?
4. Mi coche está descompuesto; ¿tienes tiempo de ver qué le pasa?
5. Están exhibiendo una nueva película española. ¿Vamos todos esta noche?
6. Nuestro profesor de literatura habla esta tarde sobre un nuevo método de análisis de textos. ¿Vamos?
7. ¿Me haces el favor de prestarme la novela *Promesas falsas*?
8. ¿Me enseñas a usar la IBM?

F. Trabajen en parejas para hacer una pequeña presentación sobre uno de los aparatos que se mencionan a continuación. En la presentación, cada estudiante hace el papel de un/a vendedor/a que trata de venderle el aparato escogido a un/a cliente. Traten de convencerlo/la de que el modelo es una compra excelente y que le va a gustar mucho. Pueden hablar del precio, la garantía y la posibilidad de devolverlo a la tienda si no le gusta. Usen una variedad de conjunciones adverbiales y el indicativo o el subjuntivo, como en el modelo. Después de terminar la preparación, uno de los estudiantes de la pareja hace su presentación a otra pareja y viceversa.

Aparatos para vender

cafetera eléctrica

estéreo

secador de pelo

televisor

reloj despertador con radio

MODELO: *Esta cafetera eléctrica es una compra magnífica puesto que está en oferta durante esta semana. Y, en caso de que no pueda pagarla al contado, le ofrecemos facilidades de pago. Estoy seguro/a de que le gustará porque hace un café delicioso en muy pocos minutos y Ud. nunca tendrá que repararla a menos que no siga las instrucciones. Cómprela ahora para que su familia disfrute del mejor café posible.*

IV. The conjunctions *pero, mas,* and *sino (que)*

A. Pero and *mas*

The conjunction **pero** establishes a contrast between two parts of a sentence; it corresponds to the English word *but* in the sense of *however*. **Mas**, written without an accent, is a synonym of **pero** used mainly in written Spanish.

Esta universidad no es grande, **pero** es una de las mejores en mi campo de especialización.	*This university isn't big, but it is one of the best in my field.*
Pedí una beca, **pero** no sé todavía si me la darán.	*I asked for a scholarship, but I don't know yet if they'll give it to me.*
Se puede seguir este curso el primer año, **mas** se requiere una preparación académica en historia del arte moderno.	*This course can be taken the first year, but it requires academic preparation in the history of modern art.*

B. Sino and *sino que*

1. The conjunctions **sino** and **sino que** are used to correct or clarify information. They are used when the first part of a sentence is negative and the second part contradicts or is in opposition to the first part. Both **sino** and **sino que** correspond to the English word *but* in the sense of *but rather* or *but on the contrary.*

—¿Vas a especializarte en ciencias políticas?	*Are you going to major in political science?*
—No, no me voy a especializar en ciencias políticas **sino** en economía. No es que la política no sea importante, **sino que** la economía me dará mejores oportunidades de empleo.	*No, I'm not going to major in political science but in economics. It's not that politics is not important, but rather that economics will give me better job opportunities.*

2. **Sino que**, not **sino**, must be used before a clause with a conjugated verb.

No me voy a graduar este semestre, **sino que** esperaré hasta el próximo.	*I won't graduate this semester, but will wait until the next one.*
No me voy a graduar este semestre **sino** el próximo.	*I won't graduate this semester but the next one.*

A. Ud. se encuentra con un/a amigo/a a quien no ve desde hace tiempo. Trabajando con un/a compañero/a de clase, túrnense para hacer y contestar las siguientes preguntas según el modelo.

MODELO: E1: Vives en la residencia de estudiantes, ¿verdad? (una casa particular)
          E2: *No, no vivo en la residencia sino en una casa particular.*

1. Comenzaste tus estudios este año, ¿verdad? (hace dos años)
2. Eres de este estado, ¿no? (otro muy lejano)
3. Te especializas en sociología, ¿verdad? (psicología)
4. ¿Te resultan difíciles las clases? (aburridas)
5. Trabajas en la librería, ¿verdad? (la cafetería)
6. Eres miembro del equipo de tenis, ¿no es así? (béisbol)

B. Juanita fue de compras. Llene los espacios en blanco con **pero**, **sino** o **sino que** para entender más sobre su salida.

MODELO: No fui a los grandes almacenes _____ a tres tiendas pequeñas.
          No fui a los grandes almacenes sino a tres tiendas pequeñas.

1. No me gustó la primera, _____ las últimas dos me parecieron muy buenas.
2. En la segunda no me atendió una dependiente _____ la dueña de la tienda.
3. Hablamos mucho tiempo, _____ salí sin comprar nada.
4. Me gustaron varios suéteres allí, _____ eran muy caros.
5. No llevaba mi chequera _____ mi tarjeta de crédito.
6. Fui a la tercera tienda, _____ al principio no encontré nada que me gustara.
7. La primera blusa que me gustó no era verde _____ blanca.
8. No compré la blusa blanca, _____ me llevé una negra.
9. La dependiente trató de venderme pantalones, _____ resistí la tentación.
10. La próxima vez que vaya yo de compras, no quiero ir sola _____ acompañada.

Un moderno centro comercial en Santiago, Chile. La gente frecuenta cada vez más los grandes almacenes de los centros comerciales, pero también compra en pequeñas tiendas tradicionales.

C. Exprese su punto de vista sobre su situación educativa, completando las siguientes oraciones. Use **sino que** si es necesario.

MODELO: Quería asistir a una universidad en otro estado, pero . . .
Quería asistir a una universidad en otro estado, pero decidí ahorrar dinero y estudiar más cerca de mi casa.

1. Mi beca no cubre todos mis gastos, pero . . .
2. No me voy a especializar en negocios sino . . .
3. Preferiría especializarme en literatura, pero . . .
4. No quiero graduarme en seis o siete años como muchos sino . . .
5. No puedo pasar un año en otro país como algunos estudiantes, pero . . .
6. No pienso vivir en una residencia estudiantil sino . . .
7. Me gustaría comprarme una computadora, pero . . .
8. Mis hermanos no asisten a esta universidad sino . . .
9. Los viernes por la noche prefiero no estudiar sino . . .
10. Ya me matriculé para el próximo semestre, pero . . .

Spanish equivalents of to move

1. **Mover (ue)** is the most common verb used in Spanish to express *to move*. The reflexive form **moverse** refers to bodily movement or the physical motion of something, such as a vehicle.

Moveremos todos los muebles al otro dormitorio mientras pintemos.	*We will move all the furniture to the other bedroom while we paint.*
No **te muevas** si quieres que te corte el pelo.	*Don't move if you want me to cut your hair.*
¡Cuidado! El coche **se movió** un poco.	*Be careful! The car just moved a little bit.*
En mi sueño, todos **se movían** despacio.	*In my dream, everyone moved slowly.*

2. The verb **trasladar(se)** may be used as a synonym of **mover(se)**, but it most commonly refers to *moving, transferring,* or *being transferred* from one place to another, as for work reasons.

Tendremos que alquilar un camión para **trasladar** estas compras a casa.	*We will have to rent a truck to move all these purchases to our house.*
Pedí que me **trasladaran** a otra oficina; **me trasladaré** en dos semanas.	*I requested that they move (transfer) me to another office; I'll move in two weeks.*

3. **Transportar** refers to *moving things from one place to another*, usually for a fee.

Gano dinero los fines de semana **transportando** muebles para una empresa local.	*I earn money on weekends by moving (transporting) furniture for a local company.*

4. A simple change of residence is most often expressed by **mudarse**.

Muchos matrimonios jóvenes **se mudan** con frecuencia.	*Many young married couples move frequently.*

5. *To move*, in the sense of taking a turn in a game such as chess or cards, is expressed by **jugar (ue)** or **hacer una jugada**.

Ya **jugué (hice una jugada)**; ahora te toca a ti.	*I already moved; it's your turn now.*

Jugadores de
ajedrez en una
plaza de Caracas,
Venezuela. ¿Saben
a quién le toca
jugar?

6. *To move someone emotionally* is expressed with **impresionar** or **conmover (ue)**.

Las palabras de la presidente nos **impresionaron** mucho.	*The president's words moved us a great deal.*
Ese hombre tiene un corazón impenetrable; no lo **conmueven** ni las lágrimas de un niño.	*That man has a hard heart; not even a child's tears move him.*

EJERCICIOS

A. Dé la forma correcta de uno de los verbos estudiados en esta sección en el espacio indicado.

1. —Van a pintar todo mi apartamento; la dueña de la casa me quiere
   _____ a otro apartamento por una semana.
   —Ella te trata con mucha consideración; eso me _____ bastante.

2. —Me compré un camión la semana pasada. Pienso usarlo para
   _____ los efectos personales de la gente que _____ de una casa a
   otra.
   —¡Qué bueno! Pienso _____ pronto; me prestarás tu camión,
   ¿verdad?
3. —¡Espera! Tú sabes que en este juego debemos turnarnos. No _____
   todavía. Le toca a Raúl _____ ahora.
   —Casi no puedo esperar, porque si _____ esta pieza de aquí hasta
   allí, ganaré el partido.
4. —Me encanta la primavera; me _____ mucho ver la renovación de la
   naturaleza.
   —Te entiendo bien. Cuando veo que las ramas de los árboles _____
   suavemente con la brisa, me imagino que es como un gesto de
   saludo a la nueva estación.

B. Reaccione a las siguientes situaciones con una pregunta o un comentario.
Use **mover(se)**, **trasladar(se)**, **transportar**, **mudarse**, **jugar**, **hacer una
jugada**, **impresionar** o **conmover**, según el caso.

MODELO: Sus padres piensan irse a vivir a otra ciudad.
            No tengo ganas de mudarme de aquí.

1. Ud. habla con una persona que ha estacionado su coche de tal manera que Ud. no puede salir a la calle en el suyo.
2. Su mejor amigo/a le dice que va a asistir a otra universidad.
3. Ud. acaba de comprar un piano, pero vive en el tercer piso de un
   edificio que no tiene ascensor.
4. Su compañero/a de cuarto acaba de decirle que no le gusta la colocación de los muebles.
5. Su modista, quien le está tratando de ajustar su traje nuevo, se queja
   del exceso de energía de Ud.
6. Ud. acaba de asistir con un/a amigo/a a uno de los mejores conciertos que jamás ha escuchado.
7. Su jefe/a le ha dicho que le puede dar una promoción en su trabajo
   si acepta un puesto en otro estado.
8. Ud. le pregunta a su jefe/a si la compañía pagará el costo de transporte de sus efectos personales.
9. Ud. juega al ajedrez (*chess*), pero su compañero/a no hace más que
   contemplar el tablero.
10. Ud. expresa sus sentimientos al hablar con un grupo de voluntarios
    que han trabajado mucho para una obra de caridad que Ud. dirige.

CAPÍTULO 10

Si clauses

A **si** clause is an adverbial clause that modifies the verb of the main clause. It may express a situation that is factual or likely to occur, or a situation that is contrary to fact or highly unlikely to happen.

Si hemos tenido triunfos en nuestra campaña política, también hemos tenido decepciones.	*If we have had triumphs in our political campaign, we have also had disappointments. (fact)*
Si recibimos suficientes fondos, podremos continuar nuestras investigaciones médicas.	*If we receive enough funds, we will be able to continue our medical investigations. (likely to happen)*
Habríamos resuelto muchos problemas si hubiéramos tenido un presupuesto mayor.	*We would have solved many problems if we had had a larger budget. (contrary to fact)*

Note that a **si** clause may appear before or after the main clause.

A. *Si* clauses in the indicative

1. The indicative is used in both the main clause and the **si** clause to express *facts*. Various combinations of tenses are possible, and usage is similar to English.

Antes, **solía** correr por las tardes **si hacía** buen tiempo. Ahora sólo **corro si** el índice de contaminación **es** bajo.	*Before, I used to run in the afternoons if the weather was nice. Now I run only if the pollution index is low.*
Si ahora **hay** más conciencia con respecto a la preservación del ambiente, **se debe** a las muchas campañas publicitarias.	*If there is now more awareness about environmental protection, it is due to the many publicity campaigns.*

ADIVINANZA

Nadie soy ni tengo ser
y muchos metros al día
suelo menguar y crecer,
mas no me puedo mover
si no tengo compañía.

Respuesta al final del capítulo

2. To refer to an event that is probable or very likely to occur in the future, the verb in the **si** clause is in the present indicative and the verb of the main clause is in the present or future tense, or is a command form. The verb in a **si** clause is *never* in the present subjunctive.

Si hace sol esta tarde, **vamos** a la playa.	*If it is sunny this afternoon, we're going to the beach.*
Tendrás un accidente **si continúas** conduciendo tan rápidamente.	*You will have an accident if you continue driving so fast.*
Si vienes a la ciudad la semana próxima, **llámame** por teléfono.	*If you come to town next week, give me a call.*

B. *Si* clauses in the imperfect or past perfect subjunctive

1. To refer to a situation that is contrary to fact or highly unlikely to happen in the present or in the future, the verb of the **si** clause is in the imperfect subjunctive and that of the main clause is usually in the conditional.

Yo **estudiaría** para ingeniero **si fuera** mejor para las matemáticas.	*I would study to be an engineer if I were better in math.*

Si **nevara** el próximo fin de semana, **iríamos** a esquiar.	*If it were to snow next weekend, we would go skiing.*
Si esa noticia **fuese** verdad, estaríamos muy sorprendidos.	*If that piece of news were true, we would be very surprised.*

2. To refer to a past situation that never took place and therefore is contrary to fact, the **si** clause is in the past perfect subjunctive and the main clause is usually in the conditional perfect.

Si nos hubiéramos levantado más temprano, no **habríamos perdido** el avión.	*If we had gotten up earlier, we would not have missed the plane.*
Ya **habríamos llegado** a nuestro destino **si** no te **hubieras perdido**.	*We would have already reached our destination if you had not gotten lost.*

3. **De** + an infinitive phrase can be used instead of a **si** clause.

De tener (Si tuviera) más información, se la daría.	*Had I more information, I would give it to you.*
De haber sabido (Si hubiera sabido) esa noticia antes, podría haber hecho algo.	*Had I known that piece of news before, I would have done something.*

C. *Como si* clauses

The conjunction **como si** (*as if*) is used in a dependent clause to express a contrary-to-fact situation. **Como si** + the imperfect subjunctive refers to a contrary-to-fact situation in the present; **como si** + the past perfect subjunctive refers to a contrary-to-fact situation in the past.

En casa de mi novio me tratan **como si** yo **fuera** de la familia.	*At my fiancé's home they treat me as if I were a member of the family.*
¿No me reconoces? Actúas **como si** jamás me **hubieses visto** antes.	*Don't you recognize me? You're acting as if you had never seen me before.*

Summary of *si* clauses

Usage	*Si* clause	Main clause	Examples
Facts: present and past	Indicative	Indicative	Si **estamos** aburridos, **vamos** al cine. Antes, si **nevaba** mucho, yo no **salía** de casa.
Likely future events	Present indicative	Future, Present Indicative, Command	No **aprobarás** tus cursos **si no estudias** más. Si **tienes** tiempo, **ven** a verme.
Contrary to fact: present	Imperfect subjunctive	Conditional	**Si hubiera** menos restricciones, más industrias **contaminarían** el ambiente.
Contrary to fact: past	Past perfect subjunctive	Conditional perfect	Yo no **habría perdido** el pasaporte si **hubiera sido** más cuidadoso.

Usage	*Como si* clause	Examples
Contrary to fact: present	Imperfect subjunctive	Me miras **como si** yo **fuera** un animal raro.
Contrary to fact: past	Past perfect subjunctive	Has destrozado el coche y actúas **como si** no **hubiera ocurrido** nada.

EJERCICIOS

A. En parejas, háganse y contéstense preguntas sobre lo que piensan hacer durante este año académico si tienen la oportunidad. Piensen en activi-dades relacionadas con (1) aprender algo nuevo, (2) participar más en la vida social o cívica, (3) hacer más (o nuevas formas de) ejercicio, (4) estar más en contacto con algún amigo o pariente, (5) hacer un viaje interesante, etc. Después de terminar, repitan el ejercicio, hablando de lo que harían si tuvieran la oportunidad.

MODELO 1: E1: *¿Qué harás este año si tienes la oportunidad?*
           E2: *Pues, si tengo la oportunidad, voy a tomar una clase con el profesor Romo.*

MODELO 2: E1: *¿Qué harías este año si tuvieras la oportunidad?*
           E2: *Pues, estudiaría otra lengua extranjera si tuviera la oportunidad.*

B. Déle consejos a un/a amigo/a que ahora quiere cambiar algunos aspectos de su vida. Siga el modelo y piense en otros temas después de terminar con los que se dan.

MODELO: dormir ocho horas
         Si duermes ocho horas, tendrás energía para todo. (Tendrás energía para todo si duermes ocho horas.)

hacer ejercicio todos los días

estudiar cuatro horas cada día

ir a la biblioteca para estudiar

dejar de tomar tanto café

levantarte antes de las ocho de la mañana

formar parte de un grupo social

interesarte en algún pasatiempo o deporte

comprarte un perro o un gato

C. En parejas, usen oraciones con el **si** condicional para expresar lo que dirían o harían en las siguientes situaciones.

MODELO: Un amigo bebe mucho y Ud. sospecha que también toma drogas.
         Si un amigo mío bebiera mucho o tomara drogas, yo le hablaría muy francamente. Yo le daría el nombre de un buen consejero y le ofrecería mi amistad y mi apoyo.

1. La madre de una amiga se ha fracturado la pierna y necesita ayuda en casa pues vive sola en otra ciudad. Su amiga no sabe si debe acabar el semestre o no: faltan dos meses. Su madre le dice a ella que se quede en la universidad para terminar el semestre.

2. Su mejor amigo siente mucha atracción por la novia de otro amigo suyo. Aquél le informa a Ud. que piensa invitar a la chica a un baile. La amistad del segundo amigo le es importante a Ud.; además, hace ya dos años que él es novio de la chica.

3. Su hermana le menciona que dos personas de su clase de química han obtenido una copia del examen final que se da mañana. Ella dice que va a ir a la residencia de estas personas para ver el examen y preparar las respuestas. Se nota que su hermana está nerviosa.

4. Pronto van a comenzar las vacaciones de Navidad y su compañero/a de cuarto está confuso/a. Sus padres viven en dos ciudades distintas y ambos quieren que él/ella pase toda la temporada en su casa. Su compañero/a tiene el mismo gran afecto por los dos.

D. Con un/a compañero/a, recuerde algunas de las situaciones de sus años en la escuela secundaria. Al terminar los temas que se dan a continuación, hablen de otros aspectos de la escuela en aquellos días.

MODELO: no entender la lección de geometría
E1: *Dime, ¿qué hacías cuando no entendías la lección de geometría?*
E2: *Si yo no entendía la lección de geometría, invitaba a Marta a tomar helados conmigo. Ella entendía todo y me ayudaba.*

1. no tener dinero para salir los fines de semana
2. no terminar la tarea
3. tener sueño durante una clase
4. enojarse contigo tu novio/a
5. sacar una nota mala en un examen
6. no gustarte uno de tus maestros
7. estar descompuesto tu coche
8. estar aburrido/a

E. En grupos de cuatro o cinco estudiantes, inventen varias frases para cada una de las siguientes situaciones, según el modelo.

MODELO: Juan Antonio es de una familia muy rica. ¿Cómo actúa él?
E1: *Juan Antonio actúa como si fuera mejor que nosotros.*
E2: *Actúa como si no hubiera tenido una sola preocupación en su vida.*
E3: *Actúa como si el dinero pudiera solucionar todos los problemas.*
Etc.

1. Anita es una persona arrogante. ¿Cómo habla ella?
2. El presidente del estudiantado es muy poderoso. ¿Cómo trata él a otras personas?
3. La profesora Montoya es muy inteligente. ¿Cómo enseña ella sus clases?
4. Mi hermano es muy musculoso. ¿Cómo se ve él?
5. Uds. viven en una ciudad maravillosa. ¿Cómo viven allí?
6. Roberto gasta mucho dinero durante los fines de semana. ¿Cómo lo gasta él?
7. Sofía y Claudia fueron a México por una semana. ¿Cómo regatearon (*bargain*) ellas?
8. Simón estaba muy triste. ¿Cómo se veía él?

Mercado al aire libre en Pisac, un pueblo del Perú. Si pudieras visitar este mercado, ¿qué comprarías?

F. En parejas, háganse y contéstense las siguientes preguntas.

> MODELO: E1: ¿Si tuvieras que pasar un mes en una isla abandonada,
> ¿qué cosa llevarías contigo?
> E2: *Pues, llevaría una novela muy larga. ¿Y tú?*
> E1: *Creo que llevaría mi computadora.*

1. ¿Adónde irías de vacaciones si pudieras escoger cualquier sitio del mundo?
2. Si tuvieras varios millones de dólares, ¿qué harías primero?
3. ¿Qué habrías hecho si hubieras aprendido a hablar español cuando eras niño/a?
4. Si pudieras conocer a cualquier persona, ¿a quién te gustaría conocer?
5. ¿A qué universidad habrías asistido si el dinero no hubiera tenido importancia?
6. Si fueras un/a científico/a de gran talento, ¿qué problema estudiarías?
   (Sigan inventando preguntas y respuestas según los modelos anteriores.)

G. Piense Ud. en alguna decisión muy importante que tendrá que tomar y que lo/la afectará: estudios, carrera, matrimonio, etc. Escriba unas líneas que reflejen sus ideas y luego comparta lo que escribió con sus compañeros de clase.

> MODELO: *Si estudio dos años más, puedo graduarme y conseguir un buen puesto. En cambio, si dejara los estudios o si los interrumpiera, podría divertirme y conocer mejor el mundo.*

H. Escriba frases sobre dos o tres aspectos de su vida que ahora serían diferentes si hubiera tomado otra decisión o si hubiera hecho algo distinto. Luego, comparta sus frases con sus compañeros de clase. A continuación aparecen algunos ejemplos para el comienzo de sus frases.

> Si yo no hubiera escogido esta universidad, . . .
>
> Si hubiese sido mujer/hombre en vez de hombre/mujer, . . .
>
> Si hubiera vivido durante el siglo pasado, . . .

> MODELO 1: *Si yo no hubiera estudiado mucho cuando era niña, no habría podido asistir a la universidad.*

> MODELO 2: *Estoy seguro de que no habría aprendido a tocar el violín si mis padres no me hubieran llevado a muchos conciertos.*

II. **Adverbs of manner**

Adverbs modify verbs, adjectives, and other adverbs to indicate place, time, manner, and degree. Adverbs are usually placed after the verb or before the adjective or other adverb modified.

Ud. lleva un paquete **muy** pesado.
  Colóquelo **aquí**, por favor.
No lo puedo atender **ahora**; vuelva usted **mañana**.
Ese señor siempre me saluda **muy cortésmente**.

You are carrying a very heavy package. Put it here, please.
I can't help you now; come back tomorrow.
That gentleman always greets me very politely.

A. Adverbs ending in -mente

1. Adverbs ending in -**mente** are generally adverbs of manner that tell *how* something is done. They are formed by adding the suffix -**mente** (usually equivalent to the English suffix *-ly*) to the feminine or to the common form of the adjective: **ruidosa** ⇢ **ruidosamente**, **difícil** ⇢ **difícilmente**, **amable** ⇢ **amablemente**. A written accent is retained when -**mente** is added.

Yo dormía **plácidamente** cuando el reloj despertador sonó **ruidosamente**. Me levanté **rápidamente**.

I was sleeping peacefully when the alarm clock went off noisily. I got up quickly.

2. Manner adverbs include words such as **bien**, **mal**, **despacio**, and **aprisa**; numerous phrases such as **a la fuerza** (*by force*), **a menudo** (*often*), **de improviso** (*unexpectedly*), and **de memoria** (*by heart*); as well as most adverbs ending in -**mente**.

Ese estudiante habla **mal**, pero escribe **bien**.
No camines tan **aprisa**.
Ramiro nos visitó **de improviso**.

That student speaks poorly, but writes well.
Don't walk so fast.
Ramiro visited us unexpectedly.

3. When two or more adverbs ending in -**mente** modify the same word, only the last adverb in the series retains the ending -**mente**. All preceding adverbs drop -**mente** and use the feminine form of the corresponding adjective.

Si Ud. actúa **tranquila y metódicamente**, no tendrá problemas.

If you act calmly and methodically, you won't have any problems.

Ese señor siempre me saluda **gentil**, **respetuosa** y **ceremoniosamente**.	*That gentleman always greets me politely, respectfully, and ceremoniously.*

B. Adverbial phrases

1. Two common alternatives to adverbs of manner ending in **-mente** are the constructions **con** + *noun*, and **de manera (modo)** + *adjective*.

Mi sobrinito recibió **con alegría** un coche para armar. Se puso a armar las piezas **con entusiasmo**. Pero después de unos momentos, trabajaba **de modo** más **lento** y su madre tuvo que terminar de armarlo.	*My little nephew joyfully received a car to put together. He started putting the parts together enthusiastically. But after a few minutes, he was working more slowly, and his mother had to finish putting it together.*

2. Compare the following alternative phrases to adverbs ending in **-mente**.

con + noun	Adverb in -mente	de modo/manera + adjective	Adverb in -mente
con cuidado	cuidadosamente	de modo rápido	rápidamente
con claridad	claramente	de manera completa	completamente
con cariño	cariñosamente	de modo cortés	cortésmente
con gusto	gustosamente	de manera gradual	gradualmente
con respeto	respetuosamente	de modo prudente	prudentemente

C. Adjectives functioning as adverbs

An adjective can function as an adverb of manner when used with an intransitive verb (one that cannot take a direct object) or with a verb that expresses a state or condition. The adjective modifies both the subject and the verb simultaneously and agrees with the subject.

¿Qué ha ocurrido, muchachos? Salieron de casa **malhumorados** y han regresado muy **contentos**.	*What has happened, boys? You left home in a bad mood and have come back very happy.*
Anoche me acosté inmediatamente porque llegué muy **cansado**.	*Last night I went to bed immediately because I was very tired when I arrived.*

Escena en una oficina de Madrid, España. ¿Trabajan diligentemente los empleados?

EJERCICIOS

A. Haga el papel del director de una oficina que le explica a su jefa los efectos de la reciente modernización del equipo. Use adverbios que terminan en **-mente**, como en el modelo.

MODELO: Las computadoras se utilizan para el beneficio de la compañía. (diario)
Las computadoras se utilizan diariamente para el beneficio de la compañía.

1. El personal llega a la oficina. (puntual)
2. La mayoría de los empleados aprenden a usar las máquinas nuevas. (gradual)
3. Pero, algunas personas no progresan, para decir la verdad. (satisfactorio)
4. Las llamadas telefónicas se transfieren a la oficina apropiada. (fácil)
5. Marilú hace las fotocopias al llegar a la oficina. (diligente)
6. Ahora las copias salen de la copiadora. (rápido, claro)

7. La actitud de los trabajadores ha mejorado, en mi opinión.
   (fundamental)
8. Ojalá que todos sigan trabajando de aquí en adelante. (eficiente y
   productivo)

B. Trabajando con un/a compañero/a de clase, túrnense para expresar cómo
hacen algunos de sus amigos (o Ud. mismo/a) las siguientes actividades.
Usen adverbios terminados en -**mente** o frases adverbiales que incluyan
con + *sustantivo* o **de modo/manera** + *adjetivo*.

MODELO: hablar (el) español
           E1: *Isabel habla correcta y rápidamente el español.*
           E2: *Sí, y Jorge lo habla de una manera inexacta y con mucha
               dificultad.*

1. manejar su coche
2. levantarse por la mañana
3. actuar en situaciones de emergencia
4. tratar a las personas del sexo opuesto
5. aprender cosas nuevas
6. tomar decisiones importantes

C. Cada estudiante debe pensar en un aparato electrónico o mecánico que
utiliza con frecuencia. Luego, en un grupo de tres o cuatro estudiantes,
cada uno explica cómo esa máquina le simplifica la vida. Usen adverbios
terminados en -**mente** o frases que incluyan **de modo/manera** + *adjetivo*
o **con** + *sustantivo*. Pueden hablar de los aparatos que aparecen a continuación o de otros de su elección.

MODELO: un secador de pelo
           *Con mi secador de pelo me peino con más facilidad y puedo
           salir más rápidamente de la casa por la mañana.*

1. una computadora
2. un lavaplatos
3. una grabadora
4. una fotocopiadora
5. un reloj despertador
6. una calculadora

D. Presente a la clase unas líneas que narren cómo Ud. hizo algo especial en
su vida. Trate de usar una variedad de estructuras adverbiales.

MODELO: armar una bicicleta
*Una vez mis padres me compraron una bicicleta. Llegó en una
caja. Al principio miré la caja con desilusión, pero mi madre,
mi padre y yo la armamos con entusiasmo porque yo quería
usar la bicicleta inmediatamente. Después de terminar, salí ale-
gremente a la calle con mi bicicleta nueva. Al volver de mi
primer viaje, les di las gracias a mis padres efusivamente.*

III. Review of the uses of the preterit and the imperfect

The preterit and the imperfect are both simple past tenses. They represent two
different ways of looking at past events: the preterit focuses on completed
actions; the imperfect, on ongoing, customary, or habitual actions in the past.
(See *Chapter 2, Section I* for a complete presentation of the forms and uses of
the preterit and the imperfect.)

A. Uses of the preterit

1. The preterit describes actions viewed as completed in the past.

> El sábado pasado **salí** a pasear
> por la mañana y **visité** a unos
> amigos por la tarde.

> *Last Saturday I went for a walk
> in the morning and visited
> some friends in the afternoon.*

2. The preterit reports a change in a condition or state in the past.

> Al recibir una carta de mi
> familia, **me puse** muy
> contento.

> *Upon receiving a letter from my
> family, I became very happy.*

> Anoche **tuve** miedo cuando
> llegué a una calle muy oscura.

> *Last night I became scared when
> I arrived at a very dark street.*

3. The preterit signals an action that interrupts another action continuing in
the past.

> Todos dormíamos cuando **sonó**
> el teléfono.

> *We were all sleeping when the
> phone rang.*

Note that the continuing action is expressed in the imperfect.

B. Uses of the imperfect

1. The imperfect expresses an action in progress in the past. It usually corresponds to the English construction *was/were* + an *-ing* form of the verb.

Ayer a las tres de la tarde **preparaba** un informe para mi clase de arte.	*Yesterday at three in the afternoon I was preparing a report for my art class.*

2. The imperfect expresses mental, emotional, or physical conditions or states in the past.

Después del partido de tenis de ayer, **estaba** cansado, no **tenía** energías, pero **estaba** feliz de haber ganado.	*After yesterday's tennis match, I was tired, I didn't have any energy, but I was happy to have won.*

The verbs **conocer**, **poder**, **querer**, and **saber** usually express mental conditions in the past and are conjugated in the imperfect. Used in the preterit, they express an action and acquire a special meaning.

Hasta hace poco yo no **conocía** a tu madre. La **conocí** ayer.	*Up until recently I didn't **know** (was not acquainted with) your mother. I **met** (got to know) her yesterday.*
Yo no **sabía** que Humberto era colombiano. Lo **supe** el miércoles pasado.	*I didn't **know** that Humberto was Colombian. I **found** that **out** last Wednesday.*
Antes, yo estaba en forma. **Podía** correr una milla en seis minutos. Ayer no **pude** correr ni media milla.	*Before, I was in shape. I **was able** (had the ability) to run a mile in six minutes. Yesterday I didn't even **manage** to run half a mile.*

3. In narrations, the imperfect gives background information or provides the setting for an action or actions. The time of day is considered background information and is always expressed in the imperfect.

Era la una de la tarde. **Brillaba** el sol. No **había** ninguna nube en el cielo. La playa **estaba** llena de gente. . . .	*It was one o'clock in the afternoon. The sun was shining. There wasn't a cloud in the sky. The beach was full of people. . . .*

4. The imperfect is used to express habitual actions in the past.

El semestre pasado **iba** a clases
por la mañana y **trabajaba** los
martes y los jueves por la
tarde.

*Last semester I **used to go** to
class in the morning and
would work on Tuesday and
Thursday afternoons.*

A. Anoche Ud. y un compañero de clase trabajaban en un proyecto para una clase, pero sufrieron numerosas interrupciones. Complete las frases, que explican la situación, con el pretérito o el imperfecto, según el contexto.

A las siete y media mi compañero, Daniel, y yo _____ (leer) las instrucciones generales del proyecto cuando _____ (sonar) el teléfono. _____ (Ser) Susana; ella _____ (querer) hablar de su día muy frustrante en el trabajo, pero yo le _____ (decir) que Daniel y yo _____ (tener) que estudiar ahora. Cuando ella _____ (colgar) el teléfono, creo que _____ (estar) bastante ofendida.

Más tarde, cuando Daniel y yo _____ (discutir) algunos puntos muy importantes, _____ (entrar) mi hermano Ricardo. Él _____ (decir) que _____ (pensar) que él y yo _____ (ir) a salir al cine esta noche. ¡Ay!, él _____ (tener) razón. Yo le _____ (explicar) que se me había olvidado por completo nuestra cita por lo mucho que _____ (tener) que hacer en la escuela. Mi hermano se _____ (marchar) y cuando _____ (salir), _____ (cerrar) la puerta con mucho ruido.

Pero lo peor _____ (ocurrir) un poco más tarde. Al llegar a un punto crítico en nuestro trabajo, Daniel me _____ (anunciar) que _____ (tener) que irse porque a las nueve y media _____ (ir) a juntarse con su novia frente a la biblioteca. Pues, _____ (ser) las nueve y cuarto y _____ (necesitar) salir en seguida. ¡Qué vergüenza! ¡Yo _____ (ofender) a dos personas para poder estudiar, y, después de todo esto, mi compañero de clase me _____ (dejar) plantado!

B. En grupos de tres, hagan los papeles de (1) una persona que se enfermó y no pudo acompañar a (2) dos amigos suyos a un concierto que prometía ser excelente. Expresen las preguntas que tenía la persona enferma sobre los siguientes temas cuando volvieron sus amigos del concierto. Los que fueron deben responder con naturalidad y todos usan el pretérito o el imperfecto, según el contexto.

MODELO: las condiciones fuera del sitio del concierto
   E1: *¿Qué tiempo hacía y cuántas personas había sin entradas?*
        ¿Hubo problemas?
   E2: *Hacía bastante frío y había un poco de viento también,*
        pero nadie hacía caso de eso.
   E3: *Es verdad, y creo que había casi mil personas que trataban*
        de comprar entradas frente al sitio. Vi una persona que
        pagó doscientos dólares por dos boletos no muy buenos.
        No hubo problemas porque los policías tenían todo muy
        bien controlado.

1. la venta de recuerdos como cintas, discos compactos, camisas y programas y los precios de estos artículos
2. la hora del comienzo del concierto y el entusiasmo del público
3. el aspecto físico del conjunto, especialmente del cantante principal
4. la recepción de la música por el público
5. su parte favorita del concierto
6. la duración del concierto y la hora de la salida
7. la reacción general de los amigos

C. Usando el pretérito y el imperfecto, todos los estudiantes de la clase se turnan para terminar las frases que aparecen a continuación. Inventen una historia original y, a veces, humorística sobre la cita (cena y cine) de Roberto y Sally. Al llegar al número 10, sigan inventando la historia hasta terminar con la cena, el cine y la vuelta a la residencia de Sally.

MODELO: El viernes pasado Roberto y Sally . . .
   El viernes pasado Roberto y Sally tenían una cita a las seis de
   la tarde. Roberto estaba muy emocionado porque desde hacía
   tres meses quería invitar a Sally a salir con él.

1. Cuando Roberto llegó a la residencia de Sally . . .
2. Al entrar en el coche de Roberto, Sally . . .
3. Después de diez minutos de viaje, llegaron al restaurante y Roberto . . .
4. Esperaron media hora, pero por fin . . .
5. Para beber . . .
6. Miraron el menú y . . .
7. Cuando el mesero trajo sus platos a la mesa . . .
8. Durante toda la cena . . .
9. Después de comer el plato principal, . . .
10. Antes de salir, Roberto pensaba en la propina y . . .

D. Conteste Ud. las siguientes preguntas y luego escoja a un/a compañero/a de clase y hágaselas a él/ella, usando la forma familiar **tú.**
   1. ¿Cuánto sabía Ud. de esta universidad antes de llegar aquí para el comienzo de clases?

2. ¿Asistían a esta universidad otros miembros de su familia u otros amigos suyos?
3. ¿Ya conocía Ud. a algunos estudiantes o profesores de la universidad antes de llegar aquí?
4. ¿Conoció a algunas personas simpáticas o interesantes durante las primeras semanas? ¿Cómo?
5. ¿Recibió ayuda para escoger sus clases durante los primeros semestres? ¿Quién lo/la ayudó?
6. ¿Previó casi todas las diferencias entre la escuela secundaria y la universidad o se sorprendió después de estudiar aquí algunas semanas? ¿Cuáles fueron las diferencias más grandes?
7. ¿Cuál fue la frustración más grande del primer año (o de la primera semana)?
8. ¿Qué experiencia fue la mejor de todas? ¿Por qué?

E. La clase se divide en tres grupos. Cada persona del grupo uno narra la serie de acciones que hizo antes de salir de la casa esta mañana; los del grupo dos hablan de lo que hicieron durante la hora de almuerzo ayer; y los del grupo tres describen lo que hicieron después de llegar a casa la noche anterior. Cada persona debe mencionar por lo menos cinco acciones.

MODELO: *Esta mañana me desperté a las seis y media, pero decidí quedarme en la cama un rato más. Por fin me levanté a las siete y cuarto. Me duché apresuradamente y me arreglé lo más rápido que pude. No desayuné porque tuve que salir de la casa inmediatamente para llegar a mi clase de las ocho. ¡Pasé una mañana caótica!*

F. En grupos de cuatro o más estudiantes, túrnense para narrar un momento memorable de su vida. Piensen, por ejemplo, en el día de su graduación de la escuela secundaria, la primera vez que manejó un coche solo o su primer día en un trabajo. Mencionen tanto las acciones que ocurrieron como las circunstancias y condiciones que existían en ese tiempo.

MODELO: *Siempre recuerdo el día de mi primera cita. La chica se llamaba Estela y era compañera en dos de mis clases. Yo estuve muy nervioso todo el día porque pensaba que todo tenía que salir perfecto. Por fin llegó la hora. La noche era magnífica: hacía muy buen tiempo y había luna llena. Yo pensaba que se realizaban mis sueños. Al llegar a la puerta, la madre de Estela me informó que su hija se sentía enferma y que no podía salir. ¡Qué desilusión!*

Las pirámides de Teotihuacán, México. En tu opinión, ¿quiénes construyeron estas pirámides? ¿Cuándo las construyeron? ¿Por qué las abandonaron?

 IV. **Nominalization of adjectives and neuter *lo***

A. Nominalization of adjectives

1. When context is clear, a noun that is modified by an adjective, an adjective phrase, or a clause may be eliminated to avoid repetitiveness. When this happens, the adjective is nominalized; that is, it functions as a noun. Observe in the following examples that the nominalized adjective, as well as the accompanying article, demonstrative, or possessive adjective, agrees in gender and number with the understood noun.

—¿Prefieres los pantalones grises o **los azules**?

—Me gustan **los azules**, pero **estos grises** me quedan mejor.

Do you prefer the gray pants or the blue ones?

I like the blue ones, but these gray ones fit me better.

Me gusta la blusa blanca, pero Alicia prefiere **la rosada**.

I like the white blouse, but Alicia prefers the pink one.

Los vinos locales son tan buenos como **los importados**.

Local wines are as good as imported ones.

2. The indefinite article **un** becomes **uno** before a nominalized adjective.

> ¿Cuál de estos diccionarios quieres? Tengo **uno** bilingüe y otro monolingüe.

> *Which of these dictionaries do you want? I have a bilingual one and a monolingual one.*

3. A **de** phrase or **que** clause that functions as an adjective may also be nominalized.

> Resolví todas las ecuaciones, excepto **la de la página 15**.

> *I solved all the equations, except the one on page 15.*

> Los tamales de este restaurante son buenísimos, pero yo prefiero **los que prepara mi madre**.

> *The tamales in this restaurant are very good, but I prefer the ones that my mother prepares.*

> La voz que acabas de oír es **la del loro**.

> *The voice you just heard is the parrot's.*

B. The neuter article *lo*

Before a masculine singular adjective

Lo is the neuter form of the definite article. It is invariable and is used with a masculine singular adjective to refer to an abstract idea or quality. Observe in the following examples the various English equivalents of **lo** + an adjective.

> **Lo importante** es no desanimarse.

> ***What is important** is not to get discouraged.*

> **Lo difícil** es dar el primer paso.

> ***The hard thing** is to take the first step.*

> Sólo piensas en **lo tuyo**.

> *You only think about **what's yours**.*

> No te metas en **lo nuestro**.

> *Don't meddle in **our affairs**.*

> Creo que debemos respetar **lo acordado** en nuestra última reunión.

> *I believe we have to respect **what we agreed upon** at our last meeting.*

Before a variable adjective or an adverb

When **lo** is followed by a variable adjective or an adverb, it expresses the degree or extent of a quality. A variable adjective agrees in gender and number with the noun to which it refers. In this usage, **lo** corresponds to the English word *how*.

REFRÁN

Peor es lo roto que lo descosido.

Siempre me ha sorprendido **lo caros** que son esos productos. Los comerciantes se quejan de **lo mal** que se venden.
Casi no puedo creer **lo verdes** que están los prados.

I have always been surprised at how expensive those products are. The shopkeepers complain about how badly they sell.
I can hardly believe how green the meadows are.

Before *de* + phrase

1. **Lo** + **de** is used to nominalize an adjective phrase that refers to a situation or fact in a general way; that is, there is no specific noun modified.

¿Cómo va **lo de** la venta de tu casa?
¿Y qué pasó con **lo de** tu hermano, con esa operación que se iba a hacer?

How's (the matter about) the sale of your house going?
And what happened with your brother (his matter), that operation he was supposed to undergo?

2. **Lo** + **de** may correspond to phrases such as the following.

el asunto de *the matter of*

el problema de *the problem of*

la parte de *the part of*

la cuestión de *the issue of*

—¿Y en qué quedó el asunto de la venta del coche?
—**Lo del coche** quedó bien. Ya se vendió.

And how was the matter of the car sale resolved?
The car sale went well. It's already been sold.

—¿Te afecta el problema de la inflación?
—No, **lo de la inflación** me tiene sin cuidado.

Does the inflation problem affect you?
No, I'm not worried about inflation in the least.

C. The neuter pronoun *lo*

1. The neuter pronoun **lo** is used to replace a previously expressed situation or occurrence in its entirety.

—El presidente de la compañía ha renunciado.
—Ah, no **lo** sabía. ¿Quién te **lo** dijo?

The president of the company has resigned.
Oh, I didn't know (it). Who told you so?

2. **Lo** is also used to replace a predicate noun or adjective after linking verbs such as **estar**, **parecer**, and **ser**.

Esos animales parecen llamas, pero no **lo** son. Son vicuñas.

Those animals seem to be llamas, but they aren't. They are vicuñas.

—Pareces cansado.
—**Lo** estoy.

You seem tired.
I am.

See *Chapter 8, Section II* for the neuter relative pronouns **lo que** and **lo cual**.

EJERCICIOS

A. Ud. y un/a amigo/a hablan de sus preferencias con respecto a los siguientes temas. Represente esto con un/a compañero/a de clase, según el modelo.

MODELO: los zapatos blancos / los zapatos negros
E1: *¿Te gustan más los zapatos blancos o los negros?*
E2: *De los dos, me gustan más los negros.*

1. las corbatas anchas / las corbatas angostas
2. este abrigo grueso / este abrigo ligero
3. esa camisa de manga larga / esa camisa de manga corta
4. el reloj de plata / el reloj de oro
5. las sillas de plástico / las sillas de madera
6. los cuadros modernos / los cuadros tradicionales
7. los refrescos que tienen azúcar / los refrescos que no tienen azúcar
8. los dependientes que te atienden rápidamente / los dependientes que esperan un poco

B. Con un/a compañero/a, contesten las preguntas dando sus opiniones sobre diferentes aspectos de hacer compras.

MODELO: E1: *¿Qué crees que es lo mejor de hacer las compras en días feriados* (holidays)?
E2: *Para mí, lo mejor es visitar las tiendas y ver las decoraciones que ponen.*
E1: *Tienes razón, pero en mi opinión lo mejor es buscar ventas especiales.*

1. Y, ¿qué es lo peor de ir de compras en días feriados?
2. ¿Crees que lo caro es siempre lo mejor?
3. ¿Qué es lo más importante cuando uno escoge un regalo para alguien?
4. ¿Qué es lo más peligroso de las tarjetas de crédito?
5. ¿Te enoja lo insistentes que son algunos dependientes?
6. ¿Qué es lo más molesto de tener que devolver algo a una tienda?
7. ¿Qué es lo mejor de los grandes centros comerciales modernos?

C. En parejas, hablen de la preferencia que tiene uno de Uds. con respecto a varias alternativas.

MODELO: ir a comer: restaurante chino / restaurante mexicano
            E1: *¿Te gustaría ir a comer a un restaurante chino o a uno mexicano?*
            E2: *Preferiría ir a uno mexicano.*

1. asistir a un partido: de béisbol / de tenis
2. ver una película: cómica / de aventuras
3. escuchar un concierto: de música clásica / de música popular
4. salir a bailar a un club: del centro / cerca de aquí
5. comprarle un regalo a tu novio/a en una tienda: grande / pequeña
6. ir de vacaciones a un lugar: exótico / conocido

D. En grupos de tres, háganse y contéstense las siguientes preguntas (y otras de interés), empleando la estructura **lo de**, según el modelo. En las preguntas, usen estructuras como **¿qué piensan?**, **¿qué les parece(n)?**, **¿cuál es su reacción?**, y **¿qué tal . . .?**.

MODELO: el énfasis en los deportes universitarios
            E1: *¿Qué opinan Uds. del énfasis que ponen ahora en los deportes universitarios?*
            E2: *Lo de los deportes me tiene sin cuidado. Me gustan y creo que atraen a más estudiantes a la universidad.*
            E3: *Todo lo contrario. Lo de los deportes es un tema muy importante; pienso que deben usar ese dinero para comprar libros para la biblioteca.*

1. el precio de la matrícula (*tuition*)
2. el gobierno estudiantil
3. los laboratorios de computación de la universidad
4. el sistema de poder matricularse por teléfono
5. el periódico de los estudiantes
6. la librería universitaria

7. los requisitos académicos fuera de la especialización
8. la vida social en la universidad

E. En parejas, respondan a los comentarios o a las preguntas con una oración en la que use el pronombre neutro **lo**, como en los modelos. Reemplace los puntos suspensivos (. . .) por el nombre de un/a compañero/a de clase o de otra persona que los dos conocen.

MODELO 1: E1: *Esa clase se ha cancelado.*
E2: *Ah, nadie me lo había dicho. ¿Cómo lo has sabido?*
E1: *Lo supe hablando con la secretaria del departamento esta mañana.*

MODELO 2: E1: *Margarita parece totalmente aburrida.*
E2: *Tienes razón; lo está. ¿Quieres invitarla al cine esta noche?*
E1: *Sí, hagámoslo. Buena idea.*

1. ¿Sabes que . . . sale con . . . ?
2. Pareces medio muerto/a de hambre, chico/a.
3. Esta tarde alguien chocó con tu coche estacionado.
4. ¿Es . . . un/a empleado/a en la gasolinera de la calle Esmeralda?
5. Hay un puesto vacante en la tienda de música del centro comercial El Sol.
6. Se nota que . . . está muy cansado/a, ¿no te parece?
¿otros comentarios?

F. En parejas, expresen opiniones sobre las siguientes cuestiones relacionadas con el trabajo. Sigan las formas usadas en el modelo, pero usen una variedad de expresiones como **lo bueno de**, **lo malo de**, **lo difícil de**, **lo interesante de** y **lo curioso de**.

MODELO: los cambios frecuentes de horas
E1: *Lo negativo de los cambios frecuentes de horas es que afecta mi vida familiar.*
E2: *Para mí, lo malo de los cambios es que me causa problemas con mi horario de clases universitarias.*

1. los jefes nuevos
2. los programas de orientación
3. el nuevo programa de distribución de productos
4. los precios en la cafetería
5. la música que tocan todo el tiempo
6. el programa optativo de ejercicios físicos

V. Question words used in exclamations

A. *Cómo* and *cuánto* in exclamations

1. **Cómo** expresses *how* in the sense of *in what way;* **cuánto** expresses *how* or *how much* in the sense of *to what extent*. They can be used interchangeably when they directly modify a verb.

¡Cómo puedes seguir engañando a tus amigos!	*How can you keep on deceiving your friends!*
¡Cuánto (Cómo) has cambiado! No te reconocí.	*How you have changed! I didn't recognize you.*
¡Cómo (Cuánto) odio tener que hacer una declaración de impuestos!	*How (How much) I hate to have to do a tax return!*

2. **Cuánto/a** + a noun expresses *how much* or *how many* in exclamations. **Cuánto** agrees with the noun it modifies.

¡Cuántas veces te he pedido que no me interrumpas!	*How many times have I asked you not to interrupt me!*
¡Cuántos negocios han fracasado estos últimos meses!	*How many businesses have failed these last few months!*

B. *Quién* in exclamations

Exclamations with **quién** + a verb are often used to talk about wishes that probably will never be fulfilled. The verb is in the past subjunctive for wishes referring to the present and in the past perfect subjunctive for wishes referring to the past.

¡Quién pudiera estar tendido al sol en una playa en este momento!	*I wish I could be lying in the sun on a beach right now!*
¡Quién hubiera podido caminar por la luna con los primeros astronautas!	*I wish I had been able to walk on the moon with the first astronauts!*

C. *Qué* in exclamations

1. **Qué** + a verb corresponds to the English word *what*.

¡Qué insinúas con esas mentiras!	*What are you insinuating with those lies!*

¡**Qué** sabes tú de ese tema!   *What do you know about that topic!*

2. **Qué** + an adjective corresponds to the English word *how.*

¡**Qué** increíble!   *How unbelievable!*

¡**Qué** peligrosa es esa carretera!   *How dangerous that highway is!*

3. **Qué** + a singular noun corresponds to the English phrase *what a;* with a plural noun, **qué** is equivalent to *what.* Note that no indefinite article appears in the Spanish sentences.

¡Qué espectáculo vimos!   *What a show we saw!*

¡Qué artistas trae ese circo!   *What artists that circus is bringing!*

4. If the noun in an exclamation with **qué** is modified by an adjective, the construction **qué** + *noun* + **más/tan** + *adjective* is used.

¡**Qué** espectáculo **más (tan)** fascinante!   *What a fascinating show!*

¡Qué artistas **más (tan)** sensacionales trae ese circo!   *What sensational artists that circus is bringing!*

5. **Qué** + an adverb in exclamations expresses *how* something is done.

¡**Qué** rápidamente conduces!   *How fast you drive!*

¡**Qué** fácilmente puedes resolver el crucigrama!   *How easily you can solve the crossword puzzle!*

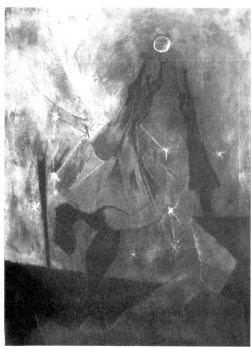

Mujeres *alcanzando la luna* del pintor mexicano Rufino Tamayo (1899–1991). ¿Qué representa para ti este cuadro? ¿Cuál es, en tu opinión, el mensaje del artista?

A. En grupos pequeños, completen las siguientes exclamaciones con la palabra interrogativa apropiada para expresar algunas de sus reacciones después de la primera semana de un nuevo semestre.

MODELO: Estoy cansadísimo/a. ¡_____ semana más larga!
Estoy cansadísimo/a. ¡Qué semana más larga!

1. Me alegro de estar en la clase del profesor Díaz. ¡_____ inteligente es ese profesor!
2. ¡_____ habla mi profesora de italiano! Tiene un vocabulario muy extenso.
3. No pude matricularme en aquella clase de literatura, pero ¡_____ veces traté!
4. ¡_____ pudiera descansar todo este fin de semana!
5. ¡_____ buena lección nos presentó la profesora de química. ¡La entendí toda!
6. ¡_____ me gustaría estar contigo en la misma sección de laboratorio!
7. Hay pocas secciones de composición. ¡_____ secciones se han cancelado!
8. No sé si tengo suficientes energías para mis cinco clases. ¡_____ hubiera podido tomar unas vacaciones en la playa después del último semestre!
9. Siempre sacas notas altas sin muchos esfuerzos. ¡_____ puedes seguir haciendo eso!
10. Te admiro mucho. ¡_____ rápidamente terminas tus lecturas de literatura!
11. Tengo un profesor diferente en francés. ¡_____ echo de menos a mi profesora anterior!
12. ¡_____ se visten los estudiantes de primer año! ¡_____ espectáculo tan divertido!

B. Imagínese que Ud. está de viaje con otra persona. Con otros miembros de la clase, reaccione Ud. a cada una de las siguientes situaciones con varias exclamaciones.

MODELO: A Ud. le parece magnífico el servicio del hotel en que se hospeda.
¡Qué servicio más excelente tiene este hotel!
¡Qué buen servicio da el personal!
¡Cómo trabajan los empleados!

1. Ud. habla con el botones (*bellhop*) que subió su equipaje a su habitación y que además les demostró a los dos cómo funciona todo.
2. Ud. ve una película excelente en el televisor de su habitación. Se lo dice a su acompañante, quien no la vio.
3. Ud. está contentísimo/a porque un amigo de hace años lo/la va a buscar para cenar esta noche. Lo comenta con su compañero/a.
4. Al reunirse con su amigo (a quien no ha visto por diez años), Ud. comenta sobre su aspecto (*appearance*) muy poco cambiado.
5. Ud. le dice unas palabras al mesero de un restaurante donde acaba de disfrutar de una cena extraordinaria.
6. Ud. se impacienta con la persona con quien viaja porque tarda mucho en prepararse para salir a la calle.
7. En el último día del viaje, Ud. descubre que otro conocido suyo que se hospedaba en el mismo hotel tenía una habitación con una vista de la ciudad mucho mejor que la suya.
8. Ud. no cree que ningún hotel pueda ofrecer mejor servicio y se lo dice al recepcionista al pagar la cuenta.

VI. Spanish equivalents of to leave

Dejar and **salir** are the two most common verbs used to express the different meanings of *to leave*.

1. **Dejar** often refers to leaving someone or something behind, including the idea of postponing an action.

He decidido **dejar** los arreglos en manos de tu grupo.	*I have decided to leave the arrangements in the hands of your group.*

Mi hermano me **dejó** frente a la casa de Manuel; yo quería **dejarle** un mensaje sobre nuestros planes.	*My brother left me off in front of Manuel's house; I wanted to leave him a message about our plans.*
Vamos a **dejar** los detalles para otra reunión.	*Let's leave the details for another meeting.*

2. Either **dejar** or **abandonar** is used to express the notion of leaving a person, thing, or place quite abruptly or relatively permanently.

Cuando pronosticaron un huracán, **dejamos** (**abandonamos**) la isla inmediatamente.	*When they forecast a hurricane, we left the island immediately.*

3. **Salir** refers to *leaving* from or toward a place, often with the meaning *to go out* or *to go away from/toward.*

Salí de mi casa a las siete.	*I left my house at seven.*
¿Cuándo **sales para** el Oriente?	*When do you leave for the Far East?*

4. When no particular place is mentioned, the verb **irse** (*to leave* or *to go away*) is preferred. The lack of focus upon a particular place is the most important distinction between **irse** and **salir**. **Marcharse** is a synonym of **irse**.

Esta conferencia me aburre. Quiero **irme**.	*This lecture bores me. I want to leave.*
Federico ya **se marchó**.	*Federico already left.*

EJERCICIOS

A. Dé la forma correcta de uno de los verbos estudiados en esta sección en el espacio indicado.

1. —Hágame el favor de _____ el contrato en mi oficina; lo firmaré mañana. Tengo que _____ en este momento o llegaré tarde; me espera Juan Alberto.
   —Está bien. Lo voy a _____ sobre su escritorio.
2. —Lo siento, Paco, pero la consejera no está aquí en este momento; _____ hace poco tiempo.
   —¿Sabe Ud. si ella _____ un recado para mí antes de _____?
3. —Si tienes tiempo, ¿me puedes _____ en el centro?

—Claro; te puedo _____ donde quieras. ¿A qué hora quieres _____ de aquí?

—Pues, _____ ahora, si está bien.

4. —Parece que se han hecho todos los arreglos. Ahora lo quiero _____ todo en tus manos porque mi esposa y yo _____ mañana de vacaciones.

—De acuerdo. Pueden _____ sin pensar más en este asunto.

5. —La policía nos informó que los ladrones _____ la mitad de lo que se robaron detrás de la casa.

—Sí, parece que se asustaron mientras _____ de aquí. ¡Ojalá lo hubieran _____ todo!

B. En parejas, háganse preguntas y den respuestas usando **dejar**, **salir**, **abandonar**, **irse** o **marcharse**, según el caso, para explicar las circunstancias de las siguientes situaciones u otras de su propia invención: **dejar** un trabajo o una clase, **dejar** un objeto o una posesión en algún lugar, **dejar** un problema para más tarde, **marcharse** o **irse** de una fiesta o de una reunión, **salir** para unas vacaciones, **salir** de un lugar o **abandonar** un lugar rápidamente.

MODELO 1:   E1: *¿Por qué saliste tan temprano de la fiesta anoche?*
             E2: *Salí temprano porque había dejado a Ana en un almacén y necesitaba ir a buscarla.*

MODELO 2:   E1: *Alguien me dijo que dejaste la clase de zoología. ¿Es verdad?*
             E2: *Sí, la dejé porque me cambiaron las horas de trabajo y ahora tengo que salir para mi trabajo a la misma hora de la clase.*

Respuesta a la adivinanza, p. 308: la sombra

REFERENCE SECTION

APPENDIX A
Glossary of grammatical terms

Term	Definition	Example
active voice (*voz activa*)	Form of the verb used when the SUBJECT performs the action expressed by the verb and the DIRECT OBJECT is the element acted upon.	*El profesor **abrió** la puerta.* (Compare the passive voice equivalent: *La puerta **fue abierta** por el profesor.*)
adjective (*adjetivo*)	A word used to modify or describe a noun.	***Mi** casa está cerca de la plaza **principal**.*
adjective clause (*cláusula adjetival*)	A CLAUSE that performs the function of an adjective. It is introduced by a RELATIVE PRONOUN.	*El muchacho **que vive conmigo** está enfermo.*
adverb (*adverbio*)	An INVARIABLE word that modifies a verb, an adjective, or another adverb. It answers questions such as when? (time), where? (place), and how? (manner).	***Ayer** hice la tarea **muy cuidadosamente**.*
adverbial clause (*cláusula adverbial*)	A DEPENDENT CLAUSE that functions as an ADVERB. It modifies the main verb, conveying information such as the time, place, manner, condition, cause, purpose, or result of the main action.	***Cuando debo estudiar**, voy a la biblioteca.* *Fui al médico **porque estaba enfermo**.*
adverbial phrase (*grupo adverbial*)	A group of words that does not contain a verb and that functions as an ADVERB.	*Te veo **a las tres de la tarde**.* *Ese señor camina **de modo muy extraño**.*
agreement (*concordancia*)	Accord in GENDER and NUMBER between a noun and the ARTICLES and adjectives that modify it. Accord in NUMBER and PERSON between a verb and its SUBJECT.	*El cuarto amplio, **la** habitación ampli**a**. Él cant**a**, ellos cant**an**.*
antecedent (*antecedente*)	The noun or NOUN PHRASE to which a RELATIVE PRONOUN refers.	***El libro** que tú buscas está aquí.* (***El libro*** is the antecedent of the relative pronoun ***que***.)
article (*artículo*)	A word that precedes a noun, used to indicate whether it is general, specific, or indefinite.	***La** leche es buena para **la** salud.* ***El** Presidente habló anoche.* ***Una** amiga vino a buscarte.*

Term	Definition	Example
auxiliary verb (*verbo auxiliar*)	A verb that helps form tenses of other verbs. **Haber** is the auxiliary or helping verb used to form the PERFECT TENSES; **ser** is the auxiliary verb used to form the PASSIVE VOICE.	*Nunca **he** visitado Buenos Aires.* *Esta nueva universidad **será** inaugurada el mes próximo.*
clause (*cláusula*)	In a sentence, a group of words that has a SUBJECT and a PREDICATE and that modifies the MAIN CLAUSE.	*Escribiré una carta mientras **tú lees** esa revista.*
comparison (*comparación; comparativo*)	Constructions headed by words such as **más**, **menos**, **tan**, or **tanto** used when comparing people, things, qualities, or amounts.	*Mi hermana es **más** alta **que** yo.* *Tengo **tantos** amigos **como** mi hermana.*
conditional (*condicional; potencial*)	A verb form used to express what would or could occur, or to express polite requests.	*Bajo ciertas condiciones, te **daría** esa información.* *¿**Querrías** venir al cine conmigo?*
conjugation (*conjugación*)	The set of all forms of a verb that reflect PERSON (first, second, or third person), NUMBER (singular or plural), TENSE (present, past, …), and MOOD (indicative, subjunctive). Each conjugated form consists of a STEM and an ENDING.	***Hablo**, **hablas**, **habla**, **hablamos**,* etc.
conjunction (*conjunción*)	An INVARIABLE word that is used to connect words, phrases, CLAUSES, or sentences.	*Escribiré una carta **mientras** tú lees el periódico y esas revistas.*
definite article (*artículo definido*)	The definite articles in Spanish are **el**, **la**, **los**, and **las**. They are used to refer to a specific noun, or when referring to a noun in a general sense.	***El** Presidente habló anoche.* ***La** leche es buena para **la** salud.*
demonstrative adjective (*adjetivo demostrativo*)	A word used to show the relative distance of objects or people in relation to the speaker. The various forms of **este**, **ese**, and **aquel** are the demonstrative adjectives in Spanish.	*No me gusta **esta** camisa verde. Voy a probarme **esa** camisa azul.*
demonstrative pronoun (*pronombre demostrativo*)	A form of the DEMONSTRATIVE ADJECTIVE used without an accompanying noun when the context indicates what the referent of the adjective is. When used as pronouns, the demonstrative forms normally carry an accent mark.	*—¿Vives en esa casa?* *—No, vivo en **aquélla**, al final de la calle.*

Term	Definition	Example
dependent clause (*cláusula subordinada*)	A group of words introduced by a CONJUNCTION or a RELATIVE PRONOUN that cannot stand by itself as a complete sentence.	*Voy a hablar más lentamente **para que entiendas bien**.* *He resuelto el problema **que tenía**.*
descriptive adjective (*adjetivo descriptivo*)	An adjective that describes qualities or conditions.	*Soy **alta** y **delgada**.* *Estoy **aburrida**.*
direct command (*mandato directo*)	A command addressed directly to a particular person or persons.	*—Manolo, **pásame** el periódico, por favor.*
direct object (*objeto directo*)	A thing or a person receiving directly the action of a verb. It answers the questions *what* or *whom*.	*¿Encontraste **las llaves**?*
direct-object pronoun (*pronombre de objeto directo*)	A pronoun that replaces a DIRECT-OBJECT noun.	*Busqué los libros que me pediste, pero no **los** encontré.*
(verbal) ending (*terminación, desinencia verbal*)	The part of the verb that follows the STEM and that indicates the NUMBER, grammatical PERSON, and TENSE.	*Corr**emos** y nos cans**amos** mucho.*
future (*futuro*)	A verb TENSE used to express what *will* happen.	*¿Cuándo **vendrás** a visitarnos?* *El próximo año **estaré** en Madrid en esta fecha.*
gender (*género*)	The classification of nouns and some pronouns into masculine or feminine. In Spanish, the articles and adjectives that modify nouns or pronouns also have gender. The article and the DEMONSTRATIVE PRONOUN have forms that show NEUTER gender, that is to say, they are neither masculine nor feminine.	*Esos dos hermanos son muy diferentes. **Él** es alto y **ella** muy pequeña.* *Recibí **una** muy buena notici**a**.* *Recibí **un** buen **dato**.*
historical present (*presente histórico*)	The use of the present indicative to refer to past events. This use helps past events come alive.	*En 1516 el explorador Juan Díaz de Solís **navega** por el Río de la Plata y **llega** a un lugar al este de Montevideo. **Sigue** navegando y al desembarcar por segunda vez, **pierde** la vida a manos de indígenas charrúas.*
imperative (mood) (*imperativo*)	The verb form that expresses a command.	***Ven** a verme pronto.* *Niños, **esperad**.*
imperfect (*pretérito imperfecto*)	One of the two simple past TENSES in Spanish (the other being the PRETERIT). It is used to describe a setting (background information), a physical or mental condition, or a habitual action.	*Ayer **hacía** mucho frío. Yo **caminaba** por la calle principal cuando …*

Term	Definition	Example
impersonal *se* (**se** *impersonal*)	The pronoun **se** used with a singular verb to indicate that a sentence has an indefinite SUBJECT or that no individual in particular performs an action.	*Se trabaja mucho en esta oficina.*
indefinite article (*artículo indefinido*)	The indefinite articles in Spanish are **un**, **una**, **unos**, **unas**. They are used to designate nonspecific, indeterminate nouns.	*Un muchachito quiere hablar contigo.*
independent clause (*cláusula independiente*)	A group of words with a SUBJECT and a PREDICATE that can stand by itself and is not preceded by a subordinating CONJUNCTION or RELATIVE PRONOUN. Also called a MAIN CLAUSE.	*Mis amigos aprenden español.* *Mis amigos opinan que las lenguas extranjeras son importantes.*
indicative (mood) (*indicativo*)	A grammatical MOOD, or set of TENSES, used to express factual information.	*Vivo en una ciudad pequeña. Antes, trabajaba en una gran compañía, pero abandoné ese trabajo.*
indirect command (*mandato indirecto*)	A command intended to be conveyed to a third person or persons. An indirect command consists of the word **que** followed by the third person singular or plural of the present SUBJUNCTIVE.	*Yo no puedo ayudarte. Que te ayude tu hermano.*
indirect object (*objeto indirecto*)	A person or persons to whom or for whom something is done. When the indirect object is a noun or a NOUN PHRASE, a redundant INDIRECT-OBJECT PRONOUN is normally also used.	*Les di la información a tus padres.* *Le traje el disco a Lorena.*
indirect-object pronoun (*pronombre de objeto indirecto*)	A pronoun that replaces or refers to an indirect-object noun.	*Cuando vea a Ramiro, voy a pedirle su número de teléfono.* *Les di la información a tus padres.*
infinitive (*infinitivo*)	The form of the verb found in dictionaries, showing the general meaning of the verb. It does not indicate TENSE, PERSON, or NUMBER. Spanish infinitives are classified into three CONJUGATION classes based on their endings: **-ar**, **-er**, and **-ir**.	*Trabajar. Aprender. Escribir.*
interrogative adjective (*adjetivo interrogativo*)	An adjective that introduces a question. **Qué** and **cuál(es)** are interrogative adjectives in Spanish.	*¿Qué películas te gustan?* *¿Cuál es tu especialidad académica?*
interrogative adverb (*adverbio interrogativo*)	An adverb that introduces a question about time, place, manner, amount, or reason.	*¿Cuándo sales para Miami? ¿Cómo viajas?*

Term	Definition	Example
interrogative pronoun (*pronombre interrogativo*)	A pronoun used to introduce a question. **Qué**, **cuál(es)**, and **quién(es)** are interrogative pronouns in Spanish.	—¿***Quién*** *llamó?* —¿***Qué*** *dijo?* —¿***Cuál*** *prefieres?*
invariable (*invariable*)	Said of words such as PREPOSITIONS, ADVERBS, and CONJUNCTIONS that do not change their forms in response to GENDER or NUMBER.	***Para; aquí; cuando*** (invariable words). (Compare: ***la***, ***las***; ***bueno***, ***buena***; ***suyos***, ***suyas***: variable words.)
irregular verb (*verbo irregular*)	A verb that does not follow the CONJUGATION pattern of most Spanish verbs.	*Siempre* ***hago*** *la tarea, pero ayer no la* ***hice***. *No* ***tuve*** *tiempo.*
main clause (*cláusula principal*)	A group of words with a SUBJECT and a PREDICATE that can stand by itself and is not preceded by a subordinating CONJUNCTION or RELATIVE.PRONOUN. Also called an INDEPENDENT CLAUSE.	***Mis amigos aprenden español.*** ***Mis amigos opinan*** *que las lenguas extranjeras son importantes.*
mood (*modo*)	Forms of the verb CONJUGATION used to indicate the speaker's attitude toward the action or state. The INDICATIVE, the SUBJUNCTIVE, and the IMPERATIVE are the moods of the Spanish verb system.	***Fuimos*** *al cine.* (Indicative) *Mi novio quería que* ***fuéramos*** *a una discoteca.* (Subjunctive) ***Ve*** *a la biblioteca.* (Imperative)
neuter (*neutro*)	A form of the article **(lo)** and of the DEMONSTRATIVE PRONOUNS **(esto, eso, aquello)** different from the masculine and feminine forms and used to refer to something indeterminate or unspecified, or to abstract ideas.	***Lo*** *mejor de la fiesta fue el grupo musical.* *¿Qué es* ***eso*** *que llevas en la mano?* *Marta no responde a mi carta todavía.* ***Eso*** *me preocupa.*
nonrestrictive relative clause (*cláusula relativa explicativa*)	A RELATIVE CLAUSE set off by commas and that gives parenthetical, nonessential information about a specific noun.	*Entrevisté a los estudiantes,* ***que salían para España***. *(Todos los estudiantes fueron entrevistados porque todos salían para España.)*
noun (*sustantivo*)	A word used to name a person, place, thing, or idea. All nouns in Spanish have a grammatical GENDER.	***Pablo. Región. Clase. Democracia.***
noun clause (*cláusula nominal*)	A DEPENDENT CLAUSE introduced by a CONJUNCTION (normally **que**) and that functions as a noun.	*Él dice* ***que está enfermo.***
noun phrase (*grupo nominal*)	A word or a group of words that has a noun as its main word.	***El gato. El gato de mis tíos. El gato negro de mis tíos.***

Term	Definition	Example
number (*número*)	The form of a noun or pronoun that indicates whether it is *singular* or *plural*. In Spanish, the articles and adjectives that modify nouns or pronouns also have number.	*En casa tenemos **una gata blanca** y **dos enormes perros negros**.*
passive voice (*voz pasiva*)	The form of the verb used when the DIRECT OBJECT is the grammatical SUBJECT of the sentence. In Spanish, the passive voice is formed with the AUXILIARY VERB **ser** followed by a PAST PARTICIPLE. The past participle agrees in GENDER and NUMBER with the subject of the sentence.	*La puerta **fue abierta** por el profesor.* (Compare the active voice equivalent: *El profesor **abrió** la puerta.*)
past participle (*participio pasado*)	The form of a verb used with the AUXILIARY VERB **haber** to form the PERFECT TENSES. The past participle of REGULAR VERBS is formed by adding **-ado** to the STEM of **-ar** INFINITIVES, and **-ido** to the stem of **-er** and **-ir** infinitives.	—*¿Has **comido** ceviche?* —*No, nunca lo he **probado**.*
perfect tense (*tiempo perfecto o compuesto*)	A TENSE formed by combining the AUXILIARY VERB **haber** with the PAST PARTICIPLE of the main verb. To form the present perfect, the auxiliary verb **haber** is conjugated in the PRESENT; to form the past perfect, **haber** is conjugated in the IMPERFECT; to form the future perfect, **haber** is conjugated in the FUTURE, and so on.	*Nunca **he estado** en La Paz.* *Yo no **había notado** eso antes.* *Antes de fin de mes **habremos terminado** el proyecto.* *No **habrías tenido** problemas si hubieras hablado conmigo antes.* *Lamento que no **hayas recibido** mi carta.*
person (*persona*)	The form of personal pronouns and their corresponding verb forms to refer to the speaker (first person), the addressee (second person), or the person or thing spoken about (third person).	—*¿Vienen **Uds.** con **nosotros**?* —*No, no pod**emos**.*
personal a (*a personal*)	The PREPOSITION **a** that precedes a DIRECT OBJECT referring to a specific person or persons.	*Vi **a** mi jefe ayer.*
personal pronoun (*pronombre personal*)	A pronoun that refers to the speaker, addressee, or the person or thing spoken about. It may vary in form depending on the function it fulfills in the sentence: SUBJECT, DIRECT or INDIRECT OBJECT, or object of a PREPOSITION.	***Me** ves en la calle y no **me** hablas. Pero **yo** sé que hablas de **mí**.*

Term	Definition	Example
possessive adjective (*adjetivo posesivo*)	An adjective used to indicate ownership. AGREEMENT depends on the GENDER of the possessed noun, and not on the sex of the possessor, as in English (*his/her*).	*Mi coche es de 1990.*
possessive pronoun (*pronombre posesivo*)	A form of the POSSESSIVE ADJECTIVE used without an accompanying noun when context makes clear the referent of the adjective. When used as pronouns, possessive forms are normally preceded by the DEFINITE ARTICLE.	*Mi coche es de 1990. ¿Y el tuyo?*
predicate (*predicado*)	The part of the sentence containing the verb that makes a statement about the SUBJECT.	*Mi padre vive en Colombia ahora.*
preposition (*preposición*)	A word (or a small group of words) that precedes a noun or a pronoun to show position, direction, time, etc. relative to another word in the sentence.	*Viajaré de Madrid a Barcelona con unos amigos.*
present (*presente*)	A TENSE used to express an action in progress at the moment of speaking, a habitual action, or an action that began earlier and is still going on.	*Leo el periódico en este momento. Generalmente almuerzo a la una. Estudio español desde hace un año.*
present participle (*gerundio, participio presente*)	A verb form ending in **-ndo** that suggests an ongoing action. It is used to form the PROGRESSIVE TENSES and in DEPENDENT CLAUSES to indicate manner, cause, reason, time, or the condition under which an action is carried out.	*Estoy leyendo el periódico en este momento. Estudiando regularmente no tendrás problemas con tus cursos.*
preterit (*pretérito indefinido*)	A simple past TENSE used to express an action, event, or condition seen as completed in the past. The preterit is the tense that tells what happened.	*En 1516 el explorador Juan Díaz de Solís llegó a un lugar al este de Montevideo. Siguió navegando y al desembarcar por segunda vez, perdió la vida a manos de indígenas charrúas.*
progressive tense (*tiempo progresivo*)	A verb TENSE formed with the AUXILIARY VERB **estar** followed by a PRESENT PARTICIPLE. It is used to describe an action or event in progress or while being performed.	*Estoy leyendo el periódico en este momento. Cuando tú estés durmiendo, yo estaré viajando todavía.*
pronoun (*pronombre*)	A word that takes the place of a noun or a NOUN PHRASE.	—*¿Ha llegado Víctor?* —*Él no ha llegado, pero Manuel está aquí.*

Term	Definition	Example
reciprocal pronoun (*pronombre recíproco*)	A pronoun used to indicate a plural SUBJECT involved in mutual action. In Spanish, reciprocal pronouns have the same form as REFLEXIVE PRONOUNS; context determines which interpretation is meant.	*Yolanda y yo **nos** saludamos muy efusivamente.*
reflexive pronoun (*pronombre reflexivo*)	A pronoun that refers to the same person or thing as the SUBJECT of the sentence, thus indicating that the subject both performs and receives the action.	*Yo siempre **me** levanto temprano. Pedro **se** convenció de que sus amigos lo engañaban.*
reflexive verb (*verbo reflejo o reflexivo*)	A verb whose SUBJECT and DIRECT or INDIRECT OBJECT are the same.	***Me desperté** a las siete y **me levanté** a las siete y media.*
regular verb (*verbo regular*)	A verb whose STEM remains constant throughout the CONJUGATION.	***¿Comprendes? ¿Comprendías? ¿Comprendiste? ¿Comprenderás?***
relative clause (*cláusula relativa*)	A DEPENDENT CLAUSE introduced by a RELATIVE PRONOUN. Also called an ADJECTIVE CLAUSE.	*No encontré los libros **que me pediste**.*
relative pronoun (*pronombre relativo*)	A pronoun that links or "relates" to a preceding noun (ANTECEDENT) and connects a MAIN and a DEPENDENT CLAUSE into a single sentence.	*No encontré los libros **que** me pediste.*
restrictive relative clause (*cláusula relativa especificativa*)	A DEPENDENT CLAUSE introduced by a RELATIVE PRONOUN that gives information to identify an ANTECEDENT and that is essential to the meaning of the sentence. It is not set off by commas.	*Entrevisté a los estudiantes **que salían para España**. (Los estudiantes que **no** salían para España no fueron entrevistados.)*
si clause (*cláusula condicional*)	An ADVERBIAL CLAUSE that modifies the verb of the MAIN CLAUSE, indicating whether a situation is factual, hypothetical, or contrary to fact.	***Si salgo del trabajo a las cinco**, te pasaré a ver. No habrías tenido problemas **si hubieras hablado conmigo antes**.*
spelling-change verb (*verbo con cambio ortográfico*)	A verb whose STEM changes its spelling to preserve the pronunciation of the INFINITIVE stem.	***Buscar**: yo busco, yo **busqué**. (Both the letter c and the letters qu represent the same sound [k].)*
stem (*raíz, radical*)	The part of the verb that results from dropping the last two letters of the INFINITIVE.	***Trabaj**ar. **Aprend**er. **Escrib**ir.*
stem-changing verb (*verbo con cambio en la raíz*)	A verb in which the spelling of the last STEM vowel changes when stressed.	—¿Cuándo v**ue**lven Uds.? —No v**o**lvemos hasta el sábado.

Term	Definition	Example
subject (*sujeto*)	The person or thing that performs the action of the verb.	*Mi padre trabaja para una compañía multinacional.*
subject pronoun (*pronombre sujeto*)	A pronoun that takes the place of a noun SUBJECT.	*Tú estás muy equivocado.*
subjunctive (mood) (*subjuntivo*)	A VERB form used when the action is presented as hypothetical or doubtful, or as colored by the speaker's subjectivity.	*Ojalá puedas venir a mi fiesta.*
superlative (*superlativo*)	A construction that expresses the highest or lowest degree of a quality.	*El Nilo es el río más largo del mundo.*
tense (*tiempo*)	The particular form of a verb that indicates when an action occurs: present, past, future, etc.	*Ahora leo menos; antes leía más.*
verb (*verbo*)	A word expressing an action or a condition of the SUBJECT. The verb consists of a STEM and an ENDING, the form of which depends on the SUBJECT (singular, plural; first, second, or third person), the TENSE (PRESENT, IMPERFECT, FUTURE, CONDITIONAL, etc.) and the mood (INDICATIVE, SUBJUNCTIVE, IMPERATIVE).	*Cuando corro, me canso un poco.*
voice (*voz*)	Form of the verb that shows the relationship between the SUBJECT and the verb as either performing (ACTIVE VOICE) or receiving (PASSIVE VOICE) the action.	*El profesor abrió la puerta. La puerta fue abierta por el profesor.*

APPENDIX B

Personal pronouns

	Subject	Direct object	Indirect object	After prepositions
I	yo		me	mí
you (familiar)	tú		te	ti
you (formal)	usted (Ud., Vd.)	lo, la	le	usted
*he, she**	él, ella	lo, la	le	él, ella
we	nosotros/as		nos	nosotros/as
you (pl., familiar)	vosotros/as		os	vosotros/as
you (pl., formal)	ustedes (Uds., Vds.)	los, las	les	ustedes
they	ellos, ellas	los, las	les	ellos, ellas

*When *it* is a subject pronoun, Spanish uses the verb alone: *It rains,* **Llueve**; *It is important,* **Es importante**; *It is a book,* **Es un libro** (Plural: *They are books,* **Son libros**). When *it* is an object pronoun, Spanish uses **lo or la**: *I saw it (it=the book* **el libro***),* **Lo vi**; *I saw it (it=the table* **la mesa***),* **La vi**.

APPENDIX C
Verbs

 I. Conjugation of regular verbs

	-ar verbs	-er verbs	-ir verbs
Infinitive	hablar	comer	vivir
Present participle	hablando	comiendo	viviendo
Past participle	hablado	comido	vivido

 Simple tenses: Indicative mood

Present	hablo	como	vivo
	hablas	comes	vives
	habla	come	vive
	hablamos	comemos	vivimos
	habláis	coméis	vivís
	hablan	comen	viven
Imperfect	hablaba	comía	vivía
	hablabas	comías	vivías
	hablaba	comía	vivía
	hablábamos	comíamos	vivíamos
	hablabais	comíais	vivíais
	hablaban	comían	vivían
Preterit	hablé	comí	viví
	hablaste	comiste	viviste
	habló	comió	vivió

	-ar verbs	-er verbs	-ir verbs
	hablamos	comimos	vivimos
	hablasteis	comisteis	vivisteis
	hablaron	comieron	vivieron
Future	hablaré	comeré	viviré
	hablarás	comerás	vivirás
	hablará	comerá	vivirá
	hablaremos	comeremos	viviremos
	hablaréis	comeréis	viviréis
	hablarán	comerán	vivirán
Conditional	hablaría	comería	viviría
	hablarías	comerías	vivirías
	hablaría	comería	viviría
	hablaríamos	comeríamos	viviríamos
	hablaríais	comeríais	viviríais
	hablarían	comerían	vivirían

Simple tenses: Subjunctive mood

	-ar verbs	-er verbs	-ir verbs
Present	hable	coma	viva
	hables	comas	vivas
	hable	coma	viva
	hablemos	comamos	vivamos
	habléis	comáis	viváis
	hablen	coman	vivan
Imperfect (**-ra** *forms*)	hablara	comiera	viviera
	hablaras	comieras	vivieras
	hablara	comiera	viviera
	habláramos	comiéramos	viviéramos
	hablarais	comierais	vivierais
	hablaran	comieran	vivieran
Imperfect (**-se** *forms*)	hablase	comiese	viviese
	hablases	comieses	vivieses
	hablase	comiese	viviese
	hablásemos	comiésemos	viviésemos
	hablaseis	comieseis	vivieseis
	hablasen	comiesen	viviesen

		-ar verbs	-er verbs	-ir verbs
Commands	(tú)	habla, no hables	come, no comas	vive, no vivas
	(vosotros)	hablad, no habléis	comed, no comáis	vivid, no viváis
	(Ud.)	hable, no hable	coma, no coma	viva, no viva
	(Uds.)	hablen, no hablen	coman, no coman	vivan, no vivan

 ## Perfect tenses: Indicative mood

	-ar verbs	-er verbs	-ir verbs
Perfect infinitive	haber hablado	haber comido	haber vivido
Perfect participle	habiendo hablado	habiendo comido	habiendo vivido
Present perfect	he hablado	he comido	he vivido
	has hablado	has comido	has vivido
	ha hablado	ha comido	ha vivido
	hemos hablado	hemos comido	hemos vivido
	habéis hablado	habéis comido	habéis vivido
	han hablado	han comido	han vivido
Past perfect	había hablado	había comido	había vivido
	habías hablado	habías comido	habías vivido
	había hablado	había comido	había vivido
	habíamos hablado	habíamos comido	habíamos vivido
	habíais hablado	habíais comido	habíais vivido
	habían hablado	habían comido	habían vivido
Future perfect	habré hablado	habré comido	habré vivido
	habrás hablado	habrás comido	habrás vivido
	habrá hablado	habrá comido	habrá vivido
	habremos hablado	habremos comido	habremos vivido
	habréis hablado	habréis comido	habréis vivido
	habrán hablado	habrán comido	habrán vivido
Conditional perfect	habría hablado	habría comido	habría vivido
	habrías hablado	habrías comido	habrías vivido
	habría hablado	habría comido	habría vivido
	habríamos hablado	habríamos comido	habríamos vivido
	habríais hablado	habríais comido	habríais vivido
	habrían hablado	habrían comido	habrían vivido

-ar verbs	-er verbs	-ir verbs

Perfect tenses: Subjunctive mood

Present perfect

haya hablado	haya comido	haya vivido
hayas hablado	hayas comido	hayas vivido
haya hablado	haya comido	haya vivido
hayamos hablado	hayamos comido	hayamos vivido
hayáis hablado	hayáis comido	hayáis vivido
hayan hablado	hayan comido	hayan vivido

Past perfect
(**-ra** *forms*)

hubiera hablado	hubiera comido	hubiera vivido
hubieras hablado	hubieras comido	hubieras vivido
hubiera hablado	hubiera comido	hubiera vivido
hubiéramos hablado	hubiéramos comido	hubiéramos vivido
hubierais hablado	hubierais comido	hubierais vivido
hubieran hablado	hubieran comido	hubieran vivido

Past perfect
(**-se** *forms*)

hubiese hablado	hubiese comido	hubiese vivido
hubieses hablado	hubieses comido	hubieses vivido
hubiese hablado	hubiese comido	hubiese vivido
hubiésemos hablado	hubiésemos comido	hubiésemos vivido
hubieseis hablado	hubieseis comido	hubieseis vivido
hubiesen hablado	hubiesen comido	hubiesen vivido

II. Irregular past participles

abrir	**abierto**	hacer	**hecho**
componer	**compuesto**	morir	**muerto**
cubrir	**cubierto**	poner	**puesto**
decir	**dicho**	resolver	**resuelto**
descubrir	**descubierto**	romper	**roto**
devolver	**devuelto**	ver	**visto**
envolver	**envuelto**	volver	**vuelto**
escribir	**escrito**		

III. Stem-changing verbs

A. Stem-changing verbs ending in -ar and -er

	e → ie **pensar** to *think*	o → ue **volver** to *return, to come back*
Present indicative	pienso piensas piensa pensamos pensáis piensan	vuelvo vuelves vuelve volvemos volvéis vuelven
Present subjunctive	piense pienses piense pensemos penséis piensen	vuelva vuelvas vuelva volvamos volváis vuelvan

Commands		e → ie	o → ue
	(tú)	piensa, no pienses	vuelve, no vuelvas
	(vosotros)	pensad, no penséis	volved, no volváis
	(Ud.)	piense, no piense	vuelva, no vuelva
	(Uds.)	piensen, no piensen	vuelvan, no vuelvan

Other verbs

cerrar	entender	acordarse	encontrar
comenzar	perder	acostarse	jugar (**u** → **ue**)
empezar	sentarse	colgar	llover
		costar	mover
		demostrar	oler (**o** → **hue**)

B. Stem-changing verbs ending in -ir

	e → ie, i **sentir** to *feel*	o → ue, u **dormir** to *sleep*	e → i, i **servir** to *serve*
Present participle	sintiendo	durmiendo	sirviendo

	e → ie, i **sentir** *to feel*	o → ue, u **dormir** *to sleep*	e → i, i **servir** *to serve*
Present indicative	siento sientes siente sentimos sentís sienten	duermo duermes duerme dormimos dormís duermen	sirvo sirves sirve servimos servís sirven
Present subjunctive	sienta sientas sienta sintamos sintáis sientan	duerma duermas duerma durmamos durmáis duerman	sirva sirvas sirva sirvamos sirváis sirvan
Preterit	sentí sentiste sintió sentimos sentisteis sintieron	dormí dormiste durmió dormimos dormisteis durmieron	serví serviste sirvió servimos servisteis sirvieron
Imperfect subjunctive[1]	sintiera sintieras sintiera sintiéramos sintierais sintieran	durmiera durmieras durmiera durmiéramos durmierais durmieran	sirviera sirvieras sirviera sirviéramos sirvierais sirvieran
Commands (tú) (vosotros) (Ud.) (Uds.)	siente, no sientas sentid, no sintáis sienta, no sienta sientan, no sientan	duerme, no duermas dormid, no durmáis duerma, no duerma duerman, no duerman	sirve, no sirvas servid, no sirváis sirva, no sirva sirvan, no sirvan
Other verbs	adquirir (i → ie, i) consentir convertir divertir(se) herir mentir preferir sugerir	morir(se)	concebir despedir(se) elegir pedir reír repetir seguir vestir(se)

---

[1] Only **-ra** forms are listed in this and the following sections.

IV. Orthographic or spelling-changing verbs

A. Verbs ending in *-ger* or *-gir*

g → j before o, a
escoger to *choose*

Present indicative	escojo, escoges, escoge, escogemos, escogéis, escogen
Present subjunctive	escoja, escojas, escoja, escojamos, escojáis, escojan
Commands	escoge, no escojas (tú)　　escoged, no escojáis (vosotros)
	escoja, no escoja (Ud.)　　escojan, no escojan (Uds.)

Other verbs

coger	elegir (i)	proteger
corregir (i)	escoger	recoger
dirigir	exigir	

B. Verbs ending in *-gar*

g → gu before e
pagar to *pay*

Preterit	pagué, pagaste, pagó, pagamos, pagasteis, pagaron
Present subjunctive	pague, pagues, pague, paguemos, paguéis, paguen
Commands	paga, no pagues (tú)　　pagad, no paguéis (vosotros)
	pague, no pague (Ud.)　　paguen, no paguen (Uds.)

Other verbs

entregar	llegar	obligar
jugar (ue)		

C. Verbs ending in *-car*

c → qu before e
buscar to *look for*

Preterit	busqué, buscaste, buscó, buscamos, buscasteis, buscaron
Present subjunctive	busque, busques, busque, busquemos, busquéis, busquen
Commands	busca, no busques (tú)　　buscad, no busquéis (vosotros)
	busque, no busque (Ud.)　　busquen, no busquen (Uds.)

Other verbs

acercar	indicar	sacar

	explicar	masticar	tocar

D. Verbs ending in -zar

z → c before e
empezar (ie) to begin

Preterit	empe**c**é, empezaste, empezó, empezamos, empezasteis, empezaron
Present subjunctive	empie**c**e, empie**c**es, empie**c**e, empe**c**emos, empe**c**éis, empie**c**en
Commands	empieza, no empie**c**es (tú) empezad, no empe**c**éis (vosotros)
	empie**c**e, no empie**c**e (Ud.) empie**c**en, no empie**c**en (Uds.)
Other verbs	almorzar (ue) comenzar (ie) cruzar

E. Verbs ending in a consonant + -cer or -cir

c → z before o, a
convencer to convince

Present indicative	conven**z**o, convences, convence, convencemos, convencéis, convencen
Present subjunctive	conven**z**a, conven**z**as, conven**z**a, conven**z**amos, conven**z**áis, conven**z**an
Commands	convence, no conven**z**as (tú) convenced, no conven**z**áis (vosotros)
	conven**z**a, no conven**z**a (Ud.) conven**z**an, no conven**z**an (Uds.)
Other verbs	ejercer esparcir vencer

F. Verbs ending in a vowel + -cer or -cir

c → zc before o, a
conocer to know, to be acquainted with

Present indicative	cono**zc**o, conoces, conoce, conocemos, conocéis, conocen
Present subjunctive	cono**zc**a, cono**zc**as, cono**zc**a, cono**zc**amos, cono**zc**áis, cono**zc**an
Commands	conoce, no cono**zc**as (tú) conoced, no cono**zc**áis (vosotros)
	cono**zc**a, no cono**zc**a (Ud.) cono**zc**an, no cono**zc**an (Uds.)
Other verbs	agradecer obedecer pertenecer
	conducir[2] ofrecer producir
	desconocer parecer reducir
	establecer permanecer traducir

---

[2]See **conducir** in Section V for further irregularities of verbs ending in **-ducir**

G. Verbs ending in *-guir*

gu → g before o, a
seguir (i) to *follow*

Present indicative   sigo, sigues, sigue, seguimos, seguís, siguen
Present subjunctive   siga, sigas, siga, sigamos, sigáis, sigan
Commands   sigue, no sigas (tú)   seguid, no sigáis (vosotros)
                        siga, no siga (Ud.)   sigan, no sigan (Uds.)
Other verbs   conseguir (i)   perseguir (i)   proseguir (i)
                        distinguir

H. Verbs ending in *-guar*

gu → gü before e
averiguar to *find out*

Preterit   averigüé, averiguaste, averiguó, averiguamos, averiguasteis,
                        averiguaron
Present subjunctive   averigüe, averigües, averigüe, averigüemos, averigüéis, averigüen
Commands   averigua, no averigües (tú)   averiguad, no averigüéis (vosotros)
                        averigüe, no averigüe (Ud.)   averigüen, no averigüen (Uds.)
Other verbs   apaciguar   atestiguar

I. Verbs ending in *-uir*

unstressed i → y between vowels
construir to *build*

Present participle   construyendo
Present indicative   construyo, construyes, construye, construimos, construís,
                        construyen
Preterit   construí, construiste, construyó, construimos, construisteis,
                        construyeron
Present subjunctive   construya, construyas, construya, construyamos, construyáis,
                        construyan

Imperfect subjunctive	construyera, construyeras, construyera, construyéramos, construyerais, construyeran
Commands	construye, no construyas (tú) construid, no construyáis (vosotros) construya, no construya (Ud.) construyan, no construyan (Uds.)

Other verbs

concluir	destruir	instruir
contribuir	huir	sustituir

J. Verbs ending in *-eer*

unstressed i → y between vowels **creer** *to believe*

Present participle	creyendo
Preterit	creí, creíste, creyó, creímos, creisteis, creyeron
Imperfect subjunctive	creyera, creyeras, creyera, creyéramos, creyerais, creyeran
Other verbs	leer poseer

K. Some verbs ending in *-iar* and *-uar*

i → í when stressed **enviar** *to send*

Present indicative	envío, envías, envía, enviamos, enviáis, envían
Present subjunctive	envíe, envíes, envíe, enviemos, enviéis, envíen
Commands	envía, no envíes (tú) enviad, no enviéis (vosotros) envíe, no envíe (Ud.) envíen, no envíen (Uds.)

Other verbs

ampliar	enfriar	situar
confiar	guiar	variar

u → ú when stressed **continuar** *to continue*

Present indicative	continúo, continúas, continúa, continuamos, continuáis, continúan
Present subjunctive	continúe, continúes, continúe, continuemos, continuéis, continúen
Commands	continúa, no continúes (tú) continuad, no continuéis (vosotros) continúe, no continúe (Ud.) continúen, no continúen (Uds.)

Other verbs

acentuar	efectuar	graduar(se)

L. The verb *reír (i)*[3]

e of the stem drops before -ió and -ie... endings	
reír (i) to *laugh*	
Present participle	riendo
Preterit	reí, reíste, **ri**ó, reímos, reisteis, **ri**eron
Imperfect subjunctive	**ri**era, **ri**eras, **ri**era, **ri**éramos, **ri**erais, **ri**eran
Other verbs	freír reírse sonreír(se)

V. Common irregular verbs[4]

andar to *walk, to go*	
Preterit	anduve, anduviste, anduvo, anduvimos, anduvisteis, anduvieron
Imperfect subjunctive	anduviera, anduvieras, anduviera, anduviéramos, anduvierais, anduvieran

caber to *fit*	
Present indicative	quepo, cabes, cabe, cabemos, cabéis, caben
Preterit	cupe, cupiste, cupo, cupimos, cupisteis, cupieron
Future	cabré, cabrás, cabrá, cabremos, cabréis, cabrán
Conditional	cabría, cabrías, cabría, cabríamos, cabríais, cabrían
Present subjunctive	quepa, quepas, quepa, quepamos, quepáis, quepan
Imperfect subjunctive	cupiera, cupieras, cupiera, cupiéramos, cupierais, cupieran

---

[3] As a stem-changing verb, **reír** follows the pattern of **servir** (Section II) in the present indicative, present subjunctive, and command forms.

[4] Only irregular tenses or forms are listed.

caer to fall

Present participle	cayendo
Past participle	caído
Present indicative	caigo, caes, cae, caemos, caéis, caen
Preterit	caí, caíste, cayó, caímos, caísteis, cayeron
Present subjunctive	caiga, caigas, caiga, caigamos, caigáis, caigan
Imperfect subjunctive	cayera, cayeras, cayera, cayéramos, cayerais, cayeran
Similar Verbs	decaer recaer

conducir to lead, to drive

Present indicative	conduzco, conduces, conduce, conducimos, conducís, conducen
Preterit	conduje, condujiste, condujo, condujimos, condujisteis, condujeron
Present subjunctive	conduzca, conduzcas, conduzca, conduzcamos, conduzcáis, conduzcan
Imperfect subjunctive	condujera, condujeras, condujera, condujéramos, condujerais, condujeran
Similar verbs	deducir introducir reducir
	inducir producir traducir

dar to give

Present indicative	doy, das, da, damos, dais, dan
Preterit	di, diste, dio, dimos, disteis, dieron
Present subjunctive	dé, des, dé, demos, deis, den
Imperfect subjunctive	diera, dieras, diera, diéramos, dierais, dieran

decir to say, to tell

Present participle	diciendo
Past participle	dicho
Present indicative	digo, dices, dice, decimos, decís, dicen
Preterit	dije, dijiste, dijo, dijimos, dijisteis, dijeron
Future	diré, dirás, dirá, diremos, diréis, dirán

Conditional	diría, dirías, diría, diríamos, diríais, dirían
Present subjunctive	diga, digas, diga, digamos, digáis, digan
Imperfect subjunctive	dijera, dijeras, dijera, dijéramos, dijerais, dijeran
Affirm. **tú** *command*[5]	di
Similar verbs	contradecir desdecir predecir

estar to be

Present indicative	estoy, estás, está, estamos, estáis, están
Preterit	estuve, estuviste, estuvo, estuvimos, estuvisteis, estuvieron
Present subjunctive	esté, estés, esté, estemos, estéis, estén
Imperfect subjunctive	estuviera, estuvieras, estuviera, estuviéramos, estuvierais, estuvieran

haber to have

Present indicative	he, has, ha, hemos, habéis, han
Preterit	hube, hubiste, hubo, hubimos, hubisteis, hubieron
Future	habré, habrás, habrá, habremos, habréis, habrán
Conditional	habría, habrías, habría, habríamos, habríais, habrían
Present subjunctive	haya, hayas, haya, hayamos, hayáis, hayan
Imperfect subjunctive	hubiera, hubieras, hubiera, hubiéramos, hubierais, hubieran

hacer to do, to make

Past participle	hecho
Present indicative	hago, haces, hace, hacemos, hacéis, hacen
Preterit	hice, hiciste, hizo, hicimos, hicisteis, hicieron
Future	haré, harás, hará, haremos, haréis, harán
Conditional	haría, harías, haría, haríamos, haríais, harían
Present subjunctive	haga, hagas, haga, hagamos, hagáis, hagan
Imperfect subjunctive	hiciera, hicieras, hiciera, hiciéramos, hicierais, hicieran
Affirm. **tú** *command*	haz
Similar verbs	deshacer rehacer satisfacer

---

[5]The remaining command forms are identical to the present subjunctive forms.

ir *to go*

Present participle	yendo
Present indicative	voy, vas, va, vamos, vais, van
Imperfect indicative	iba, ibas, iba, íbamos, ibais, iban
Preterit	fui, fuiste, fue, fuimos, fuisteis, fueron
Present subjunctive	vaya, vayas, vaya, vayamos, vayáis, vayan
Imperfect subjunctive	fuera, fueras, fuera, fuéramos, fuerais, fueran
Affirm. **tú** *command*	ve

oír *to hear*

Present participle	oyendo
Past participle	oído
Present indicative	oigo, oyes, oye, oímos, oís, oyen
Preterit	oí, oíste, oyó, oímos, oísteis, oyeron
Present subjunctive	oiga, oigas, oiga, oigamos, oigáis, oigan
Imperfect subjunctive	oyera, oyeras, oyera, oyéramos, oyerais, oyeran

poder *to be able*

Present participle	pudiendo
Present indicative	puedo, puedes, puede, podemos, podéis, pueden
Preterit	pude, pudiste, pudo, pudimos, pudisteis, pudieron
Future	podré, podrás, podrá, podremos, podréis, podrán
Conditional	podría, podrías, podría, podríamos, podríais, podrían
Present subjunctive	pueda, puedas, pueda, podamos, podáis, puedan
Imperfect subjunctive	pudiera, pudieras, pudiera, pudiéramos, pudierais, pudieran

poner *to put, to place*

Past participle	puesto
Present indicative	pongo, pones, pone, ponemos, ponéis, ponen
Preterit	puse, pusiste, puso, pusimos, pusisteis, pusieron
Future	pondré, pondrás, pondrá, pondremos, pondréis, pondrán
Conditional	pondría, pondrías, pondría, pondríamos, pondríais, pondrían

Present subjunctive	ponga, pongas, ponga, pongamos, pongáis, pongan
Imperfect subjunctive	pusiera, pusieras, pusiera, pusiéramos, pusierais, pusieran
Affirm. **tú** *command*	pon
Similar verbs	componer	disponer	oponer	reponer
	contraponer	imponer	presuponer	sobreponer
	descomponer	interponer	proponer	suponer

querer to want, to wish

Present indicative	quiero, quieres, quiere, queremos, queréis, quieren
Preterit	quise, quisiste, quiso, quisimos, quisisteis, quisieron
Future	querré, querrás, querrá, querremos, querréis, querrán
Conditional	querría, querrías, querría, querríamos, querríais, querrían
Present subjunctive	quiera, quieras, quiera, queramos, queráis, quieran
Imperfect subjunctive	quisiera, quisieras, quisiera, quisiéramos, quisierais, quisieran

saber to know

Present indicative	sé, sabes, sabe, sabemos, sabéis, saben
Preterit	supe, supiste, supo, supimos, supisteis, supieron
Future	sabré, sabrás, sabrá, sabremos, sabréis, sabrán
Conditional	sabría, sabrías, sabría, sabríamos, sabríais, sabrían
Present subjunctive	sepa, sepas, sepa, sepamos, sepáis, sepan
Imperfect subjunctive	supiera, supieras, supiera, supiéramos, supierais, supieran

salir to go out, to leave

Present indicative	salgo, sales, sale, salimos, salís, salen
Future	saldré, saldrás, saldrá, saldremos, saldréis, saldrán
Conditional	saldría, saldrías, saldría, saldríamos, saldríais, saldrían
Present subjunctive	salga, salgas, salga, salgamos, salgáis, salgan
Affirm. **tú** *command*	sal

ser to be

| *Present indicative* | soy, eres, es, somos, sois, son |
| *Imperfect indicative* | era, eras, era, éramos, erais, eran |

Preterit	fui, fuiste, fue, fuimos, fuisteis, fueron
Present subjunctive	sea, seas, sea, seamos, seáis, sean
Imperfect subjunctive	fuera, fueras, fuera, fuéramos, fuerais, fueran
Affirm. **tú** *command*	sé

tener *to have*

Present indicative	tengo, tienes, tiene, tenemos, tenéis, tienen
Preterit	tuve, tuviste, tuvo, tuvimos, tuvisteis, tuvieron
Future	tendré, tendrás, tendrá, tendremos, tendréis, tendrán
Conditional	tendría, tendrías, tendría, tendríamos, tendríais, tendrían
Present subjunctive	tenga, tengas, tenga, tengamos, tengáis, tengan
Imperfect subjunctive	tuviera, tuvieras, tuviera, tuviéramos, tuvierais, tuvieran
Affirm. **tú** *command*	ten
Similar verbs	contener mantener retener
	detener obtener sostener
	entretener(se)

traer *to bring*

Present participle	trayendo
Past participle	traído
Present indicative	traigo, traes, trae, traemos, traéis, traen
Preterit	traje, trajiste, trajo, trajimos, trajisteis, trajeron
Present subjunctive	traiga, traigas, traiga, traigamos, traigáis, traigan
Imperfect subjunctive	trajera, trajeras, trajera, trajéramos, trajerais, trajeran
Similar verbs	atraer contraer extraer
	caer(se) distraer(se)

valer *to be worth*

Present indicative	valgo, vales, vale, valemos, valéis, valen
Future	valdré, valdrás, valdrá, valdremos, valdréis, valdrán
Conditional	valdría, valdrías, valdría, valdríamos, valdríais, valdrían
Present subjunctive	valga, valgas, valga, valgamos, valgáis, valgan
Affirm. **tú** *command*	val

venir to come

Present participle	viniendo
Present indicative	vengo, vienes, viene, venimos, venís, vienen
Preterit	vine, viniste, vino, vinimos, vinisteis, vinieron
Future	vendré, vendrás, vendrá, vendremos, vendréis, vendrán
Conditional	vendría, vendrías, vendría, vendríamos, vendríais, vendrían
Present subjunctive	venga, vengas, venga, vengamos, vengáis, vengan
Imperfect subjunctive	viniera, vinieras, viniera, viniéramos, vinierais, vinieran
Affirm. **tú** *command*	ven
Similar verbs	convenir intervenir prevenir

ver to see

Past participle	visto
Present indicative	veo, ves, ve, vemos, veis, ven
Imperfect indicative	veía, veías, veía, veíamos, veíais, veían
Preterit	vi, viste, vio, vimos, visteis, vieron
Present subjunctive	vea, veas, vea, veamos, veáis, vean

Spanish-English vocabulary

abajo down, below, underneath; downstairs

abogado/a *m./f.* lawyer, attorney

abordar to approach; to tackle

abrazar to embrace, hug

abrazo *m.* embrace, hug

abrelatas *m. sing.* can opener

abstenerse (de) *(irreg.)* to abstain (from); to refrain (from)

aburrido/a boring, bored

aburrimiento *m.* boredom

aburrir to bore

aburrirse to become bored

abusar (de) to abuse

acentuar to ~cent; to stress, emphasize

acerca de abou, with respect to

acercar to bring near

acercarse (a) to approach, draw near (to)

aclarar to clarify

acomodar to suit, adapt to; to make comfortable; to be suitable

acomodarse (a) to conform (to); to adapt oneself (to)

acompañar to accompany

aconsejable advisable

aconsejar to advise, give advice

acordar (ue) to decide; to agree

acordarse (ue) (de) to remember

acostumbrarse (a) to become accustomed (to)

actitud *f.* attitude

actuación *f.* performance; action, behavior

actuar to act, perform

acuarela *f.* watercolor

acuerdo *m.* agreement, accord

  estar de acuerdo to be in agreement

acusado/a *m./f.* accused person; *adj.* accused

adelgazar to become slimmer, lose weight

adivinanza *f.* riddle; conjecture

admirarse (de) to be amazed; to be surprised

adquirir (ie, i) to acquire

aduana *f.* customs; customs house

advertir (ie, i) to notice; to point out; to advise

aeropuerto *m.* airport

afecto *m.* affection

afeitar(se) to shave (oneself)

  máquina de afeitar eléctrica electric razor

afición *f.* fondness, liking; hobby

aficionado/a *m./f.* fan, supporter; *adj.* keen, enthusiastic

  aficionado/a a fond of

agacharse to crouch

agradar to please

agradecer to thank

agregar to add

ahorrar to save (money, time)

ahorro *m.* savings

  cuenta de ahorros savings account

aire *m.* air

aire acondicionado air conditioning

al aire libre outdoors

ajedrez *m.* chess

ajustar to adjust, fix; to fit; to settle

ala *f.* wing

albergue *m.* shelter; lodging

alcalde/alcaldesa *m./f.* mayor

alcanzar to reach; to attain; to catch (up with)

alegrar to cheer up, enliven

  alegrarse (de) to be happy

alegría *f.* joy, cheer

alemán/alemana *adj.* German; *m./f.* German person

alfabeto *m.* alphabet

alfombra *f.* carpet

algodón *m.* cotton

alianza *f.* alliance

alimento *m.* food; nourishment

almacén *m.* department store; warehouse

almacenar to store

alojamiento *m.* lodging

alojar to lodge

alojarse to be lodged

alquilar to rent

alquiler *m.* rental payment

amable kind, loving

amar to love

amarillo/a yellow

ambiente *m.* environment; atmosphere

  medio ambiente environment

amenazar to threaten

amistad *f.* friendship

amonestar to admonish; to warn

ampliar to enlarge; to amplify
ancho/a wide
andino/a Andean
angosto/a narrow
anillo *m.* ring
ansioso/a anxious, worried, uneasy
antigüedad *f.* antique; antiquity
antiguo/a ancient, old
antipático/a disagreeable, unpleasant
anunciar to advertise; to announce
anuncio *m.* advertisement; announcement
   tablón de anuncios bulletin board
añadir to add; to increase
apaciguar to pacify, appease
apagar to turn off, extinguish
apagón *m.* blackout
aparato *m.* apparatus, device, machine
aparecer to appear
apariencia *f.* appearance
apellido *m.* last name
aperitivo *m.* appetizer; apéritif
aplaudir to applaud
aplazar to postpone, delay
apoyar to support, be in favor of
apoyo *m.* support
aprendiz/a *m./f.* beginner, novice
apresuradamente hurriedly
apresurar to hurry, hasten
aprobar (ue) to pass; to approve
apropiado/a appropriate
apunte *m.* note
apurar to hurry
apurarse (de) to hurry up; to worry (about)
archivo *m.* file
armar to put together; to arm
armario *m.* wardrobe, closet; cupboard

arpa *f.* harp
arrepentirse (ie, i) (de) to repent (of)
arrodillarse to kneel down
arroyo *m.* stream, brook; river
arroz *m.* rice
artículo *m.* article
   artículo de fondo in-depth report; editorial
artista *m./f.* artist
asado/a *adj.* roasted; *m.* roasted meat; barbecue
asaltar to assault; to rob
ascenso *m.* promotion
ascensor *m.* elevator
asegurar to assure; to safeguard; to make secure
asiento *m.* seat
asistir (a) to attend
asociar(se) to associate (oneself)
asombrar to amaze; to frighten
asombro *m.* amazement; fright
aspiradora *f.* vacuum cleaner
asunto *m.* matter, subject, topic
asustar to scare, frighten
asustarse to be scared
atar to tie (up)
atardecer *m.* early evening; *inf.* to grow dark, become late
ataúd *m.* coffin
atender (ie) to wait on, help
atestiguar to testify
atónito/a astonished, amazed, astounded
atraer (*irreg.*) to attract
atrasado/a delayed
atreverse (a) to dare (to)
atribuir to attribute
audaz bold, audacious
aumentar to increase
aumento *m.* increase
ausentarse (de) to absent oneself; to go away

ausente absent
automovilístico/a related to automobiles
autopista *f.* freeway
autoridad *f.* authority
avanzado/a advanced
ave *f.* bird; chicken
avenida *f.* avenue
aventura *f.* adventure
avergonzarse (üe) (de) to be ashamed (of); to be embarrassed (of)
averiguar to find out; to inquire
avión *m.* airplane
aviso *m.* piece of information; advice; warning
azúcar *m.* sugar

bacalao *m.* cod(fish)
bajar to lower; to go down
   bajar de peso to lose weight
bancario/a relative to a bank or to banking
banco *m.* bank
banquero/a *m./f.* banker
barbaridad *f.* outrage; barbarism
barco *m.* boat, ship
barón/baronesa *m./f.* baron/baroness
barrio *m.* area (of town), neighborhood
basar to base
básquetbol *m.* basketball
   jugar al básquetbol to play basketball
bastar to be sufficient, be enough
bastardilla *f.* italic type, italics
   en bastardilla in italics
bastón *m.* cane
basura *f.* garbage
batidora *f.* beater, mixer
bebé/beba *m./f.* baby
beca *f.* scholarship

béisbol *m.* baseball

   jugar al béisbol to play baseball

besar to kiss

bicicleta *f.* bicycle

   montar en bicicleta to ride a bicycle

bienvenida *f.* welcome

bilingüe bilingual

billete *m.* bill; ticket

bistec *m.* beefsteak, beef

boda *f.* wedding

boina *f.* beret

boletín *m.* bulletin

boleto *m.* ticket

bomba *f.* bomb; pump

bondad *f.* kindness

bota *f.* boot; leather wine bottle

bote *m.* can, tin; boat

botella *f.* bottle

botón *m.* button, knob

   botones *sing.* bellhop

breve brief

brillar to shine

brisa *f.* breeze

bufanda *f.* scarf

bullir to boil, bubble up; to move; to swarm

burlarse (de) to mock, ridicule

búsqueda *f.* search

butaca *f.* armchair

caballero *m.* gentleman; horseman

   ropa para caballeros men's clothing

caber (*irreg.*) to fit

cafetera *f.* coffeepot

caída *f.* fall

caja *f.* box; chest; crate; cashbox, safe; cashier's office

   caja de seguridad safe, strongbox

cajero/a *m./f.* cashier; bank teller

cajón *m.* large box

calamar *m.* squid

calcetines *m. pl.* socks, stockings

cálculo *m.* calculus

caldo *m.* clear soup; broth

calentar (ie) to warm up

calidad *f.* quality

calmar(se) to calm (oneself) down

calor *m.* heat, warmth

caluroso/a hot, warm; enthusiastic

callado/a reserved; quiet, silent

callejuela *f.* alley

cámara *f.* camera; chamber

   cámara fotográfica camera

camarada *m.* comrade, companion

camarero/a *m./f.* waiter/waitress

camarógrafo/a *m./f.* cameraperson

camarón *m.* shrimp, prawn

cambiar to change

   cambiar de especialidad to change one's major

   cambiar de papel to change roles

cambio *m.* change; transmission

   en cambio on the other hand

camello *m.* camel

camino *m.* road; path; route; way

   camino de/a on the way to

camiseta *f.* shirt; T-shirt; top; vest

campaña *f.* campaign

campeón/campeona *m./f.* champion

campo *m.* country, countryside; field; scope, sphere

canapé *m.* canapé; sofa

cantante *m./f.* singer, vocalist

cantidad *f.* quantity, amount

cantimplora *f.* water bottle, canteen

cantor/a *m./f.* singer; *adj.* related to singing

caña *f.* cane; stalk; reed

   caña de pescar fishing rod

caótico/a chaotic

capaz capable, competent

capturar to capture

cárcel *f.* jail

carecer (de) to lack

cargo *m.* load; weight; charge; burden

caricatura *f.* caricature; cartoon

caricaturista *m./f.* caricaturist; cartoonist

caridad *f.* charity

cariño *m.* affection, fondness; caress; sweetheart

cariñoso/a affectionate; tender

carnicería *f.* butcher shop, meat market

carrera *f.* career; race; run, running

carretera *f.* road, highway

cartel *m.* poster, placard; wall chart

cartera *f.* purse, handbag

casamiento *m.* marriage

casarse (con) to get married (to)

caso *m.* case

   hacer caso (de) to pay attention (to)

castigar to punish

catalán/catalana *m./f.* Catalonian; *adj.* relative to Catalonia

catálogo *m.* catalog

catarro *m.* cold (illness)

catedral *f.* cathedral

causa *f.* cause

   a causa de because of, on account of

cebolla *f.* onion

célebre famous

celoso/a jealous; suspicious; zealous

censura *f.* censorship, censoring; censure, criticism

censurar to censor; to censure

cercano/a near, nearby

cerdo *m.* pig

cerro *m.* hill

césped *m.* grass, lawn

ceviche *m.* dish of raw fish or shellfish marinated in spicy sauce and lime juice served as an appetizer

champán *m.* champagne

chequera *f.* checkbook

chisme *m.* gossip

chiste *m.* joke

chocar to collide, crash; to shock

chuleta *f.* chop

cielo *m.* sky; heavens; heaven

ciencia *f.* science

científico/a *m./f.* scientist; *adj.* scientific

cigarrillo *m.* cigarette

cinta *f.* ribbon; tape

cinturón *m.* belt

   cinturón de seguridad safety belt, seat belt

circo *m.* circus

circulación *f.* traffic; circulation

circular to circulate

circunstancia *f.* circumstance

cita *f.* appointment; date (social)

citar to make an appointment; to date (socially)

ciudadano/a *m./f.* citizen; *adj.* civic, pertaining to the city

cláusula *f.* clause

clavel *m.* carnation

clima *m.* climate

cóctel *m.* cocktail

coger to grab; to grasp; to get

cohete *m.* rocket

cojo/a *m./f.* disabled person; *adj.* disabled, lame

colega *m./f.* colleague

colegio *m.* school; college

colgar (ue) to hang up, hang

colocación *f.* placing; place; job

colocar to place, put

colono *m.* colonist, settler; tenant

collar *m.* necklace

comerciante *m./f.* shopkeeper

comercio *m.* commerce, business

cometer to commit

comienzo *m.* start, beginning

   a comienzos de at the beginning of

   al comienzo de at the beginning of

cómodo/a comfortable; convenient

compañía *f.* company

compartir to divide (up); to share

compás *m.* beat, rhythm; measure; compass

competencia *f.* competition; rivalry; competence

complacer to please

componer (*irreg.*) to compose, write; to put together

componerse (de) (*irreg.*) to consist of

comportarse to behave

compra *f.* purchasing, buying; shopping; purchase

comprometerse (a) to compromise oneself; to promise (to); to become engaged (to)

compromiso *m.* obligation, promise

computación *f.* calculation, computation

   laboratorio de computación computer laboratory

computadora *f.* computer

concierto *m.* concert

concluir to conclude

concordar (ue) to agree

concurso *m.* contest, match, competition

conducir (*irreg.*) to drive; to conduct

conductor/a *m./f.* driver; conductor

conferencia *f.* lecture; conference

conferenciante *m./f.* lecturer

confiar (en/a) to entrust (to); to trust (in)

confundido/a confused

confundir to confuse

confuso/a confused

conjetura *f.* conjecture, guess

conjugar (ue) to conjugate

conjunto *m.* whole; assembly; ensemble; *adj.* joint; united

conmover (ue) to move (emotionally)

conocido/a *m./f.* acquaintance; *adj.* acquainted; known, familiar

conocimiento *m.* knowledge

consciente conscious

consecutivo/a consecutive

consejero/a *m./f.* adviser

consejo *m.* advice

conservador/a *m./f.* conservative; *adj.* conservative

conservar to preserve, save; to keep up

consistir (en) to consist (of)

construir to construct

contabilidad *f.* accounting; bookkeeping

contado *m.* cash

   al contado in cash

contador/a *m./f.* accountant; bookkeeper

contaminación *f.* pollution; contamination

contaminar to pollute; to contaminate

contar (ue) to count

   contar con to count on

contemporáneo/a contemporary

continuo/a continuous

contradecir (*irreg.*) to contradict

contradictorio/a contradictory

contrario *m.* contrary

  al contrario on the contrary

contratapa *f.* inside cover

contratar to contract (for), hire

contratista *m./f.* contractor

contribuyente *m./f.* taxpayer

convencer to convince

convencido/a convinced

convenir (*irreg.*) to agree; to suit; to be convenient; to be important

convertirse (ie, i) to be converted, be changed

copia *f.* copy

copiadora *f.* copier

cordero *m.* lamb

coronar to crown

corregir (i) to correct

correo *m.* mail

cortacésped *m.* lawnmower

cortar to cut

corte *f.* (royal) court; law court

corte *m.* cut, cutting

cortés courteous

cortesía *f.* courtesy

cortina *f.* curtain

costa *f.* coast, coastline; cost, price

costado *m.* side; flank

costar (ue) to cost

coste *m.* cost

costo *m.* cost

costumbre *f.* custom; habit

crear to create

crecer to grow

crema *f.* cream

criar(se) to be raised

crimen *m.* crime

cristal *m.* crystal, glass

crítica *f.* criticism; critique

cruz *f.* cross

cruzar to cross

cuadra *f.* city block

cuadro *m.* picture, painting; scene; description; square; table, chart

cuanto/a *adj.* as much as, whatever; *pron.* all that, as much as

  en cuanto a as far as ... is concerned

cuchillo *m.* knife

cuenta *f.* account

  cuenta de ahorros savings account

  darse cuenta de to realize

  tomar en cuenta to take into consideration

cuento *m.* story, tale

cuerdo/a sane; prudent

cuero *m.* leather, skin, hide

cuerpo *m.* body

cuidado *m.* care, worry, concern; carefulness

  tener cuidado to be careful

cuidadoso/a careful

cuidar to take care of

culpa *f.* fault; blame

  tener la culpa to be at fault

culpable *m./f.* culprit; *adj.* at fault; guilty

cumplir (con) to carry out, fulfill; to comply (with)

cuna *f.* cradle

cuñada *f.* sister-in-law

cuñado *m.* brother-in-law

cuota *f.* quota, share; fee, dues

cura *f.* cure

cura *m.* Catholic priest

curso *m.* course; school year; direction; flow

  curso obligatorio required course

dañar to damage; to harm

daño *m.* damage; hurt, harm, injury

  hacer daño to do damage, do harm

dar (*irreg.*) to give

  darse cuenta de to realize

  dar un paseo to take a walk, stroll

  darse prisa to hurry

de of, from

  de moda in style

  de nuevo again

  de repente suddenly

  de todos modos anyway, in any case

  de veras truly, really

deber *m.* obligation

débil weak

debilitar to weaken

debilitarse to grow weaker

decepcionar to disappoint

decepcionarse to become disappointed

dejar to leave (behind); to let, allow

  dejar plantado to stand up; to walk out on

demasiado *adv.* too; too much, excessively

demasiado/a *adj.* too much

demostrar (ue) to demonstrate, show

demostrativo/a demonstrative

dependiente *m./f.* store clerk

depósito *m.* deposit

deprimir(se) to become depressed

derecha *f.* right wing (pol.); right side, right hand

derecho *adv.* straight; upright; *m.* right, claim, privilege; law, justice

derecho/a *adj.* right, right-hand; straight

derramar to spill; to pour out

derrotar to defeat

desacuerdo *m.* disagreement

desanimar(se) to become discouraged, become less enthusiastic

desaparecer to disappear

desarrollar to develop

desarrollo *m.* development

desastre *m.* disaster

descansar to rest

descomponer(se) (*irreg.*) to break (down)

descompuesto/a broken

desconfiado/a distrustful, suspicious

desconfiar (de) to mistrust; to lack confidence in

desconocer to be ignorant of

desconocido/a *m./f.* stranger; *adj.* unknown, unfamiliar; strange

descosido/a torn, unstitched

descubrimiento *m.* discovery

descubrir to discover

descuento *m.* discount

desempeño *m.* carrying out, fulfillment; performance

desempleo *m.* unemployment

desgracia *f.* misfortune, bad luck; accident; disgrace

desgraciadamente unfortunately

deshacer (*irreg.*) to undo

desierto *m.* desert

desigualdad *f.* inequality

desmayarse to faint

desocupado/a vacant, unoccupied; spare, free

desocupar to vacate; to empty

desorden *m.* disorder, mess; confusion

desorientado/a disoriented, confused

despacio slowly

despacho *m.* small office

despedir (i) to fire, lay off

despedirse (i) (de) to take leave (of), say good-bye (to)

despegar to take off (*aviation*); to unstick

despertador/a *adj.* pertaining to awakening; *m.* alarm clock

reloj despertador alarm clock

despierto/a awake; alert

despreocupado/a unworried

destrozar to destroy

destruir to destroy

desventaja *f.* disadvantage

desventajoso/a disadvantageous

detalle *m.* detail

detener (*irreg.*) to detain, stop; to arrest

deteriorarse to become damaged; to become worn

devolver (ue) to return, give back

día *m.* day

poner al día to bring up to date

diálogo *m.* dialogue

diapositiva *f.* slide, transparency

diario/a *adj.* daily, everyday; *m.* newspaper

dibujar to draw, sketch; to design

dibujo *m.* drawing, sketch; design

dictar to dictate; to give (lecture, class)

dieta *f.* diet

ponerse a dieta to go on a diet

dignarse to deign, condescend

diluvio *m.* flood

dimitir to resign

diputado/a *m./f.* delegate, representative; deputy

dirigir to direct; to conduct; to address

dirigirse to go

discurso *m.* speech

discutir to discuss; to argue

diseñador/a *m./f.* designer

diseñar to design

disfraz *m.* disguise; mask

disfrutar (de, con) to enjoy

disgustar to annoy, displease; to upset

disgusto *m.* annoyance, displeasure; trouble

disminuir to diminish, lessen

distinguido/a distinguished

distinguir to distinguish

distraer(se) (*irreg.*) to distract (oneself); to amuse (oneself), entertain (oneself)

distraído/a distracted; amused, relaxed

distribuidor/a *adj.* distributing; *m./f.* distributor

distribuir to distribute

disturbio *m.* disturbance

diversión *f.* amusement, entertainment; recreation; hobby

parque de diversiones amusement park

divertido/a entertaining, amusing; funny, enjoyable

divertirse (ie, i) to have a good time

doblar to double; to fold; to turn (corner); to dub

doctorado *m.* doctorate

doler (ue) to hurt, ache; to grieve

dolor *m.* pain, ache; grief

droga *f.* drug, medicine

dromedario *m.* dromedary, camel

ducharse to take a shower

duda *f.* doubt

dudar to doubt

dudoso/a doubtful

dueño/a *m./f.* owner; master

dulce *adj.* sweet; *m.* candy

durar to last, go on for; to endure

economizar to economize, save

ecuación *f.* equation

efectuar to effect, bring about

eficaz efficacious, effective; efficient

egoísta *adj.* egotistical; selfish; *m./f.* egoist; selfish person

ejercer to exercise; to exert; to bring to bear

ejercicio *m.* exercise

hacer ejercicio to do exercises

salón de ejercicios exercise room; excercise club

electrodoméstico/a pertaining to an electrical device for the home

elegir (i) to elect; to choose

emocionado/a deeply moved

empeorar to make worse, worsen

empleado/a *m./f.* employee

empleo *m.* employment; job

emprendedor/a *adj.* enterprising

empresa *f.* enterprise; undertaking, venture; company

empujar to push, shove

en *prep.* in, at, on

en bastardilla in italics

en cambio on the other hand

en cuanto a as far as … is concerned

en lugar de instead of

en negrita in boldface

en oferta on sale

en seguida at once, right away

en serio seriously

en vez de instead of

en vivo live (performance); in person

enamorarse (de) to fall in love (with)

encantado/a charmed, delighted; bewitched

encantador/a *adj.* charming, delightful; *m./f.* charmer

encantar to charm, delight

encargado/a *m./f.* agent, person in charge; *adj.* in charge

encender (ie) to turn on; to light

encerrar (ie) to shut in, enclose; to contain

encima (de) on top (of)

encuesta *f.* public-opinion poll; inquiry

energía *f.* energy

enfadado/a angry, upset

enfadar to anger

enfadarse to become angry

enfermero/a *m./f.* nurse

enfoque *m.* focus

enfriar to cool, chill

engañar to deceive

enorgullecerse to be proud

enriquecer to make rich

enriquecerse to become rich

enrojecer(se) to redden; to blush

ensayo *m.* test, trial; rehearsal; essay

entender (ie) to understand

entenderse con to get along with

enterar to inform, tell

enterarse (de) to find out (about)

entero/a entire

entrada *f.* entrance; ticket

entregar to deliver

entremés *m.* side dish; short, amusing play

entrenador/a *m./f.* coach; trainer

entrenamiento *m.* coaching; training

entrenar to coach; to train

entretener(se) (*irreg.*) to entertain (oneself), amuse (oneself)

entrevista *f.* interview

entrevistar to interview

entristecerse to become sad

entusiasmar(se) to fill (oneself) with enthusiasm, excite (oneself)

entusiasmo *m.* enthusiasm

enumerar to enumerate

enunciar to enunciate; to put forward (idea)

enviar to send

episodio *m.* episode

equilibrado/a levelheaded; well-balanced; stable

equilibrio *m.* equilibrium

equipaje *m.* luggage, baggage

equipo *m.* equipment; team

equivocado/a mistaken

equivocar to mistake (A for B)

equivocarse to make a mistake

esbeltez *f.* slenderness; gracefulness

esbelto/a slender, thin; graceful

escalar to climb, scale; to break into; to escalate

escándalo *m.* scandal

escena *f.* scene

escenario *m.* stage

escoger to choose

escolar scholastic; school

esconder to hide, conceal

escultura *f.* sculpture

esforzarse (ue) (por) to make an effort (to)

esfuerzo *m.* effort

eso that

a eso de around, about, approximately

por eso that is why

espacio *m.* space

espacio en blanco blank space

espacioso/a spacious, roomy

esparcir to spread, scatter; to disseminate

especialidad *f.* specialty; major (school)

cambiar de especialidad to change one's major

especialista *m./f.* specialist; major (school)

especialización *f.* specialty; major (school)

especializarse to specialize; to major (school)

especie *f.* species; kind, sort

espectáculo *m.* spectacle; show

espectador/a *m./f.* spectator

espejo *m.* mirror

   espejo retrovisor rearview mirror

esquí *m.* ski; skiing

esquiar to ski

esquina *f.* corner

estación *f.* station; season

   estación de mando command center

   estación de radio radio station

estacionamiento *m.* parking

   lugar de estacionamiento parking place

   parque de estacionamiento parking lot

estacionar(se) to park (oneself)

estadía *f.* stay; length of stay

estadio *m.* stadium

estadista *m./f.* statesman; statistician

estadística *f.* statistics

estar (*irreg.*) to be

   estar a punto (de) to be about (to)

   estar de acuerdo to be in agreement

   estar muerto/a to be dead

   estar vivo/a to be alive

estatal of the state

estatura *f.* stature, height

estéreo *m.* stereo

estereofónico/a stereophonic

estima *f.* esteem

estirar to stretch

   estirar los músculos to stretch; to warm up

estrecho/a narrow

estrella *f.* star

estreno *m.* debut, first appearance

estrés *m.* stress

estricto/a strict

estructura *f.* structure; frame

estudiantado *m.* students, student body

estudiantil relative to students

estufa *f.* stove

estupendo/a stupendous, wonderful

etapa *f.* stage; phase

eternidad *f.* eternity

europeo/a *adj.* European; *m./f.* European

evaluar to evaluate

evitar to avoid

exagerado/a exaggerated

exagerar to exaggerate

exclamativo/a exclamatory

excluir to exclude

excursión *f.* excursion; tour

   hacer una excursión to take a tour

exhibir to exhibit, show

exigir to demand; to require

éxito *m.* success; hit

explicar to explain

explotar to exploit; to explode

extinguir to extinguish, put out

extranjero/a *m./f.* foreigner; *adj.* foreign; alien

   al extranjero abroad

extrañar to find strange; to miss, yearn for

extraño/a strange, odd; extraneous

fábrica *f.* factory

facilidad *f.* facility, ease; fluency

   facilidades de pago easy terms; credit available

facilitar to facilitate; to simplify

falta *f.* lack, need; shortage; fault, mistake

   hacer falta to need; to be lacking

faltar to be lacking; to miss; to be absent

   faltar a clase to miss class

familiarizarse to familiarize oneself

fanático/a *m./f.* fanatic

fanatismo *m.* fanaticism

fascinar to fascinate

fastidiar to annoy, bother

fastidio *m.* annoyance, nuisance; boredom

fatigarse to get tired

fe *f.* faith

fecha *f.* date (calendar)

felicitar (por) to congratulate (on)

feria *f.* fair, market; carnival; holiday

feriado/a relative to a holiday

fiarse (de) to trust (in); to rely (on)

fiebre *f.* fever

figurilla *f.* small figure

fijar to fix; to set, determine

fijarse (en) to notice

fila *f.* row; line

filete *m.* meat; steak; fillet

fin *m.* end

   en fin in short

   fin de semana weekend

   por fin finally

firma *f.* signature; firm (company)

firmar to sign

flor *f.* flower

folleto *m.* pamphlet, brochure

fondo *m.* bottom; far end; background; fund

   a fondo thorough; thoroughly

   al fondo in the background; at the rear

   artículo de fondo in-depth report; editorial

formulario *m.* form, blank

fortalecerse to become strong

fotocopia *f.* photocopy

fotocopiadora *f.* photocopy machine

fotógrafo/a *m./f.* photographer
fracasar to fail
fracaso *m.* failure
fracturarse to fracture, break
freír (i) to fry
frito/a fried
frustrante frustrating
frustrarse to become frustrated
fuente *f.* fountain; source
fuerza *f.* strength
   a fuerza de by dint of, by force of
fumar to smoke
función *f.* function, functioning; duty; show, performance
funcionar to function; to perform
funcionario/a *m./f.* official, civil servant
fundar to found, institute
fútbol *m.* soccer
   fútbol americano football
   jugar al fútbol to play soccer

gabinete *m.* cabinet; study room
gafas *f. pl.* glasses, spectacles
galería *f.* gallery
galleta *f.* cookie; cracker
ganancia *f.* earnings
gana *f.* desire, wish
   de buena (mala) gana willingly (unwillingly)
   tener ganas (de) to wish (to)
ganar to win; to earn
garantía *f.* guarantee; warranty
garganta *f.* throat
gastar to spend; to use up; to wear away; to waste
gasto *m.* spending, expenditure; use; wear; waste
gazpacho *m.* vegetable soup served cold

género *m.* class, kind, type; genre; gender (grammar); cloth
gentil polite; charming; graceful
gerente *m./f.* manager
   gerente de ventas sales manager
gesto *m.* gesture; grimace; facial expression
gobernador/a *m./f.* governor
gobernar (ie) to govern
gobierno *m.* government
golpe *m.* blow; bump; punch
goma *f.* rubber; tire
gordo/a overweight, fat
   premio gordo first prize, jackpot
gorro *m.* cap, bonnet
gota *f.* drop; bead
gozar (de) to enjoy
grabado/a *adj.* recorded, taped; *m.* engraving, print
grabadora *f.* tape recorder
grabar to record, tape
grado *m.* step; degree; stage; grade, quality
graduarse to graduate
graso/a fatty; greasy
grasoso/a fatty; greasy
gratis gratis, free of charge
gris gray
gritar to shout
grueso/a thick
guacamole *m.* thick sauce or paste of pureed avocados served as a dip or in salads
guardar to keep; to put away; to guard
guardia *f.* guard; custody; *m./f.* police officer
guía *m./f.* guide, leader; *f.* guidebook; telephone book; guidance
guiar to guide
gusto *m.* pleasure, enjoyment; taste; whim, fancy
   a gusto at one's will

hábil skillful; proficient; clever
habitación *f.* room; dwelling
habla *f.* speech; language
hablador/a *m./f.* talkative person; *adj.* talkative; gossipy
hablante *m./f.* speaker; *adj.* speaking
hacer (*irreg.*) to do; to make
   hacer caso (de) to pay attention (to)
   hacer daño to damage
   hacer ejercicio to do exercises
   hacer el papel to play the role
   hacer falta to need; to be lacking
   hacer notar to take notice, observe
   hacer un pedido to order
   hacer una jugada to make a move or play (game)
hacerse to become, turn into
hambre *f.* hunger, famine
   tener hambre to be hungry
hecho *m.* fact; deed
helado *m.* ice cream
helado/a *adj.* frozen; ice cold
hembra *f.* female; woman
herencia *f.* inheritance
hielo *m.* ice; frost
hincarse to kneel (down)
hipotético/a hypothetical
historiador/a *m./f.* historian
hogar *m.* home
hoja *f.* leaf; sheet (of paper)
holgazán/holgazana *m./f.* idler, loafer; *adj.* idle, lazy
hongo *m.* mushroom; toadstool
honradez *f.* honesty, integrity
horario *m.* schedule, timetable
horario/a *adj.* hourly
horno *m.* oven

al horno baked
horno de microondas
  microwave oven
hospedar to receive as a
  guest; to put up, lodge
huevo *m.* egg
huir to flee, to escape from
humo *m.* smoke
humor *m.* mood, humor
  de buen (mal) humor in
    a good (bad) mood
huracán *m.* hurricane

idioma *m.* language
igual equal; alike, similar
igualdad *f.* equality; same-
  ness, uniformity
imagen *f.* image; picture
imaginar(se) to imagine
  (oneself)
impacientarse to become
  impatient
impaciente impatient
impermeable *m.* raincoat
imponente imposing,
  impressive
imponer (*irreg.*) to impose; to
  enforce
importar to be important; to
  import
impresionante impressive,
  striking; moving
impresionar to impress; to
  move
impuesto *m.* tax, duty;
  taxation
inalcanzable unattainable
incendio *m.* fire
incentivo *m.* incentive
inclinarse (a) to bow; to
  lean; to incline, slope; to be
  inclined (to)
incluir to include
incómodo/a uncomfortable
incorporar to incorporate
increíble unbelievable
indefinido/a indefinite
indicativo/a indicative

índice *m.* index; ratio, rate;
  catalog; table of contents
indignar to irritate, make
  indignant
indignarse to become irritated, become indignant
individuo *m.* individual
inesperado/a unexpected
influir to have influence
informática *f.* computer
  science; information
  technology
informe *m.* report, statement; information
ingeniero/a *m./f.* engineer
injusticia *f.* injustice;
  unfairness
inmediato/a inmediately
inquietarse to become anxious, worried; to become
  disturbed
inquieto/a anxious, worried;
  disturbed
inscribir(se) to enroll (oneself), register (oneself)
inscrito/a enrolled, registered
insinuar to insinuate, suggest
intercambio *m.* exchange
interesado/a interested; self-
  seeking
intérprete *m./f.* interpreter;
  translator
interrogar to interrogate; to
  ask
interrogativo/a interrogative
interrumpir to interrupt
intervenir (*irreg.*) to intervene; to participate
intrépido/a intrepid, bold
introvertido/a introverted, shy
inundar to flood, swamp
inútil useless
inversión *f.* investment;
  inversion, reversal
invertir (ie, i) to invest
investigador/a *m./f.*
  investigator
invitado/a *m./f.* guest
ironía *f.* irony

irritar to irritate
irritarse to become irritated
isla *f.* island
itinerario *m.* itinerary

jactarse (de) to boast (of)
jamón *m.* ham
japonés/japonesa *adj.*
  Japanese; *m./f.* Japanese
  person
jardín *m.* garden; yard
  jardín zoológico zoo
jarrón *m.* vase; urn
jefe/a *m./f.* boss, director
  jefe/a de ventas sales
    manager
joven *m./f.* young person; *adj.*
  young
joya *f.* jewel, gem
joyería *f.* jewelry store
jubilarse to retire (from
  employment)
juego *m.* game, sport; play,
  playing; set, kit
juez *m./f.* judge
jugada *f.* play, move
  hacer una jugada to make
    a move or a play (game)
jugar (ue) to play
  **jugar a las damas (a los
    naipes)** to play chess
    (cards)
  **jugar al básquetbol (béis-
    bol, fútbol, tenis)** to
    play basketball (baseball,
    soccer, tennis)
jugo *m.* juice
juguete *m.* toy
juguetón/juguetona playful
juicio *m.* judgment; opinion;
  reason, sanity
juntarse to meet, assemble;
  to join, come together
junto *adv.* near, close;
  together; *prep.* near,
  close to
junto/a *adj.* joined, united;
  together

juventud *f.* youth

kiosco (quiosco) *m.* small commercial stand

laboratorio *m.* laboratory
  laboratorio de computación computer laboratory
  laboratorio de lenguas language laboratory
lácteo/a relative to dairy products
lado *m.* side
  al lado de beside, on the side of
ladrón/ladrona *m./f.* thief
lago *m.* lake
lágrima *f.* tear
lámpara *f.* lamp
lana *f.* wool
lanzar to throw, hurl; to pitch; to launch; to promote
lata *f.* tin, can; nuisance, bore
latir to beat; to throb
lavadora *f.* washing machine
lavaplatos *m.* dishwasher
lazo *m.* bow; knot; link, bond
leal loyal, faithful
lector/a *m./f.* reader
lectura *f.* reading; reading matter
lechuga *f.* lettuce
lejano/a distant, remote
letra *f.* letter; bill; draft; lyrics
ley *f.* law
libra *f.* pound
libre free
librería *f.* bookstore
líder *m.* leader
liga *f.* league; suspender, garter
ligero/a light; lightweight, thin; swift, quick; agile
limpieza *f.* cleaning; cleanliness; purity; integrity
linterna *f.* lamp, lantern
lío *m.* mess

listo/a ready, prepared; smart, clever
literatura *f.* literature
litro *m.* liter
liviano/a light; frivolous, trivial
llama *f.* llama; flame
llamada *f.* call; knock, ring
llamar to call
  llamar por teléfono to telephone
llanta *f.* automobile tire
llave *f.* key
  cerrado/a con llave locked
llavero *m.* key ring
llegada *f.* arrival
llorar to cry, weep
llover (ue) to rain
  llover a cántaros to rain cats and dogs
lluvia *f.* rainfall
lluvioso/a rainy
locuaz loquacious, talkative
locura *f.* madness, insanity
locutor/a *m./f.* announcer, commentator
lograr to get, attain
  lograr + *inf.* to succeed in; to manage to
loro *m.* parrot
lucha *f.* struggle, fight
luchar to struggle; to fight; to wrestle
lugar *m.* place, site
  en lugar de instead of
  tener lugar to take place
lujo *m.* luxury
lujoso/a luxurious
luz *f.* light; electricity

madera *f.* wood
madurez *f.* maturity; ripeness
maduro/a mature; ripe
maíz *m.* corn
  palomitas de maíz popcorn
maleta *f.* suitcase

maletín *m.* briefcase; small case; satchel
malhumorado/a bad-tempered, cross
malo/a bad, evil; sick, ill
maltratar to treat badly
mandato *m.* order; writ, warrant; mandate
mando *m.* command; rule; leadership
  estación de mando command center
manejar to drive; to operate; to direct, manage
  permiso para manejar driver's license
manejo *m.* driving; handling; running, management
manga *f.* sleeve
manifestación *f.* manifestation; demonstration; riot
manifestante *m./f.* demonstrator; rioter
manifestar (ie) to manifest; to demonstrate; to riot
mano *f.* hand
  a mano by hand
mantener (*irreg.*) to maintain
  mantenerse en forma to stay in good shape
manzana *f.* apple; block (of houses, etc.)
máquina *f.* machine
  máquina de afeitar eléctrica electric razor
  máquina de escribir typewriter
mar *m./f.* sea
maratón *m.* marathon
maravilloso/a marvelous, wonderful
mariachi *m.* mariachi band (Mex.)
marido *m.* husband
marisco *m.* shellfish; seafood
matar to murder; to kill
materia *f.* material; matter; subject matter
matrícula *f.* register, list,

roll; matriculation, registration

matricular(se) to register (oneself)

matrimonio *m.* married couple; marriage ceremony

mayoría *f.* majority

medianoche *f.* midnight

  a medianoche at midnight

medida *f.* measure; measurement

medio/a *adj.* half; midway; mean, average; *m.* middle; means, way, method; milieu, ambience

  a medias halfway

  medio ambiente environment

mediodía *f.* noon

  al mediodía at midday

medir (i) to measure

mejor better

  a lo mejor probably, maybe

mejora *f.* improvement

mejorar to improve

memoria *f.* memory; note, report

menguar to lessen, reduce; to discredit

menor minor; smaller; less, lesser; younger

menos less; fewer; least

  al menos at least

  echar de menos to miss

  por lo menos at least

mensaje *m.* message

mensajero/a *m./f.* messenger

mentir (ie, i) to lie, tell a falsehood

mentira *f.* lie, falsehood

mentiroso/a *adj.* lying, deceitful; *m./f.* liar, deceiver

menudo/a small, minute; slight, insignificant

  a menudo often

mercadeo *m.* marketing

mercado *m.* market

sondeo de mercado market poll (study)

merecer to deserve

mesero/a *m./f.* waiter/waitress

meta *f.* goal

meter (en) to put (in)

  meterse en to meddle in

método *m.* method

metro *m.* subway; meter

mezclar to mix

microonda *f.* microwave

  horno de microondas microwave oven

miedo *m.* fear

  tener miedo to be afraid

milagro *m.* miracle

milla *f.* mile

mismo/a same; -self; the thing itself; very, selfsame

misterio *m.* mystery

mitad *f.* half

mixto/a mixed

mochila *f.* knapsack; backpack

moda *f.* style, fashion

  de moda in fashion, in style

modelo *m.* model; pattern; standard; *m./f.* model (fashion)

modisto/a *m./f.* fashion designer

modo *m.* way, manner, method

  de todos modos anyway, in any case

moler (ue) to chew; to grind; to crush

molestar to bother, annoy; to inconvenience

molestia *f.* bother, annoyance; inconvenience

molesto/a annoying; restless; inconvenient

moneda *f.* coin

montar to get on; to ride

  montar en bicicleta to ride a bicycle

monte *m.* mountain

morir (ue, u) to die

  morirse de risa to die laughing

mosca *f.* fly (insect)

moto *f.* motorcycle

motocicleta *f.* motorcycle

mover(se) (ue) to move (oneself)

muchedumbre *f.* crowd, great mass, throng

mudar to change, alter; to move

mudarse to move (residence, etc.)

mueble *f.* piece of furniture

mueblería *f.* furniture store or factory

muerte *f.* death

muerto/a dead

  estar muerto/a to be dead

municipio *m.* municipality; town, township

muñeca *f.* wrist; doll; mannequin

músculo *m.* muscle

  estirar los músculos to stretch; to warm up

musculoso/a muscular

museo *m.* museum

mutante mutant, changing

mutuo/a mutual

naipe *m.* playing card

  jugar a los naipes to play cards

naranja *f.* orange

narrar to narrate

naturaleza *f.* nature

Navidad *f.* Christmas

neblina *f.* mist; fog

negar (ie) to deny; to refuse

negocio *m.* business; deal, transaction

negrita *f.* boldface

  en negrita in boldface

nevar (ie) to snow

nevera *f.* refrigerator, icebox

nieve *f.* snow
nimio/a trivial, insignificant
nivel *m.* level
nota *f.* note; grade
   sacar notas to receive grades
notar to note, observe; to jot down
   hacer notar to take notice, observe
noticia *f.* piece of news, news item
   noticias news, information
novedad *f.* newness, novelty; new feature; strangeness
novela *f.* novel
   telenovela television soap opera
novelista *m./f.* novelist
nube *f.* cloud
nublado/a cloudy
nuera *f.* daughter-in-law
nuevo/a new
   de nuevo again

obedecer to obey
obra *f.* work; piece of work; book; play; composition; workmanship
obstruir to obstruct
obtener (*irreg.*) to obtain
ocasión *f.* occasion; opportunity
oculto/a hidden
ocupante *m./f.* occupant; *adj.* occupying
odiar to hate
odio *m.* hate
oferta *f.* offer
   en oferta on sale
ofrecer to offer
ogro *m.* ogre
óleo *m.* oil painting
   al óleo in oils
oler (hue) to smell
olor *m.* smell, odor, scent
oponente *m./f.* opponent

oponer (*irreg.*) to oppose
optativo/a optional
opuesto/a opposite
oración *f.* sentence; prayer; speech
órbita *f.* orbit
orden *f.* order, command, warrant, writ; order (religious)
orden *m.* order, arrangement
ordenar to put in order; to order, command; to ordain
orgulloso/a proud
origen *m.* origin
orilla *f.* edge, border; bank (river)
ornitología *f.* the study of birds
oro *m.* gold
oscuridad *f.* darkness
oscuro/a dark, dim
   a oscuras in the dark
ostra *f.* oyster

paciencia *f.* patience
paella *f.* paella (Spanish dish)
pago *m.* payment; reward
   facilidades de pago easy terms; credit available
pálido/a pale
palmera *f.* palm, palm tree
palo *m.* stick; club
   palo de golf golf club
palomitas (de maíz) *f. pl.* popcorn
panadería *f.* bakery, baker's shop
panfleto *m.* pamphlet
papa *f.* potato
   papas fritas French fries; chips
papa *m.* pope
papel *m.* paper; role
   cambiar de papel to change roles
   hacer el papel to play the role

paquete *m.* package
par *m.* pair, couple
paracaidismo *m.* parachuting
parada *f.* stop; stopping place; shutdown; suspension
paraguas *m.* umbrella
parar to stop, halt
pararse to stand up; to stop
parasol *m.* parasol, sunshade
parecerse (a) to resemble
parecido/a similar; *m.* similarity, resemblance
pared *f.* wall
pareja *f.* couple; pair
paréntesis *m.* parenthesis
   entre paréntesis in parentheses
pariente/a *m./f.* relative, relation
parque *m.* park
   parque de atracciones amusement park
   parque de diversiones amusement park
   parque de estacionamiento parking lot
párrafo *m.* paragraph
parrilla *f.* grill
   a la parrilla grilled
parte *f.* part; portion
   por otra parte on the other hand
   por todas partes everywhere
participio *m.* participle
   participio pasado past participle
partida *f.* departure
   punto de partida point of departure
partido *m.* party (pol.); game, match; team, side
partir to leave, depart; to divide; to cut off
   a partir de (ahora) from (now) on
pasado *m.* past
pasaje *m.* passage, passing; passageway; fare

pasajero/a *m./f.* passenger

pasatiempo *m.* pastime, hobby

paseo *m.* stroll, walk; outing

dar un paseo to take a walk, stroll

paso *m.* passing, passage; crossing; pass, strait; step, pace

pastel *m.* cake; pie; pastry

pastelería *f.* pastry, pastry shop

pato *m.* duck

patrón *m.* patron; patron saint; employer; landlord; pattern; standard, norm

patrona *f.* patroness; patron saint; employer; landlady

paz *f.* peace

peatón *m.* pedestrian

pedazo *m.* piece; bit; scrap

pedido *m.* order; request

hacer un pedido to order

pedir (i) to ask for

pedir prestado to borrow

peinado/a combed; *m.* hairdo

peinarse to comb one's hair

pelear to fight

película *f.* film; movie

peligro *m.* danger

peligroso/a dangerous

pelota *f.* ball

peluquería *f.* hairdresser's shop, barbershop

peluquero/a *m./f.* hairdresser, barber

pena *f.* grief, sorrow; sadness, anxiety; regret

pendiente *m.* earring; pendant; *adj.* hanging; pending, unsettled

pensamiento *m.* thought; intention

penúltimo/a penultimate, next-to-last

peor worse

pera *f.* pear

perder(se) (ie) to lose

(oneself)

perder (el avión) to miss (the plane)

pérdida *f.* loss; waste

periodismo *m.* journalism

periodista *m./f.* journalist

período *m.* period

perla *f.* pearl

permanecer to remain, stay

permiso *m.* permission

permiso para manejar driver's license

personaje *m.* personage; character

pertenecer to belong

pertenencia *f.* ownership

pertenencias personal belongings

pesado/a heavy; boring; difficult, tough

pesar to weigh, weigh (down); to grieve; *m.* regret; grief

a pesar de in spite of

pesas *f. pl.* weights

levantar pesas to lift weights

pescado *m.* fish

pescar to fish

caña de pescar fishing rod

peso *m.* weight; heaviness; burden

bajar (subir) de peso to lose (gain) weight

petróleo *m.* oil, petroleum

petrolero/a relative to oil

picar to mince, chop up; to prick, puncture; to bite, sting (insect)

pie *m.* foot

al pie de at the foot of

a pie on foot

de pie standing up

ponerse de pie to stand up

piedra *f.* rock, stone

piel *f.* skin; hide, pelt, fur; leather

pieza *f.* play, composition,

work; room; piece

pila *f.* battery; pile, stack, heap; sink; baptismal font

pintar to paint

pintor/a *m./f.* painter; artist

pintoresco/a picturesque

pintura *f.* painting; paint

piscina *f.* swimming pool

piso *m.* floor, story; flat, apartment

placentero/a pleasant, agreeable

placer *m.* pleasure

plácido/a placid

plancha *f.* iron

planchar to iron

planear to plan

planeta *m.* planet

planificación *f.* planning

plata *f.* silver; money

plátano *m.* banana

plato *m.* plate, dish; course (meal)

plaza *f.* public square, city center; room, space; job; vacancy

plazo *m.* time, period; time limit; expiration date; installment payment

pleno/a full; complete

población *f.* population; town, city, village

poblado/a populated

pobre poor, destitute; pitiful

pobreza *f.* poverty

poco/a little; small

poco a poco little by little

por poco almost

poder *m.* power

poderoso/a powerful

polémica *f.* polemic, controversy

polémico/a polemical, controversial

policía *f.* police, police force; *m./f.* police officer

policíaco/a pertaining to the police

poliéster *m.* polyester

política *f.* politics; policy
político/a *m./f.* politician
pollo *f.* chicken
poner (*irreg.*) to put, place
    poner al día to bring up to date
    ponerse a dieta to go on a diet
    ponerse de pie to stand up
por for; because of; through; in order to; by
    por ahora for the time being
    por cierto of course
    por consiguiente consequently
    por eso that is why
    por fin finally
    por lo menos at least
    por lo tanto therefore
    por más (mucho) que however much
    por otra parte on the other hand
    por poco almost
    por primera vez for the first time
    por supuesto of course
    por todas partes everywhere
    por último lastly, finally
porcentaje *m.* percentage
portarse to behave (oneself)
portátil portable
posada *f.* inn; shelter, lodging
postre *m.* dessert
potable drinkable
prado *f.* meadow; field
precio *m.* price
predecir (*irreg.*) to predict
predicción *f.* prediction
preescolar preschool
preguntar to ask a question
preguntarse to wonder
premiar to award; to reward
premio *m.* prize, award; reward
    premio gordo first prize, jackpot

prensa *f.* press
    rueda de prensa press conference
preocupar(se) to worry (oneself)
préstamo *m.* loan
prestar to lend, loan; to give (help, etc.)
    prestar atención to pay attention
presupuesto *m.* budget
pretérito *m.* preterit, past tense
prevenir (*irreg.*) to prevent; to warn
prever (*irreg.*) to foresee; to anticipate
previo/a previous
princesa *f.* princess
príncipe *m.* prince
principiante/a *m./f.* beginner, novice
principio *m.* principle; beginning, start
    al principio at the beginning
    a principios de a the beginning of
prisa *f.* hurry
    darse prisa to hurry
    de prisa in a hurry
    tener prisa to be in a hurry
probar(se) (ue) to try (on); to prove, show; to test; to taste
procesador *m.* processor
    procesador de textos word processor
profesorado *m.* professoriate, teaching staff
profundo/a profound; deep
prohibir to prohibit
prometedor/a promising
prometer to promise
pronombre *m.* pronoun
pronosticar to forecast, prognosticate, predict
pronto soon
    de pronto suddenly
propaganda *f.* propaganda;

advertising
propietario/a *adj.* proprietary; *m./f.* owner
propina *f.* tip, gratuity
propio/a own, of one's own; characteristic; proper, correct; selfsame, very
proponer (*irreg.*) to propose
propósito *m.* purpose; goal
proseguir (i) to continue, carry on
proteger to protect
próximo/a near, close; next
proyectar to plan, design; to project
proyecto *m.* plan, design; project
prueba *f.* proof; test, trial; testing, sampling; fitting, trying on; event, trial
publicar to publicize; to publish
publicidad *f.* publicity
publicista *m./f.* publicist
publicitario/a pertaining to publicity
puente *m.* bridge
puesto *m.* place; position, job; post; stall, stand
pulsera *f.* bracelet
punto *m.* point; item, matter; dot, spot; period; stitch
    estar a punto (de) to be about (to)
    punto de partida point of departure
    punto de vista point of view
puro/a pure; sheer; simple, plain, unadulterated

queja *f.* complaint; protest; grumble
quejarse (de) to complain (about)
quemar(se) to burn (oneself)
queso *m.* cheese

química *f.* chemistry
químico/a *m./f.* chemist; *adj.* chemical
quitar to take away, remove
quitarse to withdraw; to get rid of; to take off (article of clothing)
quizá(s) maybe, perhaps

rabo *m.* tail
radioemisora *f.* radio station
radiorreloj *m.* clock radio
raíz *f.* root
rama *f.* branch
rapidez *f.* rapidity, speed
rato *m.* while, short period of time
razón *f.* reason
    tener razón to be right
rebelar(se) to rebel, revolt
recado *m.* message
recetar to prescribe
recibo *m.* receipt
reciclar to recycle
reciente recent
recinto *m.* area, place; enclosure
    recinto universitario university campus
recipiente *m.* container
recíproco/a reciprocal, mutual
recoger to pick up; to gather up, collect
rector/a *m./f.* head, chief; principal; president of a university
recuerdo *m.* memory, recollection; souvenir
recuperado/a recuperated
recuperar to recuperate
recurso *m.* resource
rechazar to reject; to refuse
redactar to write; to draft; to edit
reducir *(irreg.)* to reduce
reemplazar to replace

referir(se) (ie, i) to refer (oneself)
reflejar to reflect
refrán *m.* proverb, saying
refresco *m.* cool drink; soft drink; refreshment
regalar to give a gift
regalo *m.* gift
regar (ie) to water (lawn); to irrigate
regatear to haggle, bargain
régimen *m.* diet; regime
regla *f.* rule; ruler
reglamentario/a pertaining to regulations
reglamento *m.* rules, regulations, code
regresar to return, go back
rehacer *(irreg.)* to do again
rehusar to refuse
reír(se) (i) to laugh
    reírse de to laugh at
reloj *m.* watch, clock
    reloj despertador alarm clock
remedio *m.* remedy
remodelar to remodel
renovar (ue) to renew; to renovate
renunciar to renounce; to give up
reñido/a bitter; hard-fought
reñir (i) to quarrel; to scold
reparación *f.* repair; repairing
reparar to repair
repasar to review; to check (over)
repaso *m.* review
repente *m.* sudden movement, start
    de repente suddenly
reponer *(irreg.)* to replace
reportaje *m.* report, article, news item
reportero/a *m./f.* reporter
requerir (ie, i) to require
requisito *m.* prerequisite, requirement

resbalarse to slip
resfriarse to catch a cold
resfrío *m.* cold (illness)
residencia *f.* residence
    residencia de estudiantes dormitory, student housing
residuo *m.* residue; remainder
resolver (ue) to resolve, solve
respetuoso/a respectful
respirar to breathe
respuesta *f.* answer
resultado *m.* result
resultar to result, turn out
resumen *m.* summary, résumé
resumir to summarize
retener *(irreg.)* to retain
retrovisor *m.* rearview mirror
    espejo retrovisor rearview mirror
reunión *f.* meeting, gathering; reunion
reunirse to meet; to gather together
revelador/a revealing
revisar to review, go over; to revise
revista *f.* magazine; review
revolver (ue) to move about; to turn over; to stir
rey *m.* king
riguroso/a rigorous
río *m.* river
riqueza *f.* riches, wealth
risa *f.* laugh, laughter
    morirse de risa to die laughing
risueño/a smiling
ritmo *m.* rhythm
roble *m.* oak, oak tree
robo *m.* robbery, theft
roer to gnaw
rogar (ue) to beg, plead
rompecabezas *m. sing.* puzzle, riddle; problem
romper to break
ropa *f.* clothes, clothing
    ropa para caballeros

men's clothing
ropa para damas women's clothing
rosa *f.* rose
rosado/a pink, rosy
roto/a broken
rubí *m.* ruby
rubio/a blond; fair
rueda *f.* wheel; roller; circle, ring
   rueda de prensa press conference
ruido *m.* noise
ruidoso/a noisy
rutina *f.* routine

sabroso/a delicious
sacar to take out; to draw (out)
   sacar notas to receive grades
saco *m.* bag, sack; bagful, sackful; jacket
   saco de dormir sleeping bag
salado/a salty
salario *m.* salary
salida *f.* exit, way out; leaving, going out
salón *m.* living room, salon
   salón de ejercicios exercise room; exercise club
salsa *f.* sauce; gravy; salsa (music); kind of dance
saltar to jump
salud *f.* health
saludable healthy
saludar to greet; to salute
saludo *m.* greeting; salute
salvar to save; to rescue
sandalia *f.* sandal
sandía *f.* watermelon
sangre *f.* blood
sano/a healthy, wholesome
santo/a *m./f.* saint; *adj.* saintly, holy
satisfacer (*irreg.*) to satisfy
satisfecho/a satisfied

secador *m.* dryer
   secador de pelo hair dryer
secadora *f.* clothes dryer
secar to dry
seco/a dry
secundario/a secondary, minor
   escuela secundaria secondary school
seda *f.* silk
seguido/a continuous
   en seguida at once, right away
seguridad *f.* safety; security
   caja de seguridad safe, strongbox
   cinturón de seguridad safety belt, seat belt
seleccionar to select
sello *m.* stamp; seal
semáforo *m.* traffic light
semana *f.* week
   fin de semana weekend
semanal weekly
semejante similar
semejanza *f.* similarity
senado *m.* senate
senador/a *m./f.* senator
sencillo/a simple; natural
sensato/a sensible
sentido *m.* sense; meaning; direction, way
sentimiento *m.* feeling, emotion, sentiment
señal *f.* sign; signal; symptom; indication
señalar to point out
serie *f.* series
serio/a serious
   en serio seriously
servir (i) to serve; to wait on
   servir de to serve (act) as
   servirse de to use
SIDA *m.* AIDS
sien *f.* temple
sierra *f.* mountains; mountain range
siglo *m.* century

significado *m.* meaning, significance
sillón *m.* armchair
síntesis *f.* synthesis
sirena *f.* siren
sistema *m.* system
sitio *m.* site, place, spot
situar to place, put, set
sobrar to exceed, surpass; to remain, be left (over)
sobrepoblación *f.* overpopulation; overcrowding
sobresaliente outstanding
sobresueldo *m.* bonus
sobretodo *m.* overcoat
sobrino/a *m./f.* nephew/niece
sociedad *f.* society
socio/a *m./f.* associate; member; partner
soler (ue) to be accustomed (to)
solicitar to solicit, ask for
solicitud *f.* request; application; care, concern
soltero/a *adj.* single, unmarried; *m.* bachelor; *f.* unmarried woman
solucionar to solve
sombra *f.* shade; shadow; darkness
someter(se) to submit (oneself)
sonar (ue) to ring (bell); to blow (horn); to sound (out); to sound (familiar)
sondeo *m.* poll
   sondeo de mercado market poll (study)
sonido *m.* sound
sonreír(se) (i) to smile
soñar (ue) to dream
   soñar con to dream about
sorprendente surprising
sorprender to surprise
sorprenderse to be surprised
sorpresa *f.* surprise
sospechar to suspect; to be suspicious
sospechoso/a *m./f.* suspect;

adj. suspicious

suave soft; gentle; smooth, even

suavizar to soften; to smooth (out); to ease; to make gentler

subir to go up; to take up

subir de peso to gain weight

suceder to happen, occur; to succeed, follow

suceso *m.* happening, event; incident

sucio/a dirty, filthy; vile; bad

sueldo *m.* salary; income

sueño *m.* dream; sleep; sleepiness

suerte *f.* luck; fate, destiny; lottery ticket

suéter *m.* sweater

sufrir to suffer

sugerencia *f.* suggestion

sugerir (ie, i) to suggest

suicidarse to commit suicide

sumamente highly, extremely

suponer (*irreg.*) to suppose

surtido *m.* stock, supply, selection

surtir to supply, furnish, provide

suspender to fail (school); to suspend; to hang

sustantivo *m.* noun

sustituir to substitute, replace

tablero *m.* notice board, bulletin board; board, plank

tablón *m.* notice board, bulletin board; plank; beam

tablón de anuncios bulletin board

tabú *m.* taboo; *adj.* taboo

tacón *m.* heel (shoe)

taller *m.* workshop; repair shop; garage; studio

tambor *m.* drum

tardanza *f.* delay

tardar (en) to take a long time (to); to be late

a más tardar at the latest

tarea *f.* task; homework

tarjeta *f.* card

tarjeta de crédito credit card

tarta *f.* cake; tart

tartamudo/a *adj.* stuttering, stammering; *m./f.* stutterer, stammerer

tasa *f.* rate; measure; estimate, appraisal

taza *f.* cup; cupful

teatro *m.* theater

técnico/a *m./f.* technician; *adj.* technical

tecnológico/a technological

telefax *m.* fax

telefonear to telephone

telefónico/a pertaining to the telephone

teléfono *m.* telephone

llamar por teléfono to telephone

telenovela *f.* television soap opera

televisor *m.* television set

tema *m.* theme, subject matter, topic

temblar (ie) to tremble, shake; to shiver

temor *m.* fear; suspicion

temporada *f.* time, period; season

tendido/a lying down (person); flat

tener (*irreg.*) to have

tener cuidado to be careful

tener ganas (de) to have a desire (to)

tener hambre to be hungry

tener la culpa to be at fault

tener lugar to take place

tener miedo to be afraid

tener prisa to be in a hurry

tener razón to be right

tenis *m.* tennis

jugar(ue) al tenis to play tennis

zapatos de tenis tennis shoes

tentación *f.* temptation

ternera *f.* veal

tertulia *f.* social gathering

testigo *m./f.* witness

tibio/a tepid, lukewarm

tiempo *m.* time; weather

a tiempo on (in) time

tintorería *f.* dry cleaner

tipo *m.* type, sort, kind; character; fellow, guy

títere *m.* puppet, marionette

título *m.* title

toalla *f.* towel

tobillo *m.* ankle

tocino *m.* bacon

tomar to take

tomar en cuenta to take into consideration

tontería *f.* silliness, foolish act; stupid remark

torcer(se) (ue) to twist (oneself); to sprain

toro *m.* bull

torpe clumsy, awkward; sluggish; dimwitted

torre *f.* tower

torta *f.* cake

tos *f.* cough

tostada *f.* toast, piece of toast

tostadora *f.* toaster

tostar (ue) to toast; to tan

trabajador/a *m./f.* worker; *adj.* hard-working, industrious

trabajo *m.* work

trabajo de investigación research paper or project

traducir (*irreg.*) to translate

traductor/a *m./f.* translator

tragedia *f.* tragedy

traidor/a *m./f.* traitor

trama *f.* plot; scheme, intrigue

tranquilizar(se) to calm (oneself) down

tranquilo/a tranquil, calm

transcribir to transcribe

transcurso *m.* passing, lapse, course (of time)

transformar(se) to transform (oneself)

transmitir to transmit

transportar to transport

transporte *m.* transportation

tranvía *m.* streetcar; tramway

trasladar(se) to move (oneself)

traslado *m.* move; transfer

tratado *m.* treaty; agreement; treatise, essay

tratar to treat

    tratar de to try to

través *m.* crossbeam; slant; reverse

    a través de across

trayectoria *f.* trajectory

tremendo/a tremendous

trigo *m.* wheat

trimestre *m.* quarter (school)

trotar to trot; to jog

trozo *m.* piece; passage

trucha *f.* trout

tuna *f.* student music group (Spain)

túnel *m.* tunnel

turismo *m.* tourism

turístico/a pertaining to tourism

turnarse to take turns

turno *m.* turn; shift (work)

último/a last (in a series); latest; most remote

    por último lastly, finally

único/a only, sole; unique

unir(se) to join

utensilio *m.* utensil

útil useful

utilizar to utilize, use

vaciar to empty (out); to drain

vacilar to vacillate, hesitate

valenciano/a Valencian (Spain)

    a la valenciana in the Valencian style

valer (*irreg.*) to be worth; to be equal (to)

valioso/a valuable; beneficial

valor *m.* value, worth; courage; bond, security

variante variant

variar to vary

variedad *f.* variety

varios/as *pl.* several, some, a number of

varón *m.* male; man

vasco/a *adj.* Basque; *m./f.* a Basque person

vecino/a *m./f.* neighbor

vegetal *m.* vegetable; *adj.* pertaining to vegetables

vehículo *m.* vehicle

vejez *f.* old age

vencer to defeat; to conquer; to triumph; to overcome; to expire, to fall due

venta *f.* sale; selling; country inn

    gerente de ventas sales manager

    jefe/a de ventas sales manager

ventaja *f.* advantage

ventajoso/a advantageous

ver (*irreg.*) to see

    verse (bien, mal) to look (good, bad)

veras *f.pl.* truth, reality

    de veras really, truly

verde green (color); not ripe

vergüenza *f.* shame; sense of shame; bashfulness, shyness, timidity; embarrassment; modesty

vestido/a *adj.* dressed; *m.* dress

    bien (mal) vestido/a well (badly) dressed

vestir(se) (i) to dress (oneself)

vestuario *m.* clothes, wardrobe; costumes; dressing room

vez *f.* time (in a series)

    a la vez at the same time

    de vez en cuando from time to time

    en vez de instead of

    por primera vez for the first time

viajero/a *m./f.* traveler

viento *m.* wind

villano/a *m./f.* villain; peasant, rustic person; *adj.* coarse, rustic; base, low-down

vino *m.* wine

virtud *f.* virtue

visitante *m./f.* visitor; *adj.* visiting

vista *f.* view; sight, vision

    punto de vista point of view

vivienda *f.* housing; dwelling place; apartment, flat

vivo/a living; live, alive; lively, vivid; alert

    en vivo live (performance), in person

    estar vivo/a to be alive

volar (ue) to fly

vóleibol *m.* volleyball

volumen *m.* volume; size; bulk

volver (ue) to return

volverse (ue) to turn around; to become

votación *f.* voting; vote

votante *m./f.* voter

votar to vote

voto *m.* vote

voz *f.* voice

en voz baja (alta) in a low (loud) voice

vuelo *m.* flight

vuelta *f.* turn; reversal; bend, curve; lap; stroll, walk

yerno *m.* son-in-law

zapatería *f.* shoe store; shoe factory

zapato *m.* shoe

zapato de tenis tennis shoes

zoológico/a zoological

jardín zoológico zoo

Index

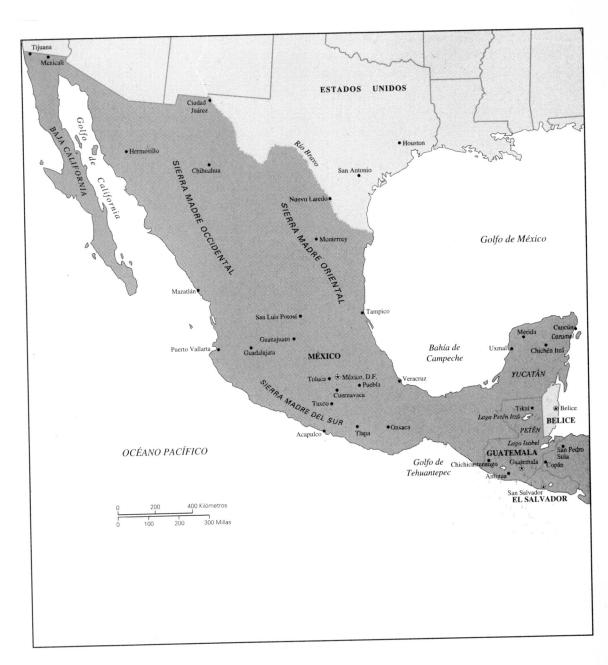

MÉXICO, AMÉRICA CENTRAL Y LAS ANTILLAS